合众 汽车馆

总主编　吴光强

汽车营销宝典

主　编　裘文才

上海科学技术文献出版社
Shanghai Scientific and Technological Literature Press

总序

Prologue

2015年中国汽车产销量分别为2450.33万辆和2459.8万辆，连续七年排名全球第一。随着汽车工业的快速发展，汽车界提出了产品全生命周期管理（Product Lifecycle Management, PLM）的开发理念，加强了对人才，特别是高端技能型专门人才质量与数量的需求。这无疑对汽车行业工作人员提出了更高的要求。

中国的汽车业始终是拉动国民经济的主要引擎，持续增长的消费需求掩盖了汽车行业面临的许多问题。汽车产业一直面临传统与创新的延续性问题。客户观念、社会观念、产业观念在不断演进；而汽车类图书的变革速度则相对迟缓得多。为此我们紧密结合汽车行业对汽车类从业人员的需求，以及汽车 4S 店工作人员、汽车维修工作人员、汽车营销等岗位的实际工作经验，并在此基础上进行了广泛的调研，对汽车类工作岗位进行分析和分类，按照相应岗位对汽车工作人员的职业素养和职业能力的要求，确定了本系列图书的指导思想和编写原则。

本系列图书采用最新的条例和法规，最前沿的汽车行业知识，并充分考虑汽车行业工作人员的需求，涵盖目前全国大部分汽车类行业的知识体系，体系完整，内容创新，实践性强，经过各分册编者和主审的辛勤劳动，本系列图书即将陆续面市。我们希望通过本系列图书的编写和推广，提高汽车行业工作人员的职业能力和职业素养。

本系列图书既可作为从事汽车保险、汽车维修、汽车营销、汽车评估等工作岗位人员的实际工作指导，最大限度地满足汽车行业一线工作人员的实际工作需要，又可满足广大爱车人士阅读、自修的需求。

在本套图书编写过程中，得到了行业专家、高等院校和企业家的支持与配合，在此表示诚挚的谢意！

同济大学汽车学院 吴光强教授、博士生导师

2016 年 2 月于上海

前言
Foreword

中国已经成为全球最大的汽车生产和消费大国。2015年全国机动车驾驶人数达3.27亿人，全国汽车保有量达2.79亿辆，其中汽车驾驶人数超过2.8亿人。根据国际通用16%标准，即每百户家庭拥有16辆小轿车的标准，中国大多数城市和部分农村地区都已进入了汽车社会。

随着中国经济的稳步发展、人民生活水平的不断提高以及用车环境的进一步改善，中国汽车的产销量还将继续稳步增长。中国汽车业的前景灿烂。

但是，中国汽车市场在产品结构、价格设计、渠道扩张、服务促销等各种领域的竞争异常激烈，汽车厂商普遍遭遇市场变化、竞争加剧、顾客难找、成本增加、利润减少和人才难觅的多重压力。创新产品、深挖市场、拓宽渠道、调整管理、提升服务、苦练内功成为汽车厂商应对激烈竞争、提升核心竞争能力的主导思想。

为达成这样的目标，必须抓住三个关键：

第一，坚定不移地进行结构调整。以开拓国内农村市场为主，调整市场结构；以自主创新为主，调整技术结构；以推进节能减排及开发新能源汽车为主，调整产品结构；以推动集团化为主，调整产业组织结构。

第二，坚持把研发和营销放到更为重要的位置上。不仅要加强产品研发，而且要加强服务产品研发、管理工具研发；不仅要求掌握基本的营销工具，而且要求在艺术和科学两个方面创新汽车市场营销。

第三，高度重视人才的培养。未来中国汽车市场的人才需求不仅数量大，而且对职业素养的要求更高。这是因为，我国汽车市场在战略、品牌、产品、销售、价格、渠道、消费、推广、服务等诸多方面已经出现了一系列值得研究的新趋势。为了适应未来汽车市场的紧迫需求，必须认真研究这些新趋势，坚持创新思考，培养适应新趋势的汽车人才。并为汽车行业一线工作人员的实际工作服务。

本书在编写中力图结合我国汽车市场的发展现状、反映我国汽车市场的未来趋势，在内容安排上力求“生动活泼、清晰易懂”，使用大量插图和新鲜案例，以使读者能在“乐学入学、引人入胜”的场景中愉快学习、有效学习。

本书可作为汽车厂商从事市场营销的专业人员的培训用书和工作参考，也可以满足汽车市场营销专业学生的学习需要。

限于水平，错漏难免，恳请读者指正。

编 者

2016年2月于上海

目录
Contents

第一章

汽车市场营销概念与营销创新

第一节 汽车市场营销的概念

一、汽车产品的社会经济价值

汽车在现代社会经济发展和人们的生活中占有重要地位，具有重大的社会经济价值。

1. 汽车与人类生活

汽车的产生深深地影响和改变着人类的生活，不仅扩大了人的活动半径、加快了社会节奏，还改变着人们的生活习俗、生活方式。人们的周末生活、夜间生活、旅游活动以及围绕汽车的消费大幅增加。汽车还使文化、体育、娱乐活动更加丰富（如图1-1-1—1-1-4）。

图1-1-1 纽约车展

图1-1-2 汽车书画摄影

图1-1-3 汽车特技比赛

图1-1-4 汽车拉力赛

2. 汽车与交通运输

铁路、公路、水运、航空、管道是目前基本的五种交通运输方式。汽车在交通运输中有着独特的、不可比拟的作用，承担着全世界65%以上的货运量和80%左右的客运量。作为交通工具，汽车具有普遍性、方便性、灵活性、私密性和赢利性（如图1-1-5—1-1-6）。

图1-1-5 汽车货运

图1-1-6 汽车客运

3. 汽车与相关产业

汽车的上下游相关产业有150多个，包括交通、能源、冶金、机械、化工、制造、电子、销售、修理、检测、保险、金融、教育、广告、咨询、展览、运动、出版、俱乐部等（如图1-1-7）。

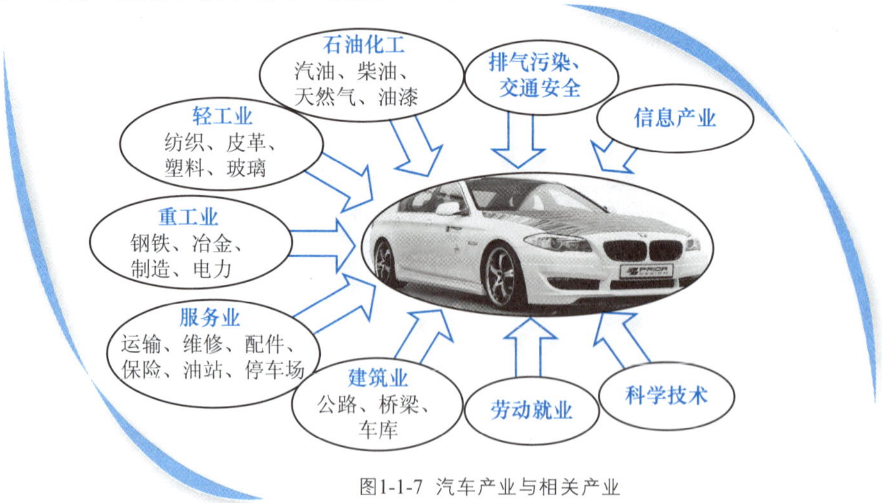

图1-1-7 汽车产业与相关产业

汽车产业的产值提升1个百分点，汽车上下游产业产值的提升就可以达到17个百分点。生产汽车需要的材料高达4200多种，其中石油消耗46%、钢材消耗20%、铜和铝消耗30%、橡胶消耗60%、塑料消耗15%、玻璃消耗25%。

不仅如此，汽车产业还对金融、保险、维修、旅游、汽车旅馆等下游产业有着很强的带动作用。根据国外的统计，汽车工业的规模发展到一定程度后，对下游的带动作用将大于上游。

4. 汽车与劳动就业

汽车对劳动就业有1:7的带动效应。目前我国汽车相关产业的就业人数已经占到了社会就业总人数的1/6左右。预测到2030年我国汽车相关产业的就业人口将达到1亿。

5. 汽车与公路建设

现代的运输活动都是在特定的交通设施上进行的，铁路运输要以轨道交通为基础，汽车运输则要在公路上进行。公路建设为汽车产业的发展提供通行条件，我国汽车产业的快速发展，又推动着公路建设的同步发展。

20世纪90年代以后，我国经济建设和汽车工业得到了全面发展，国家将交通运输事业特别是公路的发展作为国民经济发展的全局性、战略性和紧迫性任务，公路建设得以迅速发展。“十二五”期间我国共建成高速公路8.6万千米，到2020年，我国高速公路通车里程将达到10万千米左右，基本建成国家高速公路网。与此同时国省干线公路建设和农村公路建设也不断加强，公路建设将保持稳步发展的态势。

6. 汽车与现代科技

汽车是现代工业之花，是高新技术的集合体，是科学技术的催化剂。在技术进步方面，汽车为先进技术提供展示舞台：新材料技术、新能源技术、电子技术都在汽车产业中得到应用。汽车工业的制造技术已经成为衡量一个国家制造业现代化水平的重要标志之一。

7. 汽车与经济发展

汽车工业自产生100多年来，一直被当成工业发达国家的经济指标，在国家实力成长中发挥着极为重要的作用。从工业化中期到最后完成工业化和现代化，没有一个大国不是靠汽车工业的高速发展来完成这一过程的。汽车工业在国家经济成长和社会进步中的重要作用，可以从创造巨大国民生产总值、带动交通运输等相关产业发展、促进新技术发展、创造出口和外汇储备、增加就业和财政收入等多方面体现出来。

二、我国汽车产业现状与趋势

1. 我国汽车工业的历史回顾

新中国的汽车工业起始于20世纪50年代初，1953年一汽在长春奠基，1956年第一辆国产解放牌CA10型4吨载货汽车正式下线，实现了国产汽车零的突破，开始了缓慢的发展过程。

1978年党的十一届三中全会作出了实行改革开放的重大决策，汽车行业中计划经济统治市场的局面逐渐被打破，汽车产销有了较快的发展。

20世纪90年代，我国管理体制经历了由计划经济向市场经济的转变，汽车市场步入快速增长期，并于1992年实现了中国汽车产量100万辆的突破，汽车开始进入家庭。以后几乎每年都以100万辆的速度递增。

2008年下半年，世界经历了美国次贷危机所引发的金融危机，世界大部分国家的汽车消费大幅下滑，但是中国汽车消费依旧强劲增长，2009年汽车销售达到1364万辆，2010年达到1806万辆，2011年达到1850万辆，2012年达到1930万辆，2015年中国的汽车销售量达到2459万辆。

2. 我国汽车消费的三次浪潮

第一次浪潮——出现在20世纪90年代。北京、上海、深圳、广州四个一线城市的居民收入达到了一定水平，开始有买车需求，第一次的汽车牛市大约持续了两到三年。

第二次浪潮——2002年，主要由于二线城市大量人口的需求推动，导致当年汽车销售出现“井喷”。

第三次浪潮——2009年，我国三四线城市居民年均收入也达到了3000美元以上，农民收入有所增加，汽车销售量快速上升。全国大部分地区进入汽车购买时代，这个市场潜力是刚性和持续的。

3. 我国汽车消费快速增长的原因

我国汽车消费快速增长的基本原因有两个：

（1）政策推动

改革开放、国家汽车产业发展政策，以及扩大内需、拉动消费等一系列政策，推动了我国汽车工业的迅速发展。

（2）规律所致

汽车消费先行国家的发展轨迹表明，一个地方人均GDP突破3000美元时，汽车就可能进入家庭。改革开放后，我国经济得到了长足的发展，人们的消费能力同步增长，汽车成为普通商品进入家庭。

4. 我国汽车市场营销的发展趋势

(1) 我国汽车产业机遇与危机并存

中国汽车产业的机遇与危机并存主要表现在：第一，中国经济快速增长，人民生活水平不断提高，强大的购买力为中国汽车企业的发展提供了绝佳机会。第二，随着全球一体化趋势的不断加强，全球汽车产业向诸如中国这样的发展中国家转移是大势所趋。但经常发生的世界金融危机、债务危机又使贸易保护主义重新抬头成为可能，使得这个转移不太可能顺利实现。这种趋势迫使中国汽车制造企业必须快速升级，进行结构调整，但升级成本必须以企业的竞争力来支撑。

(2) 我国汽车营销企业的基本弱点

我国已经成为世界汽车大国，但离汽车强国的路还很长。为了提升我国汽车产业的核心竞争力，必须清醒地看到我国汽车产业还客观存在着许多需要解决的问题。这些问题包括：开发能力不强，质量问题不断，售后维修体系还相对薄弱；面对快速发展与变化的汽车市场营销能力不强，手段单一，成本过高；品牌积累还未成熟，我国汽车还是一个品牌穷国；白热化的竞争使一些基础本就薄弱的企业削弱了自身的竞争力，汽车行业集中化和边缘化趋势同时并存；中国消费市场的继续增长，一系列相关问题的配套解决，需要时间和耐心；内需不足、外资威胁、自身欠缺，乐观为时过早。

中国车企离世界巨头的差距仍然非常明显。从销量上看，即使中国汽车企业销量暴涨而国际汽车企业销量暴跌，但丰田汽车的销量仍然是上汽销量的3倍。从汽车出口来看，虽然有了不少增长，但离国家汽车产业发展政策规定的“汽车出口数量要占全国汽车产量的10%”的目标还有差距。而德国、日本等国汽车产量的40%以上用于出口。从品牌实力上看，丰田汽车销量只有上汽的3倍，而销售额却是上汽的8倍。我国销售的乘用车平均单价不到10万元人民币，而美国接近2.5万美元，占美国汽车销量18%的商用车平均单价更是高达10万美元。从研发上看，目前世界成熟汽车企业在每辆新车研发上的投入约为600欧元，而中国的研发投入虽然每年都有增长，但与国外汽车巨头相比仍有很大差距。

(3) 汽车营销企业的主流思想

汽车营销企业必须坚持稳增长、调结构、保民生、促稳定的主流思想，创新产品，深挖市场，拓宽渠道，调整管理，提升服务，苦练内功。

一个优秀的汽车企业必须做到：研发好的产品，包括学习、模仿、引进、购买，但需要适应市场需求；改进企业管理，精益生产需要精细管理，成功管理需要管理成功；按照市场发展趋势建设和改善营销渠道，因为中国庞大的多元市场需要多元渠道；精准营销，发现和创造市场，将目标客户需要的产品精准地销售给目标客户；在产品功能、过程服务、情感满足、成功体验等方面满足客户需求；贯彻低成本的差异化和差异化的低成本的营销原则，实现企业持续赢利。

（4）汽车市场营销的总体趋势

我国汽车的发展速度令世界瞩目，中国汽车市场已经成为世界主流汽车的必争之地，竞争异常激烈。汽车市场营销各个环节出现了下面一系列明显的趋势：

战略趋势，强调低成本与差异化并举；品牌趋势，呈现品牌集中化替代品牌多元化的趋势；产品趋势，出现了时尚化、个性化高于高性价比的情况；价格趋势，出现了价格价值化的时代特征；业态趋势，呈现星级化与多元化并存、实体化与虚拟化交错的局面；渠道趋势，策略联盟、和谐关系成为主流；消费趋势，由理性营销、感性营销向感动营销发展；推广趋势，出现了促销游戏化，营销策划已经成为决胜武器；服务趋势，强调全方位、延伸性服务；销售趋势，出现了资讯服务先于销售行为的趋势。

三、汽车市场的基本概念

市场是进行商品生产的必要条件，是联系生产和消费的纽带，是企业进行竞争的场所，是调节供求关系的重要手段。所有的经济活动都与市场有关，市场是汽车营销企业未来命运的关键。

1. 市场的概念

对于市场的描述古已有之。《易·系辞下》中“日中为市，至天下之民，聚天下之货，交易而退，各得其所”的描述，就是对市场概念的简单理解。

到了近代，人们对市场的理解有狭义和广义之分。狭义的市场概念认为市场是“商品交易的场所”，广义的市场概念认为市场是“商品交换关系的总和”。

当代人对市场的理解有了更深的认识。菲力普·科特勒说：“市场由一切具有特定需求或欲望，并且愿意和可能从事交换，来使需求和欲望得到满足的潜在顾客所组成。”在这里，市场概念把人的需求、顾客的满足放到了重要位置。

现代市场概念认为市场是具有购买需求、支付能力、购买权力的人或组织。市场的构成要素包括人口、购买力和购买欲望。市场=人口×购买力×购买欲望。

2. 市场的构成要素

市场是个有机体，它是价值规律的实现形式。市场离不开消费者，在市场的“人”、“物”、“事”中，“人”即消费者最为关键。汽车市场营销只有牢牢把握市场，充分适应消费者的需求，才能实现自己的价值（如图1-1-8）。

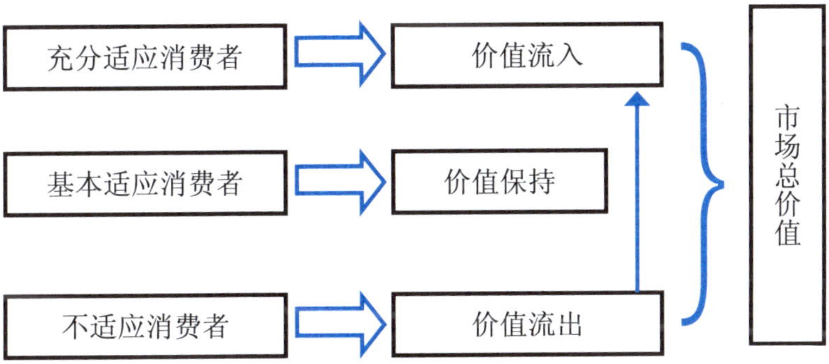

图1-1-8 汽车营销企业价值实现规律

3. 汽车市场的特点

我国汽车市场有着自己的鲜明特点。主要表现在：发展迅猛、机会无限；增幅随国民经济运行的波动而波动；开发和营销能力不足；汽车零部件开发和营销水平相对落后；价格过高制约汽车工业发展；潜在市场受政策环境制约；经济、政策对汽车消费市场影响大；个体消费发展迅猛；产业集中趋势明显；新能源技术成为未来汽车发展的重要政策。

4. 汽车市场的类型

我国汽车市场主要可以分为公务车市场、商务车市场、经营用车市场和个人用车市场四大类。

公务车市场主要包括政务与业务两类用车，其特点是财政拨款、级别划分、需求稳定、品种集中。

商务用车市场主要包括各种经济实体生产与商务用车，其特点是规模大，以生产与经营活动拓展为源动力，以自身经济实力为后盾。

经营用车市场以汽车为资本，通过汽车运营盈利，其特点是与经济发展水平密切相关，与社会需求密切相关，与企业经济效益密切相关。

私人用车市场，需求最为强劲，层次复杂、兴趣多样，强调个性、时尚。

5. 汽车市场的分类

（1）按覆盖范围分类

汽车市场按其覆盖范围来分，可以分为地方市场、国内市场和国际市场。

地方市场是指仅由某一个地方的买者和卖者的交易活动所决定的市场。由于品牌授权办法的限制，目前汽车4S店面临的市场就是地方市场。

国内市场是指由国内各地的买者和卖者共同决定的市场。我国汽车厂家目前的市场首先就是面对全国的，尽管他们的产品在各个不同的地区表现并不平衡。

国际市场是指由多个国家的买者和卖者构成的市场。在全球化背景下，国外的汽车产品进入我国，我国的汽车产品走出国门，就是国际市场的鲜明写照。

（2）按内部结构分类

汽车市场按照内部结构分类，可以分为完全市场和不完全市场两类。

完全市场是由经济人组成的有组织的市场，同种商品最终能按同一价格进行销售。完全市场假设买卖双方完全了解市场现在和未来的情况，信息非常畅通，因而买卖双方听从价格召唤，完全依据价格行事。严格地说，实际中的市场不可能具备完全市场的条件。

不完全市场与完全市场相对应。不完全市场意味着竞争性均衡的基本性质不能得到满足。不完全市场是指不具备下述条件之一的市场：同质产品；众多的买者与卖者；买者和卖者可以自由进入市场；所有买者和卖者都掌握当前物价的完全信息，并能预测未来物价；就总成交额而言，市场各个经济主体的购销额是无关紧要的；买者与卖者无串通合谋行为；消费者追求效用最大化，生产者追求利润最大化；商品可转让。现实的市场基本上是不完全市场。

（3）按竞争程度分类

汽车市场按竞争程度来分，可以分为完全竞争市场和不完全竞争市场两类。

完全竞争市场有许多买者和卖者，他们当中任何人都不具有影响和决定商品市场价格的力量，而只能是市场价格的接受者；他们都有充分的市场信息和商品知识；相同数量的同种商品之间是完全同质的，不存在差别；每个买者和卖者都自由地参与或退出市场经济活动。

不完全竞争市场是不具备完全竞争性的市场。不完全竞争市场又按竞争的不完全程度分为垄断竞争、寡头垄断和完全垄断市场三种。

垄断竞争市场是一种既垄断又竞争，既不是完全垄断，又不是完全竞争的市场。垄断竞争市场的特点是产品既存在差别性又存在替代性。在短期中，每一个生产有差别性产品的厂商都可以在部分消费者中形成自己的垄断地位，但这种短期均衡会被替代产品所打破。垄断竞争市场的竞争包括价格竞争、品质竞争、营销竞争等。

寡头垄断市场是少数企业控制整个市场，他们供应的商品占这个市场最主要的份额。一般以市场集中率区分，市场集中率在20%以下的为竞争性市场；20%—39%为弱寡头市场；40%—59%为寡头市场；60%以上为强寡头市场。

完全垄断市场是一种与完全竞争市场相对立的极端形式的市场类型。完全垄断市场也称为纯粹垄断市场，一般简称垄断市场。完全垄断市场，是指只有唯一一个供给者的市场类型。完全垄断市场的假设条件有三个方面：第一，整个市场的物品、劳务或资源都由一个供给者提供，消费者众多；第二，没有任何接近的替代品，消费者不可能购买到性能等方面相近的替代品；第三，进入限制使新的企业无法进入市场，从而完全排除了竞争。

四、市场营销的基本概念

汽车市场营销是一门实践性极强的学科。市场实践需要市场营销理论支撑，而复杂多变的市场实践却在不断丰富着市场营销理论。从这个意义上讲，营销没有固定模式，营销必须与时俱进，应因而变。

第一，世界各国具有不同的政治、经济和文化，营销的环境各不相同；

第二，即使在同一个国家，各种行业的营销方式也不可能一样；

第三，就是在同样的行业里，不同的企业，在不同的阶段也可能采取各种不同的营销方式。

1. 什么是市场营销

关于市场营销的定义，相关组织和著作有着许多不同的表述。

（1）市场营销的一般概念

一般认为，市场营销是与市场有关的人类活动，即以满足人类各种需要和欲望为目的，通过市场变潜在交换为现实交换的活动。市场营销概念的要点是：市场营销是一种人类社会活动，是一种有目的、有意识的活动；市场营销的研究对象是市场营销活动和营销管理；满足和引导消费者的需求是市场营销的出发点和中心；市场调查、分析环境、选择目标市场、开发产品、定价、分销、促销和提供服务以及实现他们之间的协调配合，实施最佳的市场组合，是市场营销活动的主要内容；由于环境不同，各企业的营销活动是多样性的；市场营销与销售或促销并不相同；市场营销的概念不是静止不变的。

（2）美国市场学会的定义

美国市场学会认为市场营销是对思想、产品及劳务进行设计、定价、促销和分销的计划和实施的过程，从而产生满足个人和组织目标的交换。

美国市场学会的这一定义认为市场营销包括两个方面。第一，市场营销是一种哲学、一种态度、一种预见或是一种以顾客满意为导向的管理模式。第二，市场营销是用来实施这种哲学的一系列活动。

（3）菲利普·科特勒的定义

菲利普•科特勒用最简单的概念定义营销。他说："营销最简单的定义是盈利性地营造顾客满意。"菲利普•科特勒关于营销的简单定义从本质上揭示，所谓营销必须紧紧抓住"顾客满意"和"企业盈利"这两个关键目标，并将这两个关键目标有机统一起来，两者不可偏废。因为没有客户满意，企业就不能持续发展；反过来，如果企业不能实现盈利，企业就无法继续生存和发展。

2. 市场营销的核心概念

（1）需要、欲望与需求

需要是个人没有得到某些满足的状态。欲望是对满足的企求，与个人文化背景及个性有关。需求则是有能力并愿意购买某种物品的欲望。市场营销真正需要研究的是人或组织的需求，因为需求不仅反映了人或组织的需要、欲望，还能反映人或组织的购买能力和购买权力。因为只有具备需求所含的各个要素的人或组织才能真正成为现实的目标客户（如图1-1-9）。

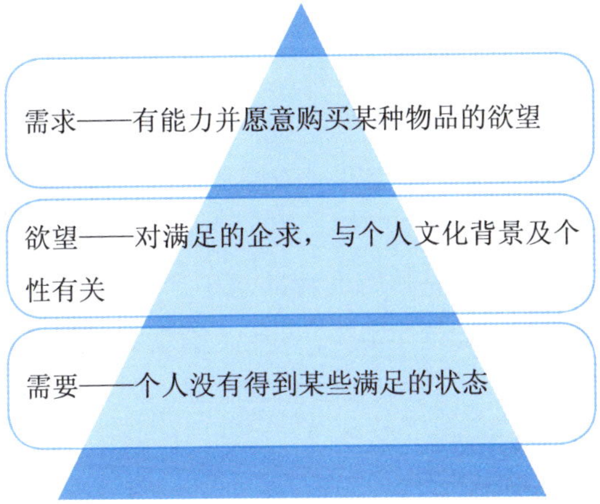

图1-1-9　需要、欲望与需求的概念

（2）产品、服务与体验

市场营销学认为产品是指人们通过购买而获得的能够满足某种需求和欲望的物品的总和，它既包括具有物质形态的产品实体，又包括非物质形态的各种利益。消费者是从产品、服务与客户体验等各个方面来理解价值的。在汽车营销实践中，消费者正是从以上众多的方面来理解产品的（如表1-1-1）。

表1-1-1　消费者对产品的实际理解

产品	服务	人员	渠道	形象
特色	订货方便	能力	专业化	品牌
性能	送货	资格	效能	标志
一致性	安装	谦恭	方便	覆盖面
耐用性	客户培训	诚实	维修点	文字及视听传媒
可靠性	维修	可靠	联络	事件
可维修性	多种服务	负责		诚信
风格		沟通		担保
		尽心		

（3）效用、价值与满意

在对能够满足某一特定需要的一组汽车产品进行选择时，人们所依据的标准是各种汽车产品的效用和价值。

效用是消费者对满足其需要的汽车产品的全部效能的评价，是指汽车产品满足人们欲望的整体能力。效用实际上是一个人的自我心理感受，它来自人的主观对客观存在的判断评价。每种汽车产品具有不同的能力来满足消费者不同的需求。

价值是指顾客期望从某一特定产品或服务中获取的一系列利益所构成的总和。顾客总价值包括企业产品价值、服务价值、企业人员形象价值等。

顾客满意取决于消费者对其所理解的汽车产品的效用与自己的期望值进行比较。如果产品的效用低于消费者的期望，消费者就不满意；如果汽车产品的效用符合消费者的期望，消费者便会感到满意；如果汽车产品的效用超过消费者的期望，消费者就会感到十分喜悦。这种比较的前提是顾客“让渡价值”的获得程度，是顾客总成本与顾客总价值之间的差额。

顾客总成本包括顾客所支付的货币成本、时间成本、精力成本、体力成本及其购买的风险成本等。顾客总价值是顾客通过购买获得的产品价值、服务价值、人员价值和企业的形象价值。顾客让渡价值就是指顾客总价值与其获得这些价值所付出的顾客总成本之间的差额。顾客购买产品时的选择过程是顾客追求最大让渡价值的过程。企业只有提供比竞争对手更大的顾客总价值，才能够吸引并留住顾客。因此，销售人员应尽力提高顾客的让渡价值。办法有两个，一是增加顾客总价值，二是减少顾客总成本（如图1-1-10）。

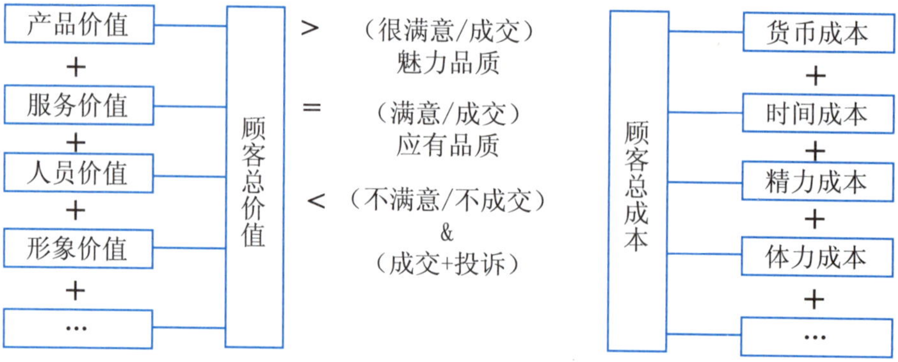

$$\text{顾客满意度} = \frac{\text{顾客实际获得}}{\text{顾客期待度}}$$

图1-1-10　让渡价值理论以及顾客满意度

(4) 交换、交易与关系

交换是市场营销的核心概念，是指通过提供某种东西作为回报，从别人那里取得所需物的行为。交换发生的基本条件是：第一，交换的主体至少有两方；第二，交换的每一方都有被对方认为有价值的东西；第三，交换的每一方都能沟通信息和传送物品；第四，交换的每一方都可以自由接受或拒绝对方的产品；第五，每一方都认为与另一方进行交换是适当的或是满意的。

交易是交换活动的基本单元，是由交换双方之间的价值交换所构成的行为。

关系是指企业向顾客作出各种许诺、履行诺言。与顾客建立长期、稳定的关系是市场关系营销的核心概念。

市场关系营销是指企业与其顾客、分销商、经销商、供应商等建立、保持并加强关系，通过互利交换及共同履行诺言，使有关各方实现各自目的。

(5) 市场营销网络

市场营销网络是指企业及与其建立起牢固的互相信赖的商业关系的其他企业所构成的网络，是企业的独特资产。在市场营销网络中，企业不但可以借助网络在各地市场上推出新产品，减少由于产品进入市场的时间滞后而被富有进攻性的模仿者夺走市场的风险，还可以通过战略合作伙伴，获得更为广泛、更为有效的地理占有，实现双方互利关系的最佳化。

(6) 市场营销者

比另一方更积极地寻求交换的一方称为市场营销者。市场营销者可以是卖主，也可以是买主。如果双方都在积极寻求交换，就称为相互市场营销。在买方市场条件下，汽车营销企业毫无疑问应当积极、主动地在产品交换活动中追求市场营销者的地位，实行主动营销。

3. 汽车市场营销观念的演变

市场营销观念的演变是供求关系变化的产物。在卖方市场或买方市场，营销观念有着截然不同的表现（如图1-1-11）。

(1) 生产观念

生产观念是早期商品供不应求状态下的营销观念。在这种观念指导下，企业忙于扩大生产，降低成本，看不到市场的作用，是一种重生产、轻市场的商业哲学。

(2) 产品观念

产品观念认为消费者喜欢高质量、多功能、有特色的产品，因而致力于生

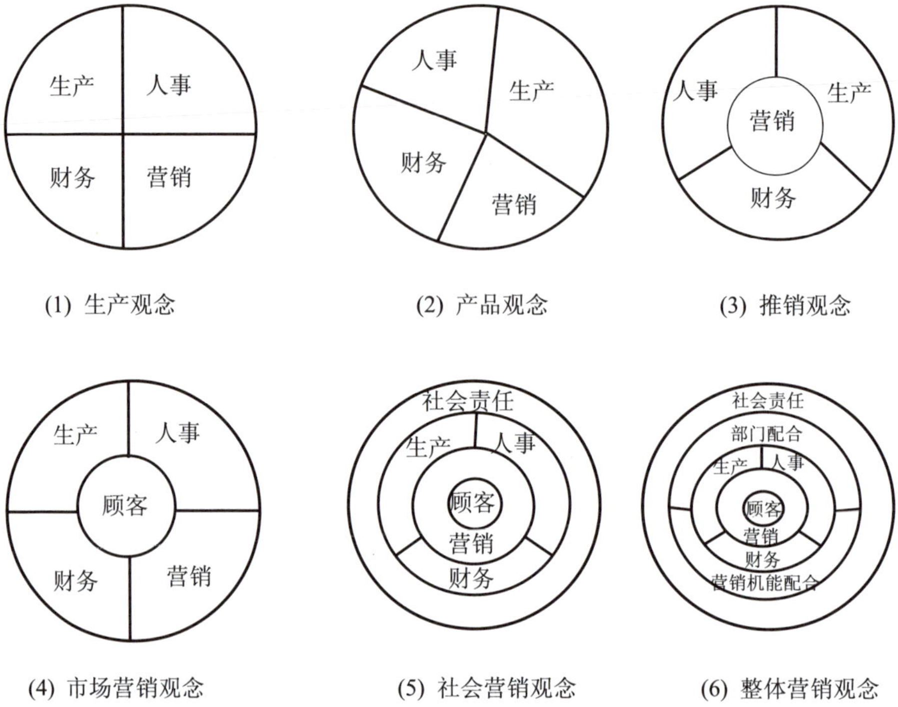

图1-1-11 营销观念示意图

产高值产品，看不到市场变化。

（3）推销观念

推销观念认为消费者有惰性和抗衡心理，因此必须积极推销和大力促销。

（4）市场营销观念

市场营销观念认为实现企业目标的关键在于确定目标市场的需要和欲望，比竞争者更有效地传送目标市场所期望的物品和服务，通过满足市场的需要和欲望来发展企业。

（5）社会营销观念

社会营销观念是对市场营销观念的修改和补充，把市场营销原理运用到环境保护、计划生育、改善营养等方面。一些国际组织也承认和推广这一理论。

（6）整体营销观念

整体营销观念认为企业既要进行外部市场营销，又要进行内部市场营销。营销需要内部职能部门的配合，更需要运用产品、定价、分销、促销等营销机能的保障。

4. 新旧营销观念的不同特点

新旧营销观念在营销活动的手段和活动目标上有着显著的差异。生产观念、产品观念、推销观念以产品为中心，以卖方市场、卖方要求为前提，着重销售，活动的目标是提高销量、提高利润，结果是成本高，损害消费者利益。而市场营销观念、社会市场营销观念、整体市场营销观念从消费者的需求和满意出发，以消费者为中心，以买方市场、买方要求为前提，通过满足顾客要求，维护顾客社会利益、提高利润。

5. 三种典型的营销理论

（1） 传统的4P理论

4P理论强调营销必须重视产品、价格、渠道、促销四个方面。这一理论最早由杰瑞·麦卡锡（Jerry McCarthy）在《营销学》中提出。

产品（Product）是指能够提供给市场被人们使用和消费、并满足人们某种需要的任何东西，包括有形产品、服务、人员、组织、观念或它们的组合。

价格（Price）是指顾客购买产品时的价格，包括折扣、支付期限等。价格或价格决策，关系到企业的利润、成本补偿，以及是否有利于产品销售、促销等问题。影响定价的主要因素有三个：需求、成本、竞争。最高价格取决于市场需求，最低价格取决于该产品的成本费用。在最高价格和最低价格的幅度内，企业能把这种产品价格定多高，则取决于竞争者同种产品的价格。

渠道（Place）是指在商品从生产企业流转到消费者手上的全过程中，所经历的各个环节和推动力量之和。

促销（Promotion）是公司或机构用以向目标市场通报自己的产品、服务、形象和理念，说服和提醒他们对公司产品和机构本身信任、支持和注意的任何沟通形式。广告、销售促进、人员推销、公共关系是促销组合的四大要素。

需要注意的是4P之间的关系不仅是一种组合关系（marketing combination），还是一种营销混合（marketing mix），是一种牵一发而动全身的关系。运用4P理论必须强调产品、价格、渠道、促销这四个方面的有机整合。

（2） 现代的4C理论

4C理论强调要关注顾客的需要及欲求，包括客户价值（Customer Value）、客户成本（Customer Cost）、客户便利（Customer Convenience）、客户沟通（Customer Communication）。

4C理论明确指出客户需要的是价值、低成本、便利和沟通。必须关注顾客的成本，其中包括：软、硬成分的整体顾客成本以及产品的认知价值；关注顾客的方便性、强调出售产品的配销通路以及产品带给顾客的方便程度应以顾客立场认为的方便性为重，而不是传统性生产者立场的安排；关注顾客和企业需要双向沟通，而不是传统的大众传播式的单向沟通。

（3）竞争条件下的4R理论

4R理论是一种以竞争为导向的营销理论，要求通过关联、关系、反应和回报长期拥有客户，延伸和升华便利性，实现双赢。

关联（Relevancy）强调企业与顾客是一个命运共同体，建立并发展与顾客之间的长期关系是企业经营的核心理念和最重要的内容。

反应（Respond）强调在相互影响的市场中，对经营者来说最现实的问题不在于如何控制、制定和实施计划，而在于如何站在顾客的角度及时地倾听、如何从推测性商业模式转移成为高度回应需求的商业模式。

关系（Relation）强调在企业与客户的关系发生了本质性变化的市场环境中，抢占市场的关键已转变为与顾客建立长期而稳固的关系。

回报（Return）强调任何交易与合作关系的巩固和发展，都是经济利益问题。因此，一定的合理回报既是正确处理营销活动中各种矛盾的出发点，也是营销的落脚点。

4R营销以竞争为导向，在新的层次上提出了营销新思路，真正体现并落实了关系营销的思想，是实现互动与双赢的保证，使企业兼顾到成本和双赢两方面。

第二节　汽车市场营销的创新

一、市场竞争与营销创新

1. 汽车营销企业面临的挑战

汽车营销企业面临一系列的挑战，包括来自顾客的挑战、来自竞争对手的挑战和来自市场变动的挑战。

（1）来自顾客的挑战

由于消费者的日益成熟，汽车购买对象和顾客的购买行为随时在发生各种转变。这些转变主要表现在：从企业和公家消费为主，向私人消费为主转变；从满足单一的需求，向满足多方面需求转变；从依赖朋友协助选购，向获取更多信息、自行选购转变；从单一强调价格性能比，向同时考虑产品、价格、服务、品牌、人员价值、感觉和企业质量方面转变；从片面考虑购车，向全面考虑用车全过程转变；从强调个人需求，向结合整体宏观环境的思考对自己的购车行为作出总体判断转变；购车对象的平均年龄逐年降低，并出现多元化倾向；顾客购车从感性思考向感性和理性思考相结合的方向转变；顾客的品牌意识逐步形成，车型选择逐步向优质品牌集中；顾客和经销商的关系从银货两讫向长期化方向转变。所有这些变化都对汽车营销企业提出了新的挑战。

（2）来自竞争的挑战

产能过剩是买方市场的基本特征，供求关系决定市场竞争的激烈程度。在供大于求的情况下，产销关系、竞争内容、竞争焦点都会发生与此相应的变化。在供大于求的情况下，顾客更加关注服务满足、知识信息。这就会对汽车营销企业提出更高的服务要求（如图1-2-1）。

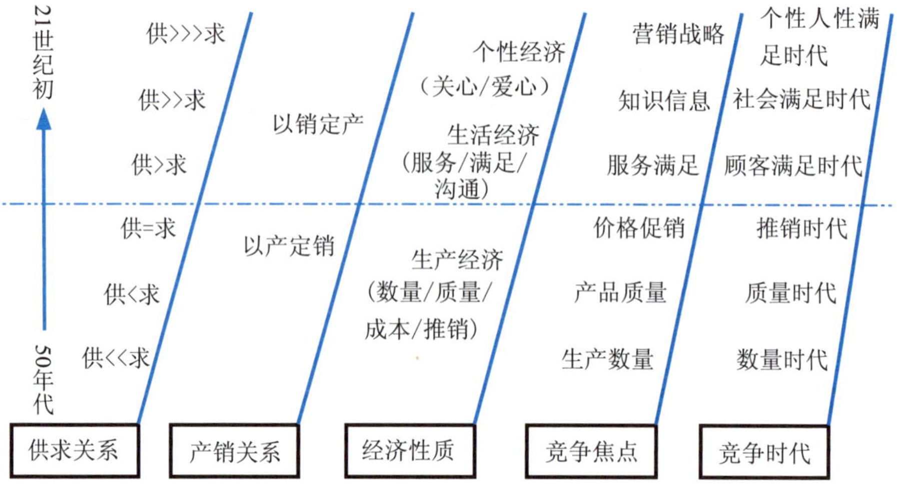

图1-2-1 供求关系变化与竞争焦点变化图

（3）来自变动的挑战

中国汽车市场与改革开放初相比已经发生了翻天覆地的变化。发展格局国际化、市场增长持续化、行业竞争白热化、消费需求个性化已经成为市场的新特点。我们处在一个爆炸性变动的时代，而我们正站在爆炸的原点；我们所处的环境变了，但我们却不能及时应因而变；我们重视手法的导入，却忽略了观念的改变。所有这些，对汽车营销企业而言，是最大的挑战。

2. 汽车营销企业主要任务

低利时代的竞争力将由“规模竞争力”向主要依靠“效率竞争力”转变。在这种情况下，营销管理、创新学习成为企业发展的重要任务。从这个意义上来说，汽车营销企业的全部工作只有两项：一是营销，二是创新。

3. 创新的前提是发现问题

很多人认为学习具体技术比学习一般的营销哲学重要。但实际证明，没有营销哲学的提升，一般技术难有成效。随时注意发现企业在竞争意识、营销战略、营销组织、营销策略、企业发展等各种环节上可能存在的问题，对于改变营销思想、开展营销创新具有重要意义。

寻找企业在市场营销过程中存在的问题，必须从大处着手。关键观点、关键策略选择没有错误，细节才决定成败。

（1）检查核心竞争力

核心竞争力是创造顾客价值的能力，是独特的组织、观念、思维、行为能力，是企业价值链上的全部创新能力。检验企业核心竞争力的标准有三个：

第一，本企业的竞争力必须超比例地提供顾客能察觉的价值；

第二，本企业的竞争力必须是独有的，且具有竞争性；

第三，本企业的竞争力是打入新的产品市场的基础。

(2) 检查核心运作能力

核心运作能力是使企业能高速度、高效率地生产高质量的产品和服务的过程和功能。例如：迅速推出新产品，包括服务产品的能力；迅速改进产品与服务，以适应顾客需求的能力；整合信息技术，使其产生效能的能力；后勤管理能力；重新设计核心商业过程的能力；吸引和招聘优秀雇员的能力；共享学识、洞察力和最佳实践的能力（如图1-2-2）。

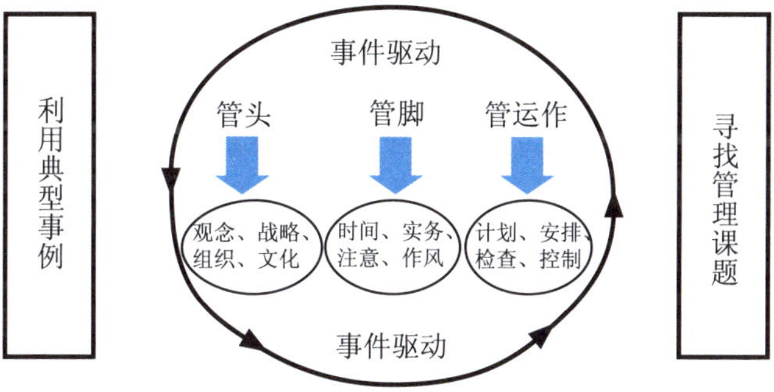

图1-2-2 寻找问题确认创新课题

(3) 检查核心知识竞争力

相对核心运作能力而言，核心知识竞争力属于对特定商务而言是独一无二的专长、知识和技术的范畴。如关键知识的掌握、关键技术的把握、关键流程的执行等（如图1-2-3）。

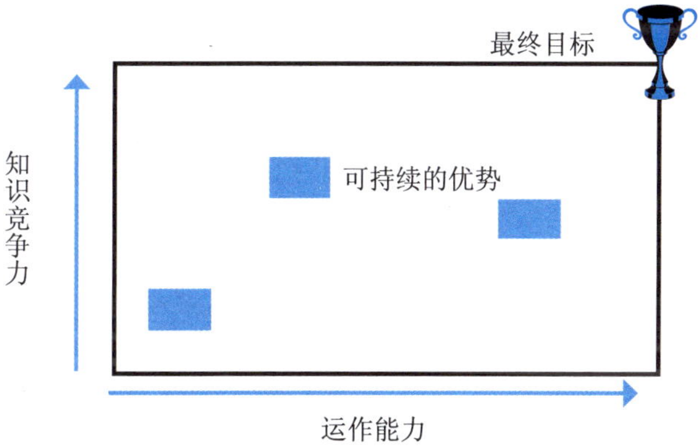

图1-2-3 汽车营销企业竞争能力图

4. 全员营销与全员创新

营销是企业全员的活动，创新必须渗透到企业价值链的各个环节之中。销售部门、服务部门、管理部门都是汽车营销的主要环节，都有自己的创新任务。

二、汽车市场营销创新

1. 创新（创造）的概念

创新就是创造性地提出问题和解决问题。创造性的标准评价是新颖、有价值。低层次创造是初级的、普遍的、多样性的创造；中间层次创造具有地区、行业的新颖性，具有一般社会价值，能带来经济和社会效益；高层次创造具有历史性价值、世界新颖性，有划时代意义，有时可以改变整个社会理念，改变科学和技术的面貌。

2. 管理学、经济学对创新的定义

管理学、经济学把创新定义为新产品的开发、新市场的开拓、新生产要素的发现、新生产经营管理方式的引进、新企业组织形式的实施。创新是有系统地抛弃昨天，有系统地寻求新机会。

3. 创造学的理论框架

创造学是创新的理论武器。创造学认为创新首先要解决的是创造哲学、创造心理、创造思维、创造环境、创造教育、创造技法。没有观念的改变、心理的预期、环境的认识，创新就无从谈起。创造学同时认为，创新通过创造者、创造目标、创造过程、创造综合分析、创造性决策、创造性成果、创造性评价，产生和评价创新成果。创新可以应用于各行各业。汽车营销行业面对日益激烈的竞争，营销创新已经刻不容缓（如图1-2-4）。

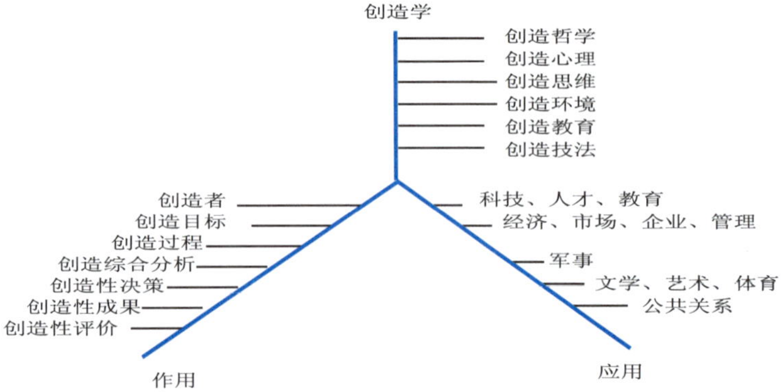

图1-2-4 创造学的理论框架

4. 汽车市场营销创新的重点

创新不仅仅指科技上，它应该像血液一样，成为所有汽车营销企业的功能，流经每一个企业细胞。通过全程创新和全员创新，努力加强消化吸收再创新，高度重视原始创新，大力推进集成创新，建设创新型企业，打造企业核心竞争力。我国汽车营销企业目前最大的问题是创新更多停留在模仿阶段，产品研发（包括服务产品）和营销创新不足。

5. 汽车营销价值链创新

汽车营销创新包括硬产品价值链创新、软产品价值链创新和管理价值链创新三个方面（如图1-2-5）。

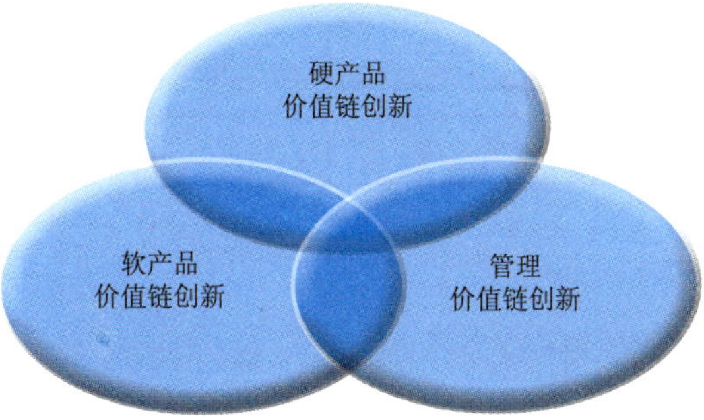

图1-2-5 汽车市场营销价值链创新

(1) 汽车营销硬产品价值链创新

市场营销硬价值链创新从研发、成果转化、规模生产、销售、售后服务等各个环节展开。研发的创新包括基本概念、应用技术、产品开发等方面的创新；成果转化创新包括产品工艺设计、产品试制、产品定型、生产工艺设计等方面的创新；规模生产的创新包括原料采购、生产制造和仓储运输方面的创新；销售创新包括营销分析、销售网络、销售模式等方面的创新；售后服务方面的创新主要是客户服务的创新（如图1-2-6）。

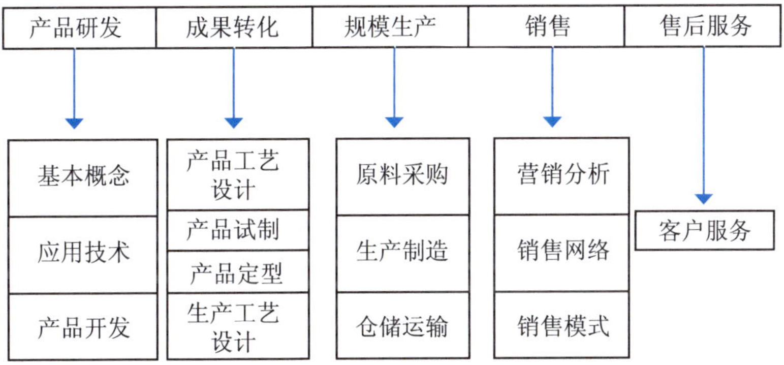

图1-2-6 汽车营销硬产品价值链创新

（2）汽车营销软产品价值链创新

软产品价值链创新从服务研发、整体规划、实施监督、执行改进等诸方面展开。服务研发的创新从对顾客心理与顾客需求等方面的研究展开；整体规划的创新从服务产品开发、建立服务标准、服务产品定型等方面展开；实施监督的创新从整体培训、监督系统设计、整体执行等方面展开；执行改进（PDCA）则从顾客反馈、应对措施、持续改进等方面展开（如图1-2-7）。

服务研发	顾客心理	顾客需求	
整体规划	服务产品开发	建立服务标准	服务产品定型
实施监督	整体培训	监督系统设计	整体执行
执行改进（PDCA）	顾客反馈	应对措施	持续改进

图1-2-7 汽车营销软产品价值链创新

（3）汽车营销管理价值链创新

汽车营销管理价值链创新涉及面很广，包括战略决策、政策制定、组织架构、人力资源、财务策略、经营方针、营销管理、企业文化、方针目标展开和系统激励等诸多方面（如图1-2-8）。

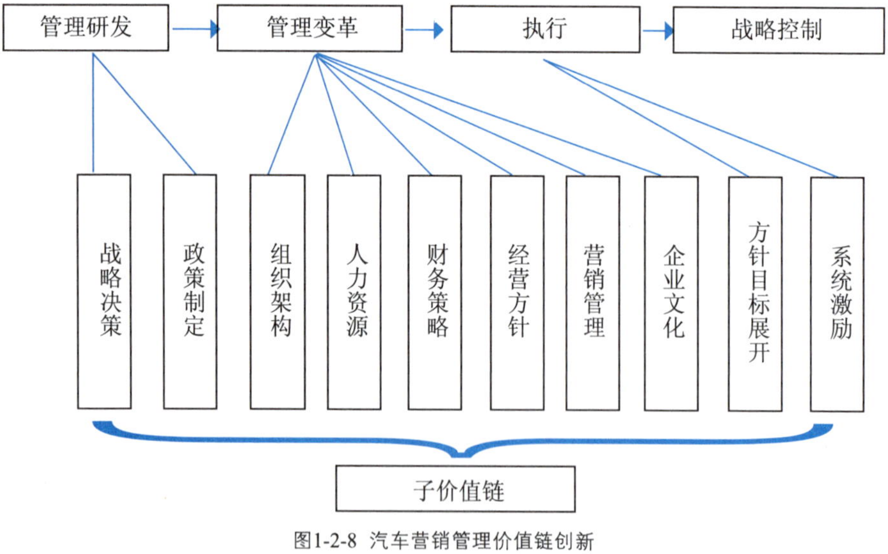

图1-2-8 汽车营销管理价值链创新

6. 价值创新的六项原则

美国管理学家彼得斯说过，在这个疯狂的世界里，稳定的放之四海而皆准的东西是没有的。价值创新强调对“价值”和“创新”同样重视。价值创新强调集合最佳元素，减少其他不必要的元素，既有差异性又强调低成本（如图1-2-9）。从战略上讲，价值创新强调六项原则（如表1-2-1）。

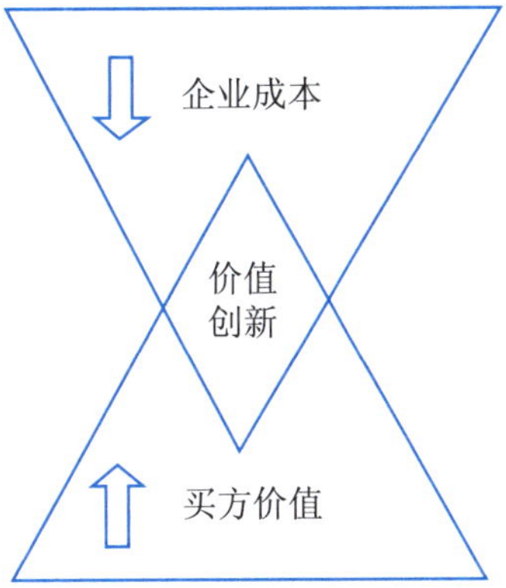

图1-2-9 价值创新

表1-2-1 价值创新六项原则

战略制订原则	各原则降低的风险因素
1. 重建市场边界	1. 找寻的风险
2. 注重全局而非数字	2. 规划的风险
3. 超越现有需求	3. 规模的风险
4. 遵循合理的战略顺序	4. 商业模式的风险
战略执行原则	**各原则降低的风险因素**
5. 克服关键组织障碍	5. 组织的风险
6. 将战略执行建成战略的一部分	6. 管理的风险

三、几种创新的市场营销理论

1. 科特勒的精准营销

科特勒认为许多因素都会影响营销结果，包括行销、政治、调研、细分市场、目标顾客、定位、产品、价格、促销、渠道、人员、包装、薪酬等各种因素。不仅如此，科特勒还认为在市场营销过程中必须随需应变、随“敌”应变、随机应变，在战略方向、以人为本、顾客满意、差异化、人员能力、竞争、执行管理、低成本、运营流程、创新、反应、焦点集中等要素上把握营销过程，并把这种思考称为精准营销（如图1-2-10）。

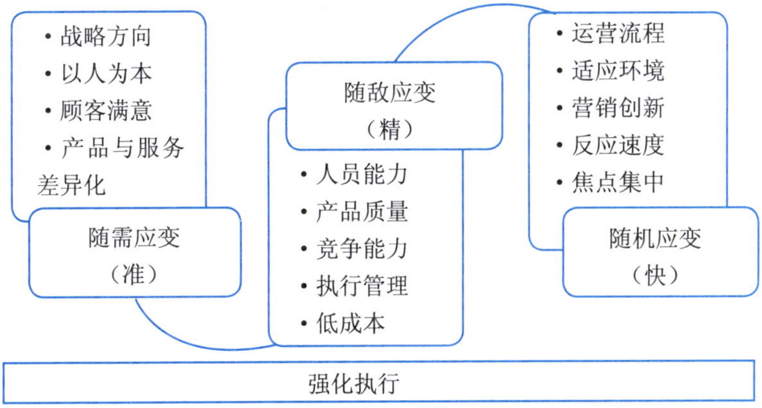

图1-2-10 精准营销的基本思想

2. 资料库营销

资料库营销也称数据库营销，强调要收集和积累有关顾客对企业及产品的认知、印象识别、支持认同、过去的交易记录，以及个人的资料、财务状况、购买行为等大量信息，经过分析后预测出顾客有多大光顾的可能性。资料库营销将市场影响因素进行定性化及定量化系统的统计分析，可以帮助企业精确地制定各种营销策略，如市场细分、品牌定位、确定目标市场、优化配销通路、制定价格策划、拟定促销组合、进行营销审核等。

3. 关系营销

关系营销把营销活动看成是企业与消费者、供应商、分销商、竞争者、政府机构、外部公众以及企业内部人员，包括股东之间、管理人员之间、员工之间、部门之间和其他间接影响内部关系的人员发生互动作用的过程。关系营销认为企业和内外人员以及消费者之间的公共关系是企业营销成败的关键，其特点是企业与人员或其他组织之间的双向沟通公共关系，而并非私人性质的纯人情关系。它的目的是建立一种兼顾双方长远利益且稳定的长期合作的双赢关系，而不是个人短期的金钱利益关系。

4. 忠诚度营销

忠诚度营销认为顾客对所购买的商品及其服务的整体满意程度，包括生理上的物质性硬满足和心理上、精神上、心灵上的服务性软满足，以求达到顾客长期不叛离，保持顾客终身价值、继续光顾的可能性。忠诚度营销可以以最少的营销费用来增加销售额，有目标地进行精确营销。衡量忠诚度的感性方法有：选购时间的长短，愈短愈好；对价格的敏感程度，愈低愈好；对竞争品的认知，愈小愈好；对质量事故的承受能力，愈大愈好；对促销活动的反应，愈强愈好；对受影响者的影响，愈弱愈好。

5. 整合营销

近代信息知识及高科技技术的广泛应用，造成传统的经济现象、市场结构、消费行为，甚至消费者的生活方式、文化理念、价值观念等都起了翻天覆地的改变。在新的环境下，许多传统的营销概念有重新整合的必要。与传统营销最大的区别在于整合营销的焦点集中在消费者和潜在消费者上，而非传统的公司目标营业额或目标利润上。在策略上，整合营销最重要的部分是将消费者购买诱因转到注重宣传产品给消费者的利益而非特点。整合营销重新理顺营销过程中许多不到位、无效率、概念错误，以及不切时宜的缺陷，有利于更精确地执行各种营销战略、提升效益、提升企业的成本效益比。

6. 直复营销

直复营销是为了达到优质及量化的市场营销目标，公司与顾客及潜在顾客之间进行直接互动式的接触。直复营销的方法有直邮，电话销售，目录式销售，上门推销，信函推售，招贴推销，电视、广播、报章、杂志、电影直销等。随着电子技术的发展，直复营销开始利用电子媒体，如因特网、电子邮箱、宽频道三合一媒体等。直复营销系统性地使用数据库信息，从中找出适合的轻、重度用户及准客户群，在传播组合的策略下进行有效的一对一营销、个性化营销、订制营销等。直复营销的目标是保持公司与顾客之间的双向沟通，以建立一种长期的良好关系，确保顾客的满意程度，证明产品及服务的成功。

7. 植入式营销

植入式营销是指将产品或品牌及其代表性的视觉符号甚至服务内容策略性地融入电影、电视剧或电视节目的各种内容之中，通过场景的再现，让观众在不知不觉中留下对产品及品牌的印象，继而达到营销产品的目的（如图1-2-11、图1-2-12）。植入式广告不仅运用于电影、电视，还可以植入报纸、杂志、网络游戏、手机短信，甚至小说等各种媒介之中。跌宕起伏、精彩连连的剧情总会让消费者对产品的记忆更加深刻，无意识地就记住产品（服务）。

在电影《后会无期》中的植入广告

图1-2-11 大众New Polo

在电影《老炮儿》中的植入广告

图1-2-12 法拉利

8. 网络营销

网络营销也称网上营销、互联网营销、在线营销、网络行销，是企业整体营销战略的一个组成部分，是为实现企业总体经营目标所进行的、以互联网为基本手段、营造网上经营环境的各种活动。笼统地说，网络营销就是以互联网为主要手段开展的营销活动。网络营销具有很强的实践性特征，从实践中发现网络营销的一般方法和规律，比空洞的理论讨论更有实际意义。因此，如何定义网络营销并不是最重要的，关键是要理解网络营销的真正意义和目的，充分认识互联网的营销环境，利用互联网工具为企业营销活动提供有效的支持。加强网络营销研究，必须重视网络营销实用方法的研究。

9. 无线营销

中国是一个以手机为中心的互联网市场。手机的普及使中国成为了全世界最大的手机营销平台。无线营销使汽车营销从普通的品牌构建营销过渡到用户与品牌的深度沟通，使之成为精准营销的重要手段。

无线营销的特征是主动式传播、实时互动，以及有针对性地选择传播受众，让企业能够深入地洞察用户的消费形态，建立和保持与消费者之间的主动联系。手机的无线随身性打破了固有的营销方式，正在悄然改变汽车市场的营销格局。

10. 微博营销

微博营销是利用微博传递营销信息，推进营销实现的一种低成本且极具传播效果的新策略。其特点是：第一，有数量庞大的网民参与；第二，具备强大的互动性和类似病毒般的传播速度；第三，从微博内容的语言风格上来说，微博更注重通过朋友式的交流，表达浓浓的人情味；第四，传统营销是“推”式的，而微博营销则是“拉”式的。通过微博进行营销的关键是找到目标人群进行“精确打击”；在内容上必须做到能够吸引受众的关注，并得到受众的主动分享与转发；语言简练、句式新颖、形式有趣、风格现代的内容塑造才是微博营销的核心。

11. 社交网络化营销

社交网络是“网络＋社交”的结合体，通过网络这一载体把人们和机构等个体连接起来，形成有机的、互动的、具备一定属性特点的社会关系团体的集合。社交网络消除或减少了空间和时间的限制，提升了个体之间交流的互动性和效率，增加了个体在社会关系中的影响力。社交网络化营销模式的显著特点表现在：在实现目标上，更好地推动了关系营销模式的发展；在实现结构上，由传统的媒体传播模式，转变为“网络化”的营销结构模式；在实现机制上，由传统的单向传导模式，转变为“病毒化”的互动影响模式；在操作手段上，要求营销者不再是“告知”，而更多的是“引导”和“应对”。

第二章
汽车市场营销环境与应对策略

第一节 汽车市场营销环境

一、汽车营销微观环境

汽车营销企业最终的目标是创造顾客价值、营造顾客满意、维持顾客关系、获取企业盈利。任何企业都无法单靠营销部门的力量实现这一目标。企业营销目标的实现必须依赖微观环境中的各种要素，并将这些要素整合成一种企业的价值传递系统。

汽车营销微观环境是指与公司关系密切、能够影响公司服务顾客的能力的各种因素，包括公司自身、供应商、销售渠道、顾客、竞争对手以及公众。

1. 企业内部环境

企业内部环境由企业相互关联的各个部门组成，这是影响汽车营销结果、起决定作用的力量。企业内部环境是一个紧密合作、不可分割的整体，但各有分工，在汽车营销中分别承担着决策活动、主要活动和辅助活动的任务，这些活动的合力决定着汽车营销活动的成败，只有所有部门都从满足顾客需求和营造顾客满意出发，通过自己与营销部门协作，直接、间接地为顾客提供优质服务和顾客价值，企业的营销目标才能顺利实现（如图2-1-1）。

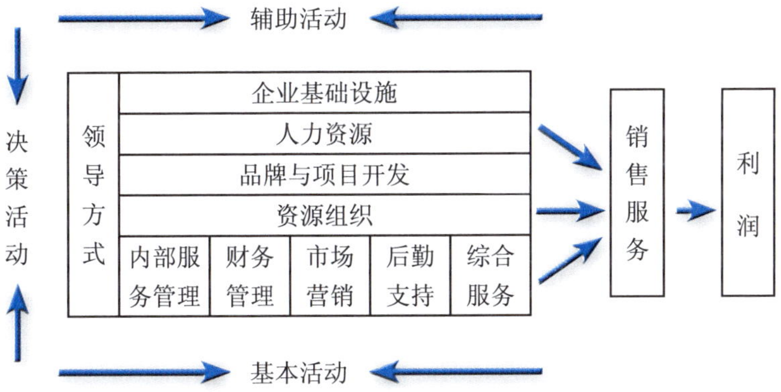

图2-1-1 汽车营销企业基本价值链

更为重要的是，企业内部环境中各功能组织的协作水平与企业的竞争力结构密切相关。汽车营销企业的竞争能力包括企业的品牌形象、核心能力、核心竞争力和企业文化，其中品牌形象和核心技术有张扬性、可见性、可体验性，容易复制，而核心竞争力和企业文化则是素质层面的能力，具有隐蔽性和深层性，相对比较难以复制，因此尤其值得关注（如图2-1-2）。

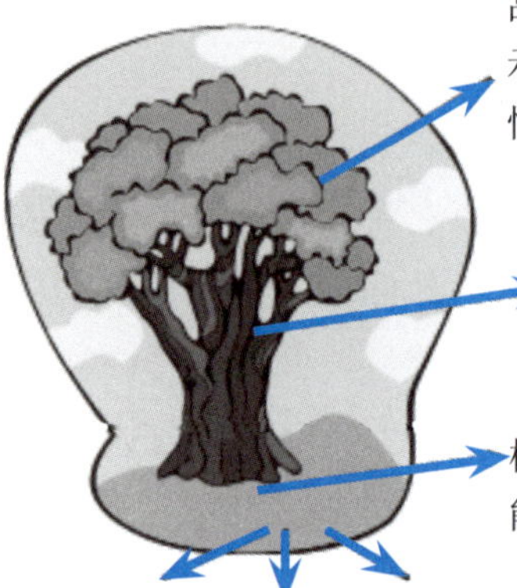

图2-1-2 企业竞争力图

2. 供应商情况

供应商是汽车营销企业顾客价值传递系统的重要环节，为企业提供销售与服务必须的各种资源，所有汽车营销企业，包括直接生产和销售汽车的汽车厂商以及汽车后市场中的各种企业，都面临着众多的供应商。

例如：汽车4S店的供应商除了汽车制造厂以外，还包括汽车物流、汽车保修设备与工具、汽车零部件、汽车维修材料和辅料、汽车精品、汽车保险、汽车金融等众多供应商。

供应商的品牌特征、供应能力、定价机制、响应速度、人员素质等诸多因素，都会影响汽车销售与服务的品质和客户满意程度，只有随时关注供应商的各种变动，并与之建立和谐的厂商关系，才能真正建立起汽车营销的支持系统，保证客户价值的实现。

3. 营销渠道

营销渠道的建立有利于汽车产品和服务的销售，有利于客户开发和客户关系的维护和管理。根据汽车营销自身的产品特征和目标市场，开发和维护各种形式的二级渠道，并与各类渠道建立有效的合作关系，对于企业降低成本、扩大销售、提升客户满意度都有重要意义。

由于我国各地经济、地理、人口分布、以及人文特征复杂多元，难以用一种营销模式或者业态来加以规范，这就决定各个品牌、各个区域选用不同的渠道模式。研究、建立适应自身企业的分销渠道，规范、调整、管理已有的营销渠道就显得尤其重要。

4. 顾客市场

顾客是企业赖以生存和发展的最重要的资源。离开了顾客，企业就没有存在的可能性。汽车营销企业的顾客市场包括：私人或家庭顾客、企业顾客、B2B顾客、政府顾客和国际市场顾客（如图2-1-3）。

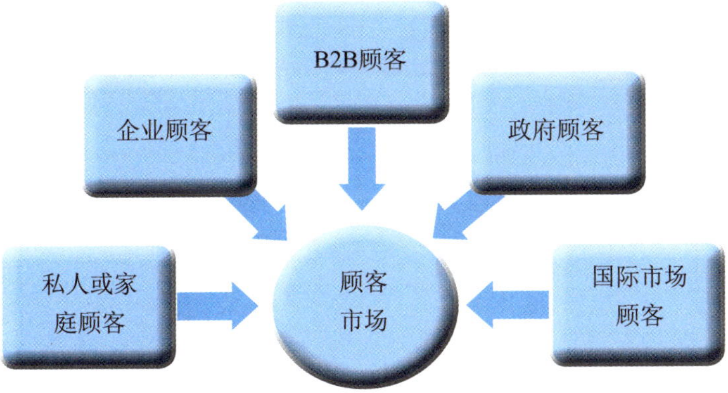

图2-1-3 顾客市场的种类

5. 竞争对手

比竞争对手做得更早、比竞争对手做得更准、比竞争对手做得更好，是汽车营销企业获得成功的充分条件。研究竞争对手，不应停留在地位优势和企业规模上，应当在更大的范围内展开，包括研究竞争对手的经营策略，研究竞争对手的产品与服务，研究竞争对手的组织构成和竞争能力，研究竞争对手的团队管理和激励机制等，以真正做到“知己知彼”。

6. 社会公众

公共关系学认为，所谓公众即与特定的公共关系主体相互联系及相互作用的个人、群体或组织的总和，是公共关系传播沟通对象的总称。在汽车营销过程中，公众一般是指汽车营销企业为实现自身目标建立起来的、对其能力有兴趣或有影响力的相关团体和内部人员。

汽车营销环境中的主要公众包括金融公众、媒体公众、政府公众、社区公众、消费者权益保护组织等“市民行动”公众、一般公众和企业内部公众。公众与企业的关系、公众对企业的评价与情感倾向都会直接间接影响汽车营销（如图2-1-4）。

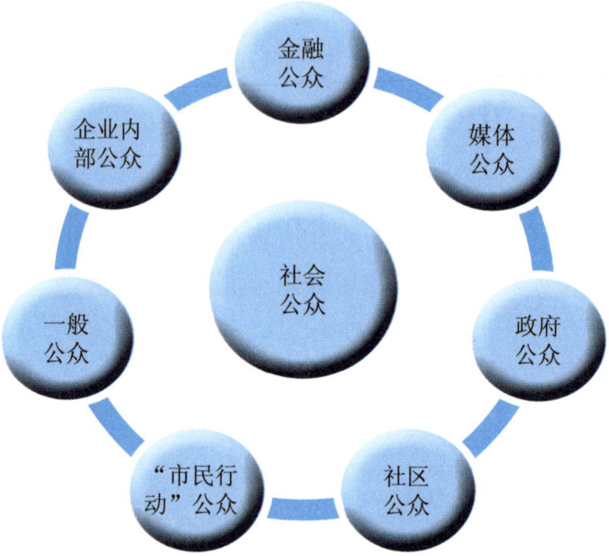

图2-1-4 社会公众的类型

二、汽车营销宏观环境

汽车市场营销与宏观环境密切相关，汽车营销需要与之相匹配的宏观环境。与此同时，汽车行业的快速发展又会对宏观环境产生一定的影响。

汽车市场营销宏观环境充满变动因素，可以认识但难以为具体企业所控制。研究与把握宏观环境的变动趋势，利用宏观环境给汽车营销带来的市场机会，规避宏观环境对汽车营销带来的威胁，是汽车营销企业在经营活动中必须随时把握的重要课题。

汽车市场营销宏观环境包括经济环境、人口环境、政策法律环境、社会文化环境、科技环境和自然地理环境等六大方面。

1. 经济环境

经济环境对汽车营销的影响尤其明显，是汽车产业能否发展的基础条件。我国汽车发展的历史表明，自20世纪90年代汽车进入家庭以后，除个别年份外，我国汽车销售基本上都以每年两位数百分比的速度快速递增，最根本的原因在于改革开放极大地促进了我国经济的发展（如图2-1-5）。

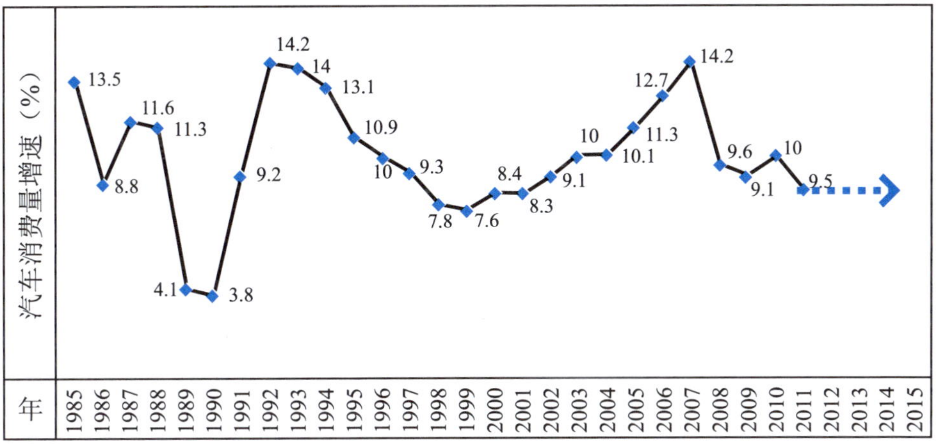

图2-1-5 中国历年GDP增长情况

2. 人口环境

市场归根结底由人组成。人口学关于人口数量、密度、学历、年龄、性别、职业、种族等方面的研究，与汽车营销密切相关。

2010年11月1日零时为标准时点，我国进行了第六次全国人口普查。结果表明我国大陆的人口具有如下特点：

① 人口多——人口将近13.4亿人；

② 家庭人口少——共有家庭户约4亿户，平均每个家庭户为3.1人；

③ 男女比例不平衡——男性占51.27%，女性占48.73%；

④ 年轻人多，老龄人口增加——0—14岁人口占16.6%，15—59岁人口占70.14%，60岁及以上人口占13.26%。

⑤ 文化水平提高——大学文化程度、高中文化程度人口上升，小学文化程度和文盲人口下降。

⑥ 城镇化步伐加快——城市人口占49.68%，农村人口占50.32%。与2000年第五次全国人口普查相比，城镇人口比重上升13.46个百分点，流动人口增长81. 03%。

人口环境的特点与经济发展等多种环境因素相融合，使我国汽车用户消费特征相应发生变化，根据2015年《中国汽车用户消费形态报告》显示：

① 当前我国购买新车用户的平均年龄为32.3岁，所购车级别越高，车主年龄越大。

② 女性车主比例增加。随着汽车普及率的提高，女性对于汽车的兴

趣、关注度和话语权在飙升，女性车主的比例明显增加，由2011年的20.3%增加到30.9%。

③ 车主家庭收入有所增长。2014年全国居民人均可支配收入20167元，2015年全国居民人均可支配收入21966元。据胡润发布的《2014中国豪华车品牌特性研究白皮书》，中国千万资产以上高净值人群数量已达109万人，比上一年增加4万人，涨幅3.8%。另据胡润研究院预测，未来3年，中国千万资产以上高净值人群数量可能达到121万人。从豪华车车主的收入来看，平均个人月收入达到3万元，家庭月收入8.8 万元，其中家庭月收入超过10万元的比例超过30%。家庭平均总资产880万元，超过1000 万资产的达到10%。

3. 政策法律环境

市场营销政策法律环境是指对企业市场营销产生重要影响的各项法律法规的总和。

汽车是特殊产品，它在发展战略、行业推动、生产制造、技术标准、安全标准、环保标准、商业管理、金融服务、保险服务、售后服务、二手车评估与交易、废旧汽车拆解等诸多方面都与社会经济的发展、环境治理、道路交通安全保障、消费者权益维护等国家利益、公众利益密切相关。为此，世界各国在汽车产业发展过程中制定了一系列政策法规，营造汽车产业发展的政策法律环境，以保证汽车与社会、汽车与环境、汽车与资源节约等方面协调发展。政策法律环境对汽车营销具有重大的影响，汽车营销活动必须清晰了解、适应法律环境，并且重视对社会和消费者负责的道德行为。

我国政府已经制定了包括汽车产业发展政策、汽车产业发展规划、汽车产品质量法规、汽车碰撞（被动）安全性检验制度、汽车安全标准、汽车排放标准、商标法、汽车产品召回制度、保险法、汽车金融法规、合同法、消费者权益保护法、机动车登记变更退牌法规等一系列有关汽车产业的政策法规，汽车政策法律体系基本形成。

4. 社会文化环境

每个消费者都是在一定的文化环境中成长，并在一定的文化环境中生活的，其价值观、生活方式、消费心理、购买行为等必然受到社会文化环境的影响。

表2-1-1 中国汽车用户购车考虑因素（%）

考虑因素	微型轿车	小型轿车	紧凑型轿车	中型轿车	中大型轿车	轿车	SUV	MPV
外观	76.7	76.5	76.4	79.8	81.2	77.2	83.5	75.7
安全性	35.3	48.7	57.5	57.9	65.0	52.5	62.2	51.4
舒适性	38.8	46.0	49.0	56.1	66.8	48.7	51.7	50.6
空间	40.2	38.9	45.3	50.9	43.6	44.0	58.0	67.6

（续表）

考虑因素	微型轿车	小型轿车	紧凑型轿车	中型轿车	中大型轿车	轿车	SUV	MPV
动力性	38.6	45.2	42.4	50.0	48.2	44.0	55.3	39.3
质量	28.3	41.8	41.9	46.1	44.4	40.7	41.6	38.2
品牌	16.3	38.1	38.9	46.4	62.0	38.5	41.6	37.0
内饰	30.8	36.5	39.9	42.7	48.0	38.9	38.8	33.2
购车价格	47.7	40.5	36.0	27.2	18.0	35.6	36.1	31.5
操控性	23.3	33.0	35.3	37.7	43.2	33.9	34.8	31.6
燃油经济性	42.2	36.6	32.9	26.0	13.9	32.74	18.6	22.8
技术先进性	13.7	20.9	22.0	28.6	35.3	22.9	25.5	22.0
服务	15.9	24.1	25.1	20.0	17.3	21.7	19.4	19.7
配置丰富性	8.3	13.9	13.4	19.4	27.4	15.1	16.2	13.9
平稳性	9.6	13.5	13.0	15.0	14.3	13.1	13.1	13.0
通过性	4.9	7.5	7.2	9.1	9.4	7.5	17.9	8.4

社会文化环境具有共有性、差异性、变化性和适应性等基本特点。社会文化是人们在社会发展过程中共同创造、相互影响的，某一群体的成员可能具有社会文化上的共同特征、共同方式；个人的社会背景不同，文化特征也不同；随着社会的发展演进，社会文化也会演化更迭；在特定环境下，消费者的心理和行为特征有其客观性和不可控性。汽车营销必须研究新历史条件下的社会文化环境，以适应消费者的真实需求。

上表2-1-1可见，SUV用户对于购车的考虑因素与轿车用户、MPV用户具有明显的差异性。SUV用户更重视外观，更重视安全性、舒适性、动力性、通过性、配置丰富性、内部空间和品牌，而对油耗考虑大大低于轿车用户，说明SUV用户追求时尚、个性的社会文化特征对于汽车营销具有明显的影响力。

5. 科技环境

现代科学技术的高速发展，对推动汽车产品升级、优化产品结构、丰富汽车用户的车上生活都开创了前所未有的新天地。新技术创造新的市场和商业机会，把握新技术在汽车上日益丰富的应用事实，发现和传递新技术对顾客带来的实际利益和愉悦体验，对于汽车扩大销售、提升客户满意都具有十分重要的意义，这就要求汽车营销人员不断学习新知识，以便为顾客提供更全面的咨询信息。

6. 自然地理环境

近十年来，我国中西部地区的经济发展步伐日益加快，城镇化步伐不断加快，农村人口大量转向城市，全国道路交通不断改善，汽车营销的格局也随之发生变化，汽车增长最快的地区逐步转移到了二三级城市和农村地区。自然地理环境对于汽车车型需求有着重要关联度，但随着道路交通条件的不断改变，自然环境、地理特征导致的用车障碍和车型差别将会日益缩小。

有研究表明，中小城市的消费观念大约落后大型城市的消费观念三年左右，不同级别城市和不同自然地理环境下车主的价值观有所不同。一般来讲，大型城市车主比较强调个性；中型城市车主则比较看重身份地位的体现；小型城市车主比较在意全面成本和社会归属；地形复杂地区的车主更加强调车辆的通过性和现实意义；与大城市相比，中小城市购车行为更为慎重；大城市消费者首先考虑价格和档次，而中小城市首先考虑品牌。

这说明，大城市消费者更加注重汽车带来的实际价值，而中小城市消费者对于汽车更看重社会地位的标榜和社会归属感，农村地区的车主则更加相信先行客户的体验和口碑传递，利益考虑比较现实。

第二节 汽车营销环境应对策略

一、市场营销环境的特点

1. 汽车市场营销环境的普遍特点

由于社会、经济、科技等方面的迅速发展，世界经济全球化、一体化过程的加快，IT技术的快速普及，以及消费需求的多样化，使得所有企业所处的环境更加开放和动荡。汽车市场营销就是在这种复杂而多变的营销环境下进行的。汽车市场营销环境的普遍特点是：

（1）复杂性

在微观营销环境中，除了公司自身，供应商、销售渠道、顾客、竞争对手以及公众与汽车营销企业实际上存在着一种竞争或合作的关系，微观营销环境中角色的数量众多且各不相同，可能与之合作，也可能成为对手；在宏观环境中，很多要素信息来源渠道并不畅通，就具体企业来讲也很难控制，且时有变动，这就增加了了解营销环境的复杂性。

（2）变动性

除了某些比较稳定的法规，营销环境中的诸多因素无一不在变动之中，缺乏有意识的关注、没有持之以恒的观察与分析，就不能用新经济条件下的敏锐目光进行创造性的工作，要适应变动中的营销环境相当困难。

（3）可知性

汽车市场营销环境中的某些因素，对一个具体企业来说难以控制，但不可控不等于不可知。事实上，只要思想重视、目标清晰、策略得当、措施到位，汽车营销市场的营销环境是可知的。宏观环境中的许多因素，虽然在信息公开上会有延迟，但主要数据都可以在政府官网上搜索得到；全局性的行业数据，一般企业难以得到，但可以通过购买得到。至于微观环境中的各种要素，特别是内部员工和社会公众，都是企业在运营过程中经常需要接触的对象，关键在于善于观察、善于互动，一般都不难了解到。

（4）相关性

汽车市场营销环境各要素之间不是孤立的，而是一个主观与客观相容、微观与宏观关联、相互联系、相互依赖、相互作用、相互制约的关系。例如：汽车刺激消费政策，宏观调控、通货膨胀、道路交通改善、科技进步、内部管理、队伍建设、公关危机等等因素，都会对汽车营销带来积极或消极的影响。

（5）差异性

汽车营销企业的微观环境，在管理思想、人员结构、运作模式上表现出很大的差异性。汽车营销宏观环境虽然总体上是一致的，但由于企业、品牌、地理位置、风俗、流行、政府管理体制等不同，使企业实际面对的宏观环境具有明显差异性。例如，国家关于校车政策的推出，对于客车销售的推动很大，但对乘用车销售几乎没有影响。又如，政府采购关于18万、1.8排量的限购规定，对于高排量汽车，以及低质量的汽车有消极影响，而对于限购范围内的汽车则有重大商机。

（6）可用性

营销环境对于汽车营销的影响是辩证的，既可能为企业带来机遇，也可能为企业带来威胁。关键在于汽车营销企业如何清晰地了解、理解和利用营销环境，主动转变思想，创造有利条件，优化营销体制和机制，从而抓住市场机会，使企业得到发展。

2. 全球汽车发展趋势

（1）产销格局

全球汽车产销格局发生转变，美、欧、日等发达国家需求趋缓；亚太、东欧、南美等新兴市场增速趋快。2015年发展中国家汽车产量占全球的份额将由目前的25%增加至48%。

（2）战略重组

全球汽车产业战略性重组步伐加快。为缓解产能过剩、开发成本大幅攀升，全球汽车产业进行大规模重组，生产集中度明显加快，汽车企业强势联合已成潮流。

（3）竞争焦点

市场向个性化、时尚化等多方向发展，竞争焦点趋于独创性，更加注重安全、环保、节能和舒适等综合性能。

（4）技术创新

技术创新成为获得核心竞争力的关键。国际汽车市场竞争的实质是技术创新能力的竞争，主攻方向从规模生产转向以微电子技术和信息技术为代表的高新技术生产。新材料、新技术、新工艺、新能源成为重点领域。汽车工业将全面进入汽车电子时代。

(5) 供货趋势

平台战略、全球采购、模块化供货渐成趋势。

(6) 产业发展

节能、环保、安全成为全球汽车产业发展的主要趋势。

(7) 车型开发

新能源、安全设计、小排量、轻量化成为车型开发的新趋势。

(8) 汽车设计

基于因特网的计算机全程设计，灵境技术应用和设计自动化成为汽车设计的新趋势。

3. 我国汽车市场营销环境的鲜明特征

我国汽车市场是世界汽车市场的一部分，与世界汽车市场一样有着诸多的共同特点。但是，我国汽车市场又不同于世界上任何国家，有着自己鲜明的特色。为此，我国汽车营销既要讲国际化，也要讲本土化。大凡能够在我国汽车市场获得良好发展的跨国企业，一定高度重视本土化；大凡能够在境外获得良好业绩的我国企业，一定高度重视国际化。为此，研究汽车市场的营销环境，必须“顶天立地”，高度重视人情、行情、国情和世界格局的变化（如图2-2-1）。

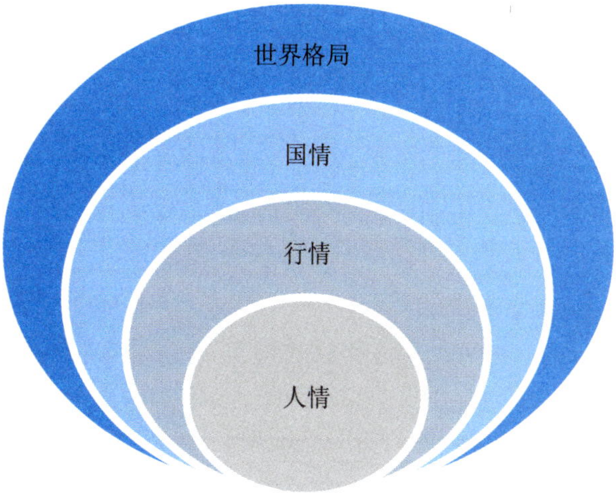

图2-2-1 聪明的营销环境思考

4. 中国汽车市场五大趋势

（1）产业地位

汽车从奢侈品向生活必需品过渡。汽车作为国民经济支柱产业的地位得到进一步的认可。

（2）增速调整

中国汽车市场年增长率将从此进入稳定增长阶段。整个产业链的资源配置必须做出相应的调整。

（3）重点市场

三四线市场将成为未来发展的重点市场，从而推动渠道模式变革和营销方式变革。

（4）渠道变革

市场需求变化催生渠道变革。渠道模式将向大型化、多级化和多样化发展。

（5）精准营销

传统的营销手段使企业不堪重负。让营销更加精准成为汽车营销的趋势。

二、对市场营销环境的不同对策

面对同样的市场环境，营销企业采用的应对策略差异很大，大致有以下几种做法：

1. 怠于研究

这类企业热衷于产品优势和地位优势，忽略人的作用，忽视对市场的研究，对营销环境的变化熟视无睹，依赖行业增长，因而盲目行事。市场旺销的时候趾高气扬，一旦遇到市场障碍就垂头丧气。

2. 环境适应

不少企业认为汽车市场营销环境无法控制，企业只能被动接受营销环境。抱有这种观点的企业，对于市场营销环境的主要策略是“适应”。为了适应营销环境，它们分析营销环境，回避威胁因素，利用环境机会。

3. 环境管理

这类企业不仅观察营销环境的变化，及时作出反应，而且采取主动步骤去影响营销环境中的某些力量，使之朝着有利于企业的方面去发展。例如，提升客户满意，以获取客户忠诚；强化客户关系管理，以争取客户的终身价值；加强团队建设，以增强队伍的核心竞争能力；利用表达编辑者看法的“广告社论”，以影响立法或政策的制定；把握自然环境和技术环境的趋势，以修正自己的营销战略；解释文化环境的变化，以改进产品设计和销售中的卖点开发等。所有这些策略都使企业时时站立在行业的前沿，从而掌握营销、主动营销、创新营销。

三、市场营销环境管理中的SWOT分析

1. SWOT分析的含义

SWOT分析也称态势分析法，由美国旧金山大学的管理学教授韦里克在20世纪80年代初提出的，是汽车市场营销环境管理中最常用的方法。

SWOT分析的内容包括：企业在营销环境中的优势（Strengths）、劣势（Weaknesses）、机会（Opportunities）和威胁（Threats）。（如表2-2-1）

这是对企业内外部环境各方面因素进行综合和概括，进而分析企业的优劣势、面临的机会和威胁的一种方法。通过SWOT分析，可以帮助企业把资源和行动聚集在自己的强项和有最多机会的地方，并让企业的营销策略更加明朗。

表2-2-1 SWOT分析与应对策略

企业内部因素 企业外部环境	内部优势(S) 1. …… 2. …… 3. ……	内部薄弱环节(W) 1. …… 2. …… 3. ……
外部机会 (O) 1. …… 2. …… 3. ……	◆抓住机会 ◆利用优势 ◆努力发展	◆克服劣势，利用机会把自己的能力提升
外部威胁 (T) 1. …… 2. …… 3. ……	◆用优势化解或减少威胁 ◆保持健康地生存、发展	◆将弱点和威胁最小化 ◆防御、收缩或退出

2. 机会与威胁分析

环境发展趋势分为两大类：环境威胁和环境机会。

环境威胁指的是环境中一种不利的发展趋势所形成的挑战，如果不采取果断的应对策略，这种不利趋势将会导致公司的竞争地位受到削弱。

环境机会是对企业富有吸引力的领域，在这一领域中，企业将拥有竞争优势。

3. 优势与劣势分析

企业竞争优势是指一个企业具有超越其竞争对手的赢利能力。这种能力可以是有别于竞争对手的任何优越的东西，包括产品线的宽度、产品的大小、质量、可靠性、适用性、风格和形象，以及服务的及时、态度的热情等。衡量一个企业及其产品是否具有竞争优势，最根本的是客户的体验、感觉和反应，而不是企业的自我感觉。

企业的劣势是指企业在营销过程中比竞争对手更加不利的条件，包括产品、价格、促销、渠道、成本、管理水平、队伍素养等各个方面。

4. 市场营销环境管理策略

（1）面对机会

面对机会可以采取抢先策略、紧跟策略或观望策略。抢先策略，即市场机会明朗，企业有实力、有把握，抢先一步，积极应对，开发新产品，抢占市场。紧跟策略，即市场机会并不明朗，企业承受风险的能力有限，可以紧跟领先企业，开发新市场。观望策略，即市场机会不明朗，自己的优势也不突出，可以先积极观望，选择时机再作决定。

（2）面对威胁

面对威胁可以采取反抗策略、减轻策略或转移策略。反抗策略是指采取措施，设法限制或扭转不利因素的发展。减轻策略是指通过产品、价格、渠道和促销等市场营销组合的手段来改善营销环境，以减轻环境威胁的程度。转移策略是指放弃某些业务，把注意转移到其他盈利更多的业务或行业中去。

第三章

汽车市场调研与市场预测

第一节　汽车市场调研

一、汽车市场调研概述

1. 汽车市场调研的含义

市场调研的概念，一般有狭义与广义两种：

（1）狭义的市场调研

狭义的市场调研从市场营销的角度定义，认为市场调研就是对消费者进行调查和研究，收集消费者产品购买和使用的信息资料，通过分析研究来发现市场机会和可能存在的问题。狭义的市场调研将市场调研看作是市场营销整个领域中的一个重要元素。

（2）广义的市场调研

广义的市场调研从整个市场的角度定义，认为市场调研是运用科学的方法和手段，收集产品从生产者转移到消费者手中的一切与市场活动有关的数据和资料，并进行分析研究的过程。广义的市场调研调查范围从消费流通领域扩大到了生产领域，据美国市场营销协会的解释，市场调研不仅包括消费者调研，还包括市场分析、销售分析、广告研究和营销环境研究等多方面。

2. 汽车市场调研的作用

市场调研的作用是多方面的，主要有以下几点：

（1）为政府及管理部门提供决策依据

通过市场调研，可以正确认识国情国力，为宏观经济决策和调控反馈市场信息，并有效地指导管理部门更科学地制定国民经济计划。

（2）为企业发展提供决策依据

通过市场调研，可以了解市场总的供求情况，据以调整、确定企业的发展方向。市场供求由商品可供量和购买力组成，通过调研，企业可根据市场情况和企业自身的实力，决定企业的发展方向，进行正确的市场定位。

（3）为产品生产和改进提供决策依据

市场调研为生产部门提供市场信息，促进产品更新换代，促进新产品的开发和生产。随着科技的进步，产品的更新换代周期日益缩短。企业在调研中，通过对商品消费数量、变化趋势、普及率的分析判断商品的生命周期情况，并将信息加以反馈，使生产部门据此制定不同的生产销售计划，促进更新换代。同时根据对消费者的分析，发现其潜在需求，为改进产品性能、提高产品质量、开发新产品提供思路。

（4）为产品促销提供决策依据

市场调研有利于促进商品销售。企业通过市场调研活动，广泛了解市场信息，分析各类商品的销售前景，增加质优价廉、适销对路商品的经营，按照消费者的要求调整经营结构，创造企业经营特色，从而起到扩大销售的作用。

3. 汽车市场调研的类型

市场调研涉及的内容很广，为了有针对性地开展市场调查，从不同的角度可将其划分为不同的类型。

（1）按调查对象的范围不同划分

按调查对象的范围不同划分，市场调研可分为全面调研和非全面调研。

全面调研是对调查对象中所有单位全部进行的调查，其主要目的是取得比较全面而系统的总体资料。

非全面调研是对调查对象的一部分所进行的调查，如典型调研、重点调研和抽样调查。

（2）按调查的深度划分

按调查的深度划分，市场调研可划分为探测性调研、描述性调研、因果性调研和预测性调研。

探测性调研是在企业对市场状况不甚明了或对问题不知从何处寻求突破时所采用的一种方式，目的是确定调查的重点。

描述性调研是对市场历史与现状的客观情况如实地加以反映的一种调研方法，通过描述性调研，可以比较深入且具体地反映调查对象的全貌。

因果性调研就是侧重于了解市场变化原因的专题调研，分析市场上各种变量之间的因果关系，以及可能出现的相关反应。

预测性调研是指对未来可能出现的市场商情变动趋势进行的调研，属于市场预测的范围。

4. 汽车市场调研的范围

企业进行市场调研的内容和范围十分广泛。从广义上说，凡是直接或间接影响企业市场经营活动的资料，都应该收藏、整理；凡是有关企业经营活动的信息都有调研的必要。

对汽车市场而言，其调研的范围内容可以包括汽车市场营销环境调研，如内外汽车产业发展宏观环境、政策法律规定、竞争状况等；汽车及零部件市场需求调研；营销组合策略调研，如价格走势、产品开发和技术发展趋势、产品与服务质量状况等；竞争对手调研；用户购车心理与购买行为调研等。

在对汽车市场的调研中，针对汽车消费者的调研应作为调研的重点内容。这是因为企业的销售活动如果没有消费者参与，就不能最终实现商品流通的全过程，也就不能使商品实现其最终价值。

汽车消费者调研的主要内容有消费者基本情况及特征、用途及特征、需求特征等。例如，对汽车用户基本情况进行市场调研，即可从以上三方面展开（如表3-1-1）。

表3-1-1 汽车用户基本情况市场调查表

消费者基本情况及特征	性别、年龄、婚姻、学历、职业、驾龄
	家庭状况（人口）、家庭年收入、家庭购买模式
	开过车型品牌
	开过车型类别：轿车、MPV、SUV、专用乘用车或其他
	买过什么品牌的车，选择的主要原因
	所买车辆的类型，选择的主要原因
	是否购买过二手车、品牌及类型，选择购买二手车及品牌、类型的主要原因
用途及特征	主要用途、载客状况
	道路状况：路面、车速、是否固定路线里程等
	连续工作时间、年运行里程
	行驶特点（是否频繁起步、停车等）
需求特征	发动机：油耗（升/百公里）、可靠性、功率
	变速箱：自动/手动、可靠性、爬坡能力、现有车辆使用（满意）状况
	车桥：承载能力、速比、爬坡能力、可靠性、现有车辆使用（满意）状况
	车架：承载能力、厚度、特殊结构、现有车辆使用（满意）状况
	车箱：形式、容积、现有车辆使用（满意）状况

二、汽车市场调研程序

1. 汽车市场调研步骤

为了使调查研究取得良好的预期效果，必须制定周密的调查研究计划，按步骤做好必要的准备工作，认真实施。市场调研一般分为以下三个阶段（如图3-1-1）。

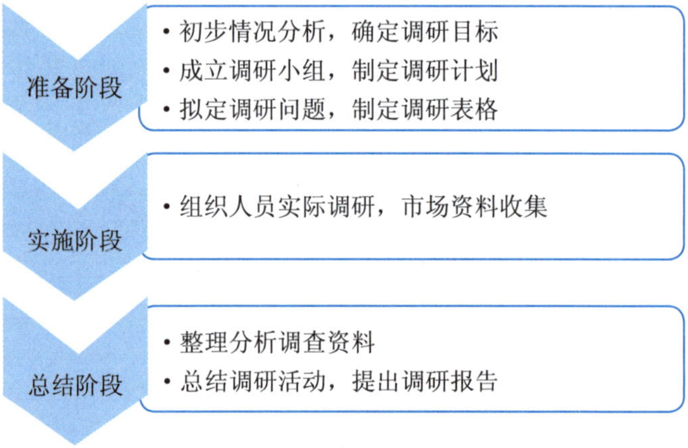

图3-1-1 汽车市场调研步骤

（1）调研准备阶段

准备阶段是调研工作的开端。准备是否周到，关系到随后实际调查阶段的开展是否能够顺利进行。这一阶段的主要工作有以下三步：

第一步，初步情况分析，确定调研目标；

第二步，成立调研小组，制定调研计划；

第三步，拟定调查问题，制定调查表格。

（2）调研实施阶段

市场调研的准备工作完成之后，接下来便是调查方案的实施，这个阶段是市场调研工作过程中最费时、费力和耗资的阶段。调研阶段的主要任务是组织调查人员深入实际，按照市场调研方案的具体要求和安排，系统地收集各种信息。

（3）分析总结阶段

在这个阶段，调研人员将分头收集到的市场信息资料进行汇总、归纳和整理，对信息资料进行分类编号，接着对资料进行初步加工，并以百分率、平均数、表格、图示等形式把收集到的资料重新展现出来，然后撰写调研报告，将调研结果变成书面形式。

完成调研报告，并不是调研活动的终结，之后还要对调研结果进行追踪，即再次通过市场活动实践，检验报告所反映的问题是否准确，所提建议是否可行、效果如何，并总结市场调研的经验教训，以提高市场调研的能力和水平。

2. 汽车市场调研的方法

要有效地组织市场调研，必须根据市场调研的目的、调研内容和调研对象的不同特点，选择恰当的调研方法。市场调研有各种各样不同的分类方法，每种调研方法各有特色，常用的方法有访问调查法、观察调查法、实验调查法和文案调查法。

（1）访问调查法

访问调查法也称询问调查法或问卷调查法，是指按事先拟好的调查问卷，通过询问的方式向被调查者了解并收集市场情况和信息资料的一种调查方法。访问调查法是在市场调查活动中运用最为广泛的一种获取第一手资料的方法。

访问调查法的特点是：以调查问卷为纽带，调查人员和被调查者以直接或间接的方式进行接触。利用这种方法不仅可以了解消费者的消费需求、消费心理、消费态度、消费习惯等情况，还可以对产品质量、价格、性能、技术服务等方面进行了解，以此为基础对市场进行分析。

访问调查法有多种具体的调查方法，根据调查人员与被调查者接触方式的不同可分为面谈调查法、电话调查法、邮寄调查法、留置问卷调查法、网上调查法五种。这五种访问调查法的特点各异（如表3-1-2）。

表3-1-2 五种访问调查法的比较

项目＼方法	面谈调查法	电话调查法	邮寄调查法	留置问卷法	网上调查法
回收率	高	较高	低	较高	高
灵活性	强	较强	差	强	较强
准确性	好	好	较好	好	好

（续表）

方法 项目	面谈调查法	电话调查法	邮寄调查法	留置问卷法	网上调查法
速度	较慢	快	较快	慢	快
费用	高	较低	低	高	低
资料范围	面窄	面较广	面最广	面窄	面较广
复杂程度	复杂	简单	较复杂	复杂	简单

（2）观察调查法

观察调查法是指调查人员在调查现场对调查对象的情况直接观察和记录，从而获得信息资料的一种调查方法。

观察调查法的特点是：调查人员不直接向调查对象提出问题要求回答，而是依赖调查人员耳闻目睹的亲身感受，或者利用照相机、摄像机、录音笔等现代化记录仪器和设备间接地进行观察以收集资料。这种情况下，被调查者的活动可以不受外在因素的影响，处于自然状态；被调查者不愿意用语言表达的情感或实际感觉，也可以通过观察其实际行为而获悉，因而取得的资料更能反映实际。但是，现场观察记录的往往只是表面的东西，难以了解被调查者内在的思想，如动机、态度等。而且在有些情况下，当被调查者意识到自己被观察时，可能会出现不正常的表现，导致观察结果失真；在对一些不常发生的行为或持续时间较长的事物进行观察时，耗时长，成本高。另外，由于调查人员是身临其境地观察，这就要求调查人员要有良好的记忆力、判断力和敏锐的观察力，同时具有丰富的经验，把握观察调查的要领。

（3）实验调查法

实验调查法是指在市场调查中，通过实验对比来获得市场情况第一手资料的调查方法。它是由市场调查人员在给定的条件下，对市场经济活动的某些内容及其变化加以实际验证，以此衡量其影响效果的方法。

采用实验调查法进行市场调研，可以有控制地分析、观察某些市场现象间的因果关系及其相互影响的程度。另外，通过实验取得的数据比较客观，具有一定的可信度。但是，实践中影响经济现象的因素很多，不可控制的实验因素，可能会在一定程度上影响实验效果。而且由于实验法只适用于分析当前市场现象的影响，对历史情况和未来变化则作用较小，这就使实验调查的应用受到了一定局限。

（4）文案调查法

文案调查法是指对现有的信息资料进行收集、分析、研究和利用的行为过程，是获取二手资料的方法。

文案调查法与其他调查方法相比较，其特点是：获得的信息资料比较多，资料的获得也较为方便、容易和迅速；无论是从企业内部还是从企业外部，收集过程耗时较短，而且调查的费用也较低。

第二节 汽车市场预测

一、汽车市场预测的概念

市场预测是指在市场调研的基础上，利用科学的方法和手段，对未来一定时期内影响市场供求变化的因素进行调查研究，分析和预见其发展趋势，掌握市场供求变化的规律，为经营决策提供可靠的依据。

市场预测包括对市场需求的预测、市场供给的预测、产品价格的预测及竞争形势的预测等。

二、汽车市场预测的步骤

汽车市场预测的基本原理以最简单的方法可以表达为下列模式：已知→未知；过去、现在→将来。即从已知预测未知；从过去、现在预测将来。在汽车市场预测中，规律、趋势、逻辑、经验是分析问题的基本依据和重要手段。

汽车市场预测的步骤有以下五个步骤（如图3-2-1）；

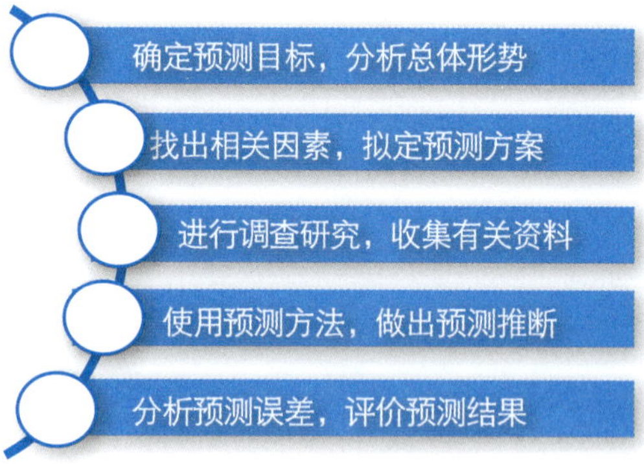

图3-2-1 汽车市场预测步骤

1. 确定预测目标

确定预测目标是指确定预测的内容、范围、要求和期限。预测目标是整个预测工作的主题。确定预测目标要准确、清楚和具体。例如，要明确描述预测什么，通过预测解决什么问题，是对一种产品还是对几种产品的预测等。

2. 做好组织、行动和财力准备

市场预测应是一种有组织、有计划、有核算的经济行为。预测组织者应根据预测目标的内容和要求，制定市场预测工作的整体计划，包括人员的安排、任务的布置、各阶段的目标和资金的投入等，为全面开展预测工作做好组织上、行动上和财力上的准备。

3. 准确获得信息、资料

市场预测中所使用的信息、数据资料是指与预测目标有关的所有历史的和现实的资料，包括通过各种调查形式得到的原始资料和通过报纸、杂志或学术机构公布的统计资料或研究结果获得的二手资料等。市场预测并非把收集到的资料全盘吸收，而是要通过整理、筛选、分析，去伪存真，去粗取精，全面、客观、真实、准确地占有相关资料。这些相关资料是对市场预测对象基本变化规律的识别依据和提高预测效果的关键，必须强调质量和可靠性。

4. 选择预测方法

选择预测方法，一是要看预测目标的性质和费用、期限、精确度等要求；二是要看占有的信息资料的类型和内容。假如企业对下一年度的销售量进行预测，若要拥有大量的、比较全面的、系统的数据资料，则可考虑采用某种定量分析预测方法，并针对数据的变化情况，选择一个特定的数学模型，然后分析参数，建立预测模型。利用选定的预测方法和预测模型，对各种变量或各种因素进行计算或分析，即可确定预测结果。一般情况下，在得出具体的预测值以后，还应对其进行进一步的分析、检验和评价。若预测值和测算值相差较小、在允许的范围之内，则预测效果较好、可以采用，反之则不能使用，或必须经过调整后才能使用。

三、汽车市场预测的方法

市场预测的方法大致分为两大类：定性分析预测法和定量分析预测法。

1. 定性分析预测法

定性分析预测法又称判断分析预测法，是依赖于预测人员丰富的经验和知识以及综合分析能力，对预测对象的未来发展前景做出性质和程度上的估计和推测的一种预测方法。这种方法具有节省时间、节省费用、灵活多变等特点，如果运用得当，极具实用价值。在企业调研过程中，常用的定性分析预测方法有下列四种：

(1) 对比类推法

世界上有许多事物的变化发展规律具有相似性，尤其是同类事物之间。对比类推法，是指利用事物之间的这种相似特点，把先行事物的表现过程类推到后继事物上去，从而对后继事物的前景作出预测的一种方法。对比类推法依据类比目标的不同，可以分为产品类推法、地区类推法、行业类推法和局部总体类推法。

(2) 集体经验判断法

集体经验判断法，国外又称专家小组意见法，是利用集体的经验、智慧，通过思考分析、判断综合，对事物未来的发展变化趋势作出估计。

这种预测方法的做法是：首先，由若干个熟悉预测对象的人员组成一个预测小组；其次，要求每个预测者在作出预测结果时，说明其分析的理由，并允许小组成员在会上争论；再次，在分析讨论基础上，预测者可以重新调整其预测结果；最后，把若干名预测者的预测结果运用主观概率统计法进行综合处理后，得出最终的预测结果。

(3) 特尔菲法

特尔菲法（Delphi Method），也称专家调查法或专家意见法，是以匿名方式轮番征询专家意见，最终得出预测结果的一种集体经验判断法。特尔菲法使用系统的程序，采取不署名和反复进行的方式，先组成专家组，将调查提纲及背景资料提交专家，轮番征询专家意见后再进行汇总预测结果，经过几轮的反复征询、归纳和修改，直到各专家的意见趋于一致，才宣告结束。其结论比较接近实际，适用于总额的预测。该方法的特点是匿名性、反馈性

小知识

特尔菲法由美国兰德公司于20世纪40年代末首创和使用。特尔菲是古希腊一座城市的名字，该城有座阿波罗神殿，其中阿波罗是太阳神，善于预卜未来，后人借用特尔菲比喻预见能力高超。

（4）市场调查预测法

市场调查预测法是企业市场营销人员组织或亲自参与或委托有关机构对市场进行直接调查，在掌握大量第一手市场信息资料的基础上，经过分析和推算，对未来市场发展趋势作出预测的一类方法。市场调查预测法根据直接调查获得的客观实际资料，进行分析推断，较少主观判断，可以在一定程度上减少主观性和片面性，故也称为客观性市场预测方法。市场调查预测法主要有购买意向调查法、展销调查法、预购测算法等。

购买意向调查法，国外也称买主意向调查法，是指通过一定的调查方式选择一部分或全部的潜在购买者，直接向他们了解未来某一时期购买商品的意向，并在此基础上对商品需求或销售作出估计的方法。

展销调查法是指通过商品展销这一手段，直接调查消费者的各种需求、购买能力和购买意向等。

预购测算法是根据顾客的预购订单和预购合同来推测产品的需求量。这种方法主要适用于一些生产企业和批发企业的微观预测。

2. 定量分析预测法

定量分析预测法是根据一定的数据资料，运用数学方法来确定各市场变量之间的数量关系，并据此来预测市场未来的变化趋势的方法。定量分析预测法的特点是“凭数据预测”，它能够通过模拟各变量之间的数量关系，较准确地测算出市场未来的发展变化趋势和具体程度。这种方法由于直接应用数理统计的理论和方法，整个过程比较严谨而科学，所以预测结果比较精确，预测效率比较高。但这种方法也有其局限性，如对预测项目的历史数据资料要求较高、对预测人员的科技水平和能力要求较高，而目前大多数企业和预测人员不具备这样的条件和素质，所以用此方法进行普遍的、经常性的或重大项目的市场预测有一定的难度。

定量分析预测法分为两大类：时间序列预测法和因果关系分析法。

时间序列预测法是根据一个指标本身的历史数据的变化趋势，寻找市场的演变规律，即把未来作为过去的延伸。时间序列预测法包括平均平滑法、趋势外推法、季节变动预测法和马尔可夫预测法。

因果关系分析法是根据事物之间的因果关系，知因测果。回归预测法是因果分析法中很重要的一种，它从一个指标与其他指标的历史和现实变化的相互关系中，探索它们之间的规律性联系，作为预测未来的依据。

3. 综合运用汽车市场预测方法

定性分析预测法和定量分析预测法各有优点，且具有一定的科学性，但它们在独立进行市场预测时，难免受到自身弱点的限制。因此在市场预测的实践中，需要将定性分析预测法和定量分析预测法相结合，充分发挥两种方法的优势，充分发挥预测者的主观能动性，根据他们的实践经验和判断分析，对难以量化的影响市场现象的因素、市场未来发展变化特点以及过去和现在的不同之处，进行深入细致的分析研究，并据此对定量市场预测法所得到的预测值加以适当调整或补充，从而增加市场预测的灵活性和准确性。

第四章
汽车购买动机与购买行为

第一节　汽车购买动机与购买决策

一、多元的汽车产品与购买行为

1. 多元复杂的汽车产品

由于用途不同，用以满足消费者的汽车产品类型众多。从大类来分，汽车产品可以分为乘用车和商用车两大类（如图4-1-1）。

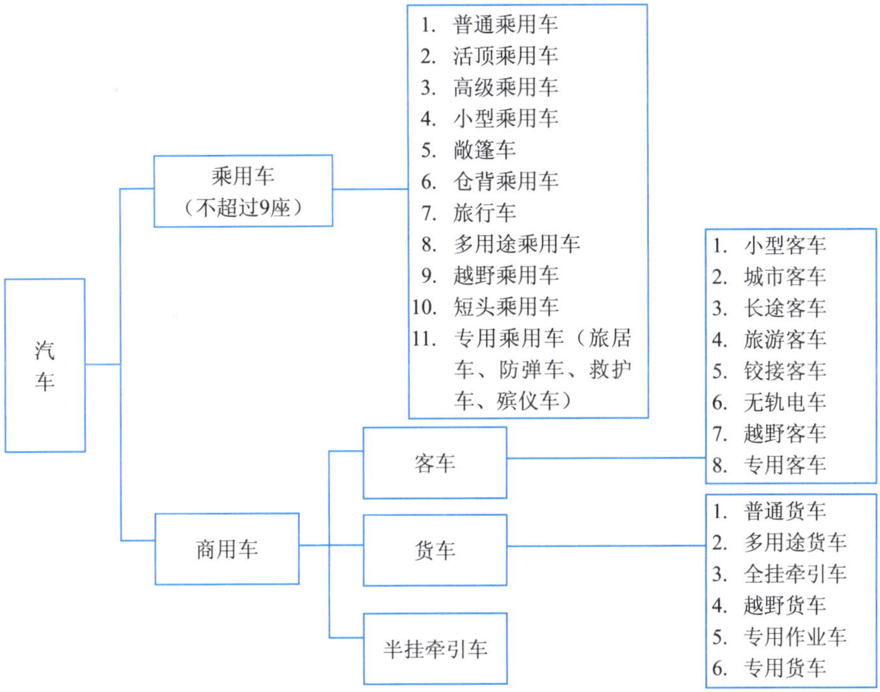

图4-1-1 目前通用的汽车分类图

（1）乘用车

乘用车是指在其设计和技术特性上主要用于载运乘客及其随身行李或临时物品的汽车，包括驾驶员座位在内，最多不超过9个座位。它也可牵引一辆挂车。乘用车可细分为基本型乘用车、多功能车（MPV）、运动型多用途车

（SUV）和交叉型乘用车四类。上述四类车型又可分别按照厢门、排量、变速箱的类型和燃料类型进行细分。

（2）商用车

商用车是指在设计和技术特性上用于运送人员和货物（不包括乘用车在内）的汽车，并且可以牵引挂车。客车包括小型客车、城市客车、长途客车、旅游客车、铰接式客车、无轨电车、越野客车、电动客车、专用客车等；货车包括各类专用载货汽车，如油罐车、洒水车、随车起重运输车、散装水泥车、自卸车、厢式车、冷藏车、高空作业车、环卫车等。

2. 汽车产品的双重特征

汽车产品具有消费品和生产品的双重特征。如下图4-1-2所示，由于消费品和生产品的购买对象不同，因而消费者的购买动机和行为特征也有显著不同。

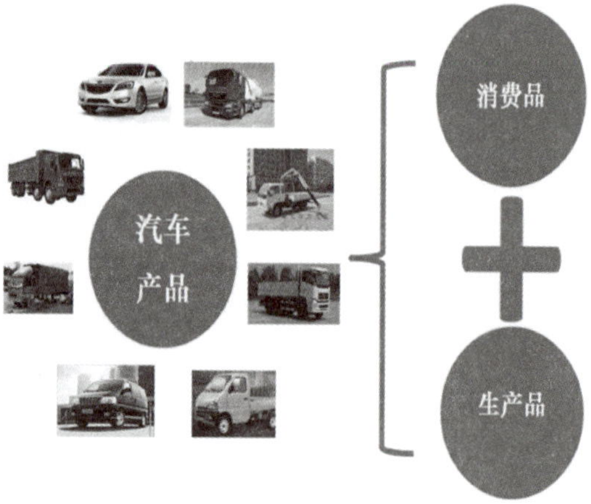

图4-1-2 汽车产品的双重特征

3. 多元复杂的汽车购买行为

汽车购买行为是指不同类型的消费者为满足各自不同的需求，在寻找、购买、使用及评估汽车产品和服务过程中所表现出来的各种行为。消费者是多种多样的，不同的汽车消费者在购买动机及行为方面有很大差别。由于消费者在购买动机、经济条件、生活方式、社会文化、品位能力、年龄和个性等方面存在很大差异，消费者购买的产品和服务也千差万别。汽车市场营销最基本的课题就是了解多元化消费者的购买特征及相互联系，发现影响消费者选择汽车产品、服务、品牌、企业的关键因素，从而有针对性地提供满足各类消费者的解决方案，达到汽车营销的基本目标。

（1）复杂的购买行为

当消费者面对一种不熟悉的汽车产品时，购买行为最为复杂。这种情况在我国比较突出，因为我国进入汽车社会的时间不长，第一次购买汽车的消费者占到绝大多数。在这种情况下，汽车消费者对品牌、型号、性能等知之甚少，需要汽车厂商提供大量产品与服务信息，指导消费者评估产品，全方位介绍产品的各种属性，才能最终作出购买决策。

（2）较为复杂的购买行为

如果消费者已经熟悉某一汽车品牌，但对更多的汽车品牌并不熟悉，这时的购买行为就较为复杂。只有当消费者对相关品牌有了更多的了解，解决了有关这个品牌的诸多认知问题后，才能作出最后决策。这种情况在消费者第二次购车中比较多见。

（3）简单的购买行为

购买者对汽车产品的特性和各种主要品牌比较熟悉，并且对某些品牌有明显的偏好，购买决策过程和购买行为就相对简单。这种状况在个人多次购买或组织购买的过程中非常突出。多次购买和组织购买者的购买经验比较丰富，购买行为比较简单。但是组织购买更多关注的是购买项目的完成和经济效益目标的达成，且参与购买决策的人员众多，决策过程相对复杂。

二、影响消费者购买行为的基本因素

心理因素、个人因素、文化因素、社会因素是影响消费者购买行为的四大基本因素（如表4-1-1）。

表4-1-1 影响消费者购买行为的基本因素

心理因素	个人因素	文化因素	社会因素
◆ 需要和动机 ◆ 后天经验 ◆ 信念和态度 ◆ ……	◆ 年龄与职业 ◆ 生命周期阶段 ◆ 经济环境 ◆ 生活方式 ◆ 性格与自我观念 ◆ ……	◆ 文化 ◆ 亚文化 ◆ 社会阶层 ◆ ……	◆ 参与群体 ◆ 家庭 ◆ 身份与地位 ◆ ……

1. 影响消费者购买行为的心理因素

（1）消费者的需要

需要是人类共有的。心理学家马斯洛认为，人都有生理、安全、尊重、爱和自我实现的需要。在他晚年的时候，他发现除了以上五个层次的需要以外，人类还有求知、求美的需要（如图4-1-3）。

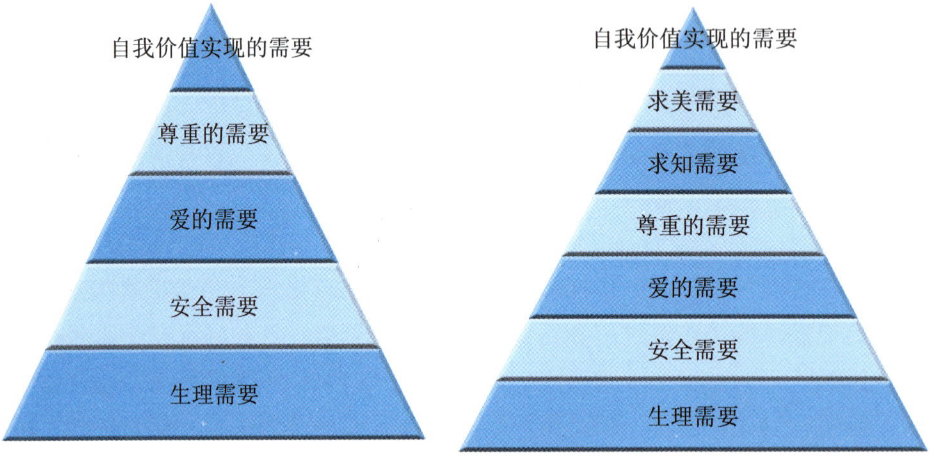

图4-1-3 马斯洛需要层次理论

消费者需要是指消费者在一定条件下感到某种缺乏而力求获得满足的一种不平衡状态；是消费者对延续和发展生命所必须的客观条件的需求在人脑中的反映；是消费者对自身和外部生活条件的需要在头脑中的反映。在商品社会中，消费者的需要具体表现为对商品和劳务的需要。

（2）消费者的欲望

消费者的欲望是指消费者想得到某种东西或达到某种目的的要求。人的需要基本一致，但欲望有所不同。这是因为人们的文化背景以及个性不同。

（3）消费者的需求

消费者的需求是以购买力和决策力为基础的需要和欲望。消费者只有在具有某类商品的需要、欲望和需求的状态下，才可能实现购买。

（4）消费者需要的分类

消费者的需要可以从各种不同的角度进行分类。按产生的原因可以分为自然需要和社会需要；按内容的不同可以分为物质需要和精神需要；按层次的不同可以分为生存需要、发展需要和享受需要；按对象的不同可以分为公共需要和个人需要；按实现程度的不同可以分为现实需要和潜在需要等（如图4-1-4）。

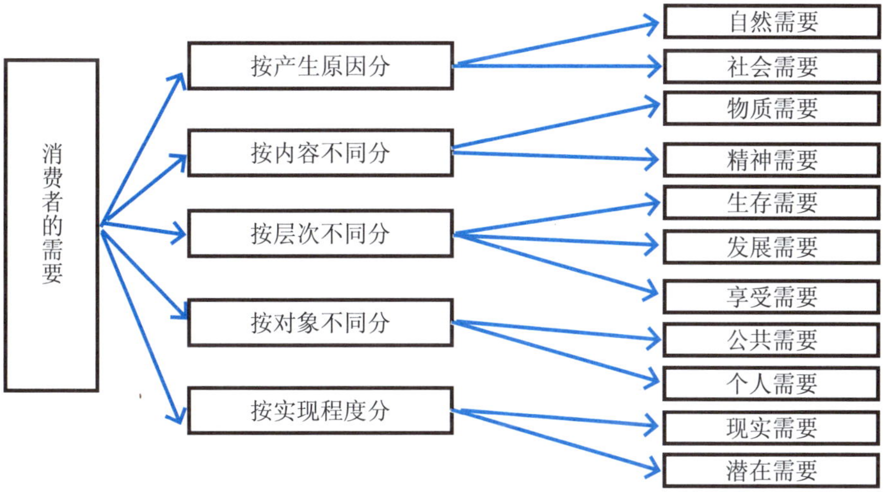

图4-1-4 消费者需要的分类

(5) 消费者需要的内容

消费者需要的内容包括：对商品基本功能的需要，即商品的有用性，即商品能满足人们需要的物质属性；对商品安全性能的需要，即商品的安全指标要达到规定标准，不隐含任何不安全因素，以避免危及生命安全的意外事故；对商品便利性的需要，包括时间便利、距离便利、操作便利、携带便利、维修便利等；对商品审美功能的需要，包括商品的工艺设计、造型、色彩、装潢、整体风格等；对商品情感功能的需要，指消费者要求商品能够体现个人的情绪状态，通过购买和使用能够获得情感的补偿、追求和寄托；对商品社会象征性的需要，指要求商品体现和象征一定的社会意义，使购买和使用该商品的消费者能够显示出自身的某些社会特性，如身份、地位、财富、尊严等，从而获得心理上的满足；另外，汽车商品的使用周期很长，在汽车使用过程中，需要汽车厂商提供一系列热情、负责、及时、全面、保证质量的相关服务。

(6) 消费者的动机

消费者动机是一种基于需要而由各种刺激引起的心理冲动，动机是引发和维持消费者行为并导向一定目标的心理动力。

(7) 消费者动机的特征

消费者动机具有如下特征：

主导性——消费者购买汽车产品可能有许多理由，也可能受到多种刺激信号的影响，但是在一般情况下消费者行为总是由消费者本身的主导性动机决定的。

可转移性——市场占有率转移理论认为，市场上出售的同类产品，由于质量不同、花色不同、价格不同或者包装不同而有不同的品牌和规格，消费者可能由于新的消费刺激导致动机的转移，最终导致同类商品中不同品牌、不同规格商品市场占有率的相互转移。

内隐性——消费者动机的内隐性是指消费者出于某种原因不愿让别人知道自己真实购买动机的心理特点。例如，某些购买汽车的消费者公开的动机是解决上下班路途遥远的问题，但内心更多考虑的也许是展示自己的身份、地位和财富。因此，动机犹如一座冰山，真正显露的只是一部分，而更大的部分却不轻易显露（如图4-1-5）。

图4-1-5 消费者动机的冰山理论

冲突性——冲突性也称矛盾性。当消费者同时存在两种以上的消费需求，且两种需求互相抵触、不可同时实现时，内心就会出现矛盾和冲突。这种矛盾和冲突可以表现为利利冲突、利害冲突、害害冲突。人们通常采用“两利相权取其重，两害相权取其轻”的原则来解决这种矛盾和冲突。

（8）消费者购买动机的类型

消费者购买动机的类型与消费者的需要结构密切相关。一般包括：追求实用的购买动机；追求新奇的购买动机；追求美感的购买动机；追求名望的购买动机；追求廉价的购买动机；追求便利的购买动机；追求安全健康的购买动机；追求荣耀的购买动机；追求兴趣的购买动机；追求恒常的购买动机。

(9) 消费者动机与行为的关系

动机的产生必须以需要为基础。动机在激励人的行为活动中具有发动和终止行为的功能；指引和选择行为方向的功能；维持和强化行为的功能。当消费动机转化为消费行为的时候，相关动机可以直接促成一种或多种消费行为。在某些情况下，也可能由多种动机支配和促成一种消费行为。动机与消费行为之间并不完全是机械的对应关系。

消费者动机与行为的逻辑关系（如图4-1-6所示）。

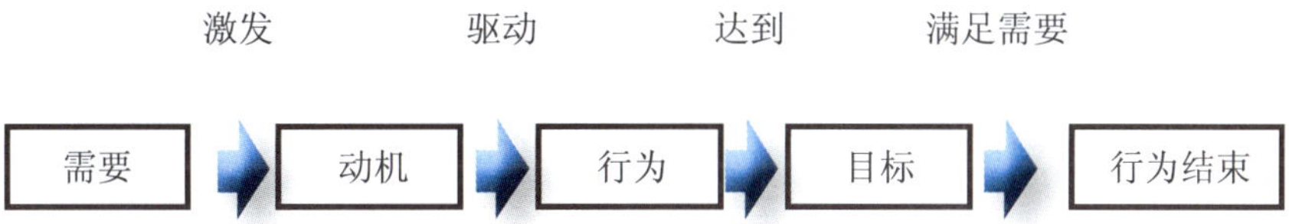

图4-1-6 消费者动机与行为的逻辑关系

(10) 消费者的感觉

感觉是人脑对直接作用于感觉器官的外界事物个别属性的反映，是认识的开端。感觉是人们对客观事物认识的一种简单形式，这种认识是个别的、孤立的、表面的，是一种简单的心理现象，是一切复杂心理活动的基础。为消费者营造良好的产品、服务、人员、企业形象，对于推动消费者的购买行为具有重要作用（如图4-1-7）。

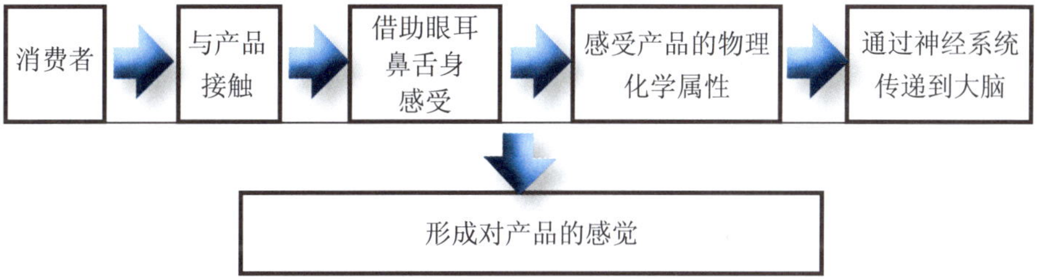

图4-1-7 消费者对产品的感觉

(11) 消费者的后天经验

人们的购买动机除了少数基于本能反应和暂时的生理状态外，大多数是后天形成的。人类后天经验的形成是驱动力、刺激物、提示物、反应和强化相互作用的结果。要发挥市场营销的作用，必须按照一定的价格，在一定的地点和时间，将商品按照消费者的需求提供给消费者，并且广泛应用信息通报手段，通过说明各种疑难问题的解决办法，强化消费者的反应，促进消费者购买动机的生成，促使消费者作出购买决定。

(12) 消费者的态度

消费者的态度是消费者确定购买决策、执行购买行为心理倾向的具体体现。消费者态度的形成和改变直接影响消费者的购买行为。形成消费者态度的基本要素包括认知因素、情感因素和行为倾向因素（如图4-1-8）。

图4-1-8 消费者态度的构成要素

认知是指对态度对象的评价，是构成消费者态度的基石，表现为对商品质量、商标、服务、信誉的印象；消费者的理解、观点和意见。保持公正、准确的认知是端正消费者态度的前提。

情感是在认知的基础上对客观事物的情感体验，是构成消费者态度的动力，表现为消费者对有关商品、质量、信誉等喜欢或厌恶、欣赏或反感的各种情绪反应。

行为倾向是指态度对象作出某种反应的意向，是构成消费者态度的准备状态，表现为消费者对有关商品、服务采取的反应倾向，其中包括表达态度的语言和非语言的行为表现。

2. 影响消费者购买行为的个人因素

影响消费者购买行为的个人因素主要是指消费者的年龄和家庭生命周期；消费者的生活方式、个性和自我形象；消费者的经济条件、性别以及职业等。不同的消费者有着不同的消费者心理和购买特征。

(1) 青年人的消费心理和购买特征

青年人追求时尚，有时代气息、突出个性，喜欢表现自我、科学消费、注重情感，并不忌讳超前消费。在购买过程中重名牌意识、决策迅速、易冲动、有独特见解、购买意识明确。

(2) 中年人的消费心理和购买特征

中年人素质水平高，当家理财量入为出，理智性强，冲动性小；计划性强，盲目性小；注重传统，创新性小。在购买过程中把握理性、抑制冲动、多方选择主动参与、突出个性表现自我，购买行为比较理智，讲究实效。

(3) 老年人的消费心理和购买特征

老年人怀旧心理强烈，品牌忠实度高，注重实际效用和服务质量，消费支配结构发生变化，补偿心理明显。在购买活动中习惯性消费意识强，防范意识明显，自尊心强，更注意服务态度。

(4) 女性的消费心理和购买特征

女性消费者既是众多商品的使用者和影响者，又是决策者和执行者。在我国女性购车平均已经占到总销售量的30%以上，而且还在大幅度增长。女性汽车市场需求旺盛。女性消费者购车强调造型新颖、色彩艳丽、内饰时尚、舒适乖巧等女性化特征。

3. 影响消费者购买行为的文化因素

(1) 文化对消费者购买行为的影响

文化对消费者的购买行为产生深远的影响，它有广义、狭义、中义之分。广义的文化是指人类社会在漫长的发展过程中所创造的物质财富和精神财富的总和。狭义的文化则是指社会的意识形态，包括政治、法律、道德、哲学、文学、艺术、宗教等社会意识的各种形式。中义的文化介于广义的文化和狭义的文化之间，是指社会意识形态同人们的衣食住行等物质生活、社会生活相结合的一种文化，如服饰文化、汽车文化、饮食文化等。

(2) 亚文化对消费者购买行为的影响

亚文化是文化的一部分。社会成员因民族、职业、地域等方面具有共同特征而组成一定的社会群体或集团。同属一个群体或集团的社会成员往往具有共同的价值观念、生活习俗和态度倾向，从而构成该社会群体的亚文化。亚文化既有与社会文化一致或共同之处，又具有自身的特殊性。通常可按民族、阶层、宗教信仰、地域、年龄、性别、职业、收入、受教育程度等因素，将消费者划分为不同的亚文化群。

(3) 社会阶层对消费者购买行为的影响

按照经济状况的不同，消费者分属不同的社会阶层（如图4-1-9），同一阶层的消费者往往具有类似的购买行为。一般来说，高层的顾客更善于比低层的顾客利用多种渠道获取商品信息。他们喜欢的购物环境也不同。处于不同社会阶层的人，在生活方式、欣赏品位、购买行为等方面存在较大的差异。

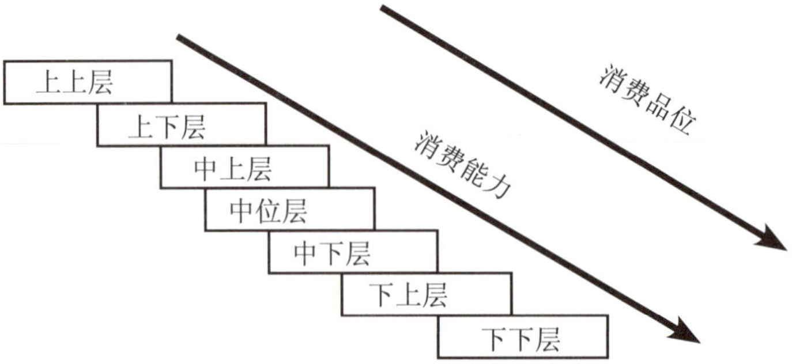

图4-1-9 社会阶层和购买行为

4. 影响消费者购买行为的社会因素

影响消费者购买行为的社会因素很多，主要包括消费者的家庭成员、身份地位和参考群体。

（1）家庭成员对消费者购买行为的影响

家庭是社会的细胞，是个人消费的决策单位。家庭对购买行为的影响尤其深刻。家庭的结构、生命周期、经济收入、文化背景、家庭成员的个性特征、家庭购买决策方式、家庭生活方式、家庭成员之间的相互影响都会影响以家庭为购买单位的汽车购买。

一家汽车咨询机构调研显示，我国购买各种车型新车的家庭收入各有差异。新车用户个人月均税后收入为9682.8元，家庭月均税后收入为14600.3元，且呈现随着新车级别的提高，用户的个人收入、家庭收入逐步提高的趋势。与新车用户相比，SUV和MPV用户的收入更高，尤其是SUV用户（如表4-1-2）。

表4-1-2 不同车型消费者家庭收入情况

车型	个人税后月收入（元）	家庭税后月收入（元）
微型轿车	5728	11821.6
小型轿车	7971	15054.5
紧凑型轿车	7592	14819
中型轿车	11830	21015.8
中大型轿车	20225	27705.9
轿车	9682	14600.3
SUV	11206	19536.6
MPV	10688	19087.4

（2）参考群体对消费者购买行为的影响

参考群体是指那些影响人们的看法、意见、兴趣和观念的个人或集体，包括组织、企业、机构、家庭、朋友、同事、邻居等。商品越有个性、能见度越强、越特殊、购买频率越低，消费者受参考群体的影响就越大。消费者对商品知识越缺乏，受参考群体的影响也越大。

（3）身份地位对消费者购买行为的影响

消费者在社会生活中从事的职业、职务、收入不同，每个人都从属于一定的群体和社会组织，拥有一定的身份地位。具有不同身份和地位的消费者经济状况、价值观念、兴趣爱好、生活方式、消费特点、闲暇活动、接受信息的情况各不相同。所有这些因素都会直接影响消费者的购买行为，这在汽车这类高档耐用生活品的购买上显得尤其明显。例如，具有一定实力的民营企业家，大多选购高档豪华轿车；一般机关干部极少可能购买超过机关采购汽车级别的汽车；年轻夫妇组成的家庭更多会选择时尚个性、但价格比较实惠的汽车（如表4-1-3）。

表4-1-3 我国汽车用户职业分布情况

	微型轿车	小型轿车	紧凑型轿车	中级轿车	中高级车	轿车	SUV	MPV
公司业主	10.4%	9.4%	12.7%	18.1%	24.5%	13.6%	47.9%	18.8%
员工20人以上	3.8%	2.7%	4.8%	6.7%	14.7%	5.4%	5.9%	6.1%
员工少于20人	6.6%	6.4%	7.9%	11.4%	9.8	8.2%	12.0%	12.7%
私营企业	30.2%	29.4%	24.5%	28.9%	27.4%	27.4%	32.1%	28.0%
高级管理人员	2.4%	4.3%	4.8%	8.9%	12.4%	5.8%	10.5%	7.8%
中级管理人员	13.3%	16.0%	13.9%	12.0%	10.5%	13.6%	15.4%	13.9%
一般职员	14.4%	9.1%	6.1%	5.9%	4.5%	8.0%	6.1%	4.3%
外资企业	10.1%	11.2%	8.9%	11%	15.4%	10.9%	8.9%	11.3%
高级管理人员	0.8%	1.2%	1.1%	1.8%	4.5%	1.5%	3.3%	2.9%
中级管理人员	5.3%	7.1%	6.2%	7.9%	10.2%	6.9%	4.4%	8.1%
一般职员	4.1%	2.9%	2.6%	1.5%	0.8%	2.5%	1.3%	0.3%
国营集体企业	12.6%	11.6%	13.7%	9.3%	10.2%	11.8%	11.6%	8.7%
高级管理人员	0.0%	0.3%	1.1%	1.5%	3.4%	1.0%	2.1%	0.9%
中级管理人员	3.6%	4.7%	6.3%	4.9%	4.9%	5.1%	7.4%	6.1%
一般职员	9.0%	6.6%	6.3%	3.0%	1.9%	5.8%	2.3%	1.7%
政府事业单位	3.6%	4.0%	3.9%	3.3%	1.1%	3.5%	2.1%	2.0%
处级以上干部	0.0%	0.1%	0.1%	0.0%	0.4%	0.1%	0.2%	0.0%
处级以下	0.4%	1.3%	1.5%	1.5%	0.4%	1.2%	0.4%	1.4%
一般公务员	3.2%	2.5%	2.3%	1.8%	0.4%	2.2%	1.5%	0.6%
专业机构人员	6.9%	8.3%	11.2%	9.6%	3.0%	8.8%	5.7%	6.6%
个体户	23.6%	22.6%	20.0%	19.9%	15.4%	20.8%	20.3%	24.9%
其他	2.6%	3.9%	3.7%	1.9%	3.0%	3.2%	1.2%	1.7%

三、汽车消费市场与购买行为

1. 汽车产品的鲜明特质

汽车是高关注度商品，客户很在乎，要求满意；汽车是多功能型商品，功能多样，客户要求了解；汽车是生活日常型商品，使用时间长，客户要求产品稳定可靠；汽车是高价贵重型商品，客户关注品牌与名气；汽车是少次重购型商品，客户要求商品提供者具有更高的信用度；汽车是高信任度商品，客户要求厂商可信，要求品牌保证；汽车是长期耐用商品，客户要求质量可靠；汽车是服务性商品，一旦购买，商家与客户长期关联，客户要求厂商提供全方位的延伸服务；汽车是高附加值商品，客户要求文化含量高；汽车是使用环境涉及面广的商品，客户要求提供配套服务，并提供经常的信息服务。

2. 我国汽车消费市场的主要特点

（1）容量极大

汽车消费市场容量极大。刚刚进入汽车社会的我国市场容量更大。目前，我国汽车整车年销售量已经接近2000万辆，二手车年销售量接近500万辆，汽车保有量已经超过1亿辆。未来10年全国有望实现新车和二手车年销售量达到4000万辆的规模，1∶1的成熟汽车市场标志将在全国实现。与此同时，汽车保有量也会成倍增长。

（2）档次提高

汽车消费品属高档消费品。汽车消费与经济社会发展、居民收入的增长有密切关系。第一，住房和汽车这些大件商品，全面普及所需的时间很长。国际经验表明，以建筑业和汽车工业为依托的工业化中期进程，一般要几十年，至少二十年。第二，我国汽车消费已经出现了明显的消费升级现象。消费者使用汽车的平均价格和汽车的档次还会有相应的提高。第三，经过三十多年改革开放的积累，我国富裕人口的绝对数量已经位居世界第二，据商务部研究院消费经济研究部发布的《2015年中国消费市场发展报告》，中国消费者是全球最大的奢侈品消费人群。作为汽车产品中的奢侈品，超级豪华车正以空前强大的阵容对中国市场形成合围之势。

（3）需求多样

汽车不仅是交通工具，丰富多彩的汽车产品还可以满足各类消费者的多样需求。这些需求包括：上下班、休闲旅游、接送家人、喜欢汽车、体现身份、享受乐趣、出入方便、扩大业务、节省时间、运送货物等。调查表明，目前我国消费者购车的动机按顺序排列依次为：上下班方便、休闲旅游、接送家人、喜欢汽车、有购买能力。

（4）与时俱进

汽车消费需求随着时代发展而发展是汽车消费市场十分明显的特点之一。以我国汽车发展的历史为例：第一，增速随经济发展而变化。解放后我国汽车行业的恢复起步于1953年，发展缓慢，用了近40年的时间销售量才突破100万辆。改革开放以后，增速逐步加快，从每年增加100万辆到2009年一年增加400万辆，2010年一年增加了500万辆。2011年由于货币紧缩以及结构调整等因素的影响，增幅有所减缓，增速回归理性；第二，消费升级，完全与居民生活水平的提高相一致；第三，对质量、服务、车型的追求，与时代进步、居民的物质文化生活日益丰富紧密相关。

（5）层次清楚

汽车消费明显的层次性主要表现在，消费能力越强，汽车消费的品味越高，这不但可以从上表4-1-3中得到印证，在实践中也不难发现，消费者再次购买的汽车级别往往比前一次高。

（6）连带效应

汽车消费需求具有连带效应。这种效应表现在汽车市场的发展对整个汽车产业链上下游相关产业的带动，在对社会生活方式的影响，及对居民活动半径扩大以及城市化的推动。

（7）结构变化

在汽车作为生产资料的年代，汽车消费基本属于专业购买。而在汽车进入市场以后，私人汽车购买者大量增加，且成为主要力量，汽车市场属非专业购买的特点逐步显现。私人购买者，特别是首次购车的消费者对于汽车产品认识不足，更加需要汽车营销专业人员强化产品宣传、提供专业咨询。在销售活动中要求咨询先于销售。

（8）促销升级

促销可诱导汽车消费需求，推动汽车销售。在卖方市场，汽车供不应求，消费者对于汽车产品的思考主要是数量问题，随着供求关系的变化，买方市场的特征更加明显，消费者有了更多的选择和比较，对于质量、服务、满意和情感满足的需求越发凸显。一般的促销活动很难打动消费者的心，各种创新的促销方法应运而生，促销策划技能成为汽车市场上的重要武器。

（9）渠道下移

我国汽车市场的多元特点是由我国国情所决定的。由于城乡差别、地理人口因素以及各地经济发展水平的差异，我国汽车市场有着十分明显的本土特点。人口密集、经济发展较快的地区发展得相对较早，而人口稀疏、地理环境相对恶劣、经济发展较慢的地区，发展相对滞后。现在我国的二三级城市和许多农村地区，也已经进入或正在进入汽车社会，这些地区甚至成了汽车销售增速最快的市场，汽车销售集中在大城市的格局已经被打破，渠道下移成为必然。

四、汽车消费者购买行为的基本模式

1. “刺激—反应”模式

消费者购买行为的基本模式是：“刺激—反应”模式。消费者购买行为是市场营销因素（产品、价格、渠道、促销）和其他因素（经济、技术、政治、文化）刺激的结果。问题在于这些刺激因素并不直接引发消费者购买行为，刺激消费者购买的市场因素和其他因素，必须首先进入“消费者暗箱”，通过转化才能形成一系列可以观察到的购买者反应，包括产品选择、品牌选择、销售商选择、购买时间选择和购买数量选择（如图4-1-10）。

市场营销因素	其他因素	消费者暗箱	购买者反应
产品	经济	认识特征	商店选择
价格	技术	情感特征	产品选择
渠道	政治	意志特征	厂牌选择
促销	文化	行为特征	时间选择
			数量选择

图4-1-10 消费者购买行为“刺激—反应”模式

2. 破解消费者暗箱

消费者购买什么、由谁购买、何时购买、何地购买、怎样购买、为何购买是了解和探索消费者行为的动机或影响其他行为的六大因素。其中前五个问题是消费者行为公开的一面，可以借助观察、询问获得较明确的答案。最后一个问题即“为什么购买”却是隐蔽的、复杂的。因此这被称之为称为“消费者暗箱”。不同个性特征的消费者面对同样的市场营销因素和其他因素刺激，会产生不同的反应。破解消费者暗箱就是要研究消费者的认识特征、情感特征、意志特征、行为特征，了解和探索消费者行为的动机或影响其行为的关键因素，全面了解消费者的需要，清楚了解购买者对各类刺激因素的真实反应，精准地诱发购买者的购买行为。

五、汽车消费者购买行为分析

1. 汽车消费者购买行为

汽车消费者购买行为是指人们为了满足个人、家庭、企业的生活或生产需要，购买合适的汽车产品或服务时所表现出来的各种行为和决策过程。汽车消费者购买行为来源于系统的购买决策过程，并受到多种内外因素的影响。汽车消费者购买行为是复杂的，具有动态性、互动性、多样性、易变性、冲动性、交易性等特点。

2. 汽车消费者购买的基本特征

(1) 市场多元、购买差异性大

消费者购买行为是指消费者为满足自身需要而发生的购买和使用商品的行为活动。消费者是多种多样的，不同的汽车消费者的购买动机及行为有很大差别。由于消费者的购买动机、经济条件、生活方式、社会文化、品位能力、年龄、个性等多种因素存在巨大差异，消费者购买的产品和服务也千差万别。汽车市场营销最基本的课题就是了解多元化消费者的购买特征及相互联系，发现影响消费者选择汽车产品、服务、品牌、企业的关键因素，从而有针对性地提供满足各类消费者的解决方案，达成汽车营销的基本目标。

(2) 少次重购、购买行为复杂

汽车产品是高档消费品，使用周期长、使用环境要求高。一般消费者终身购买的次数相当有限，为此汽车消费者的每一次购买行为都十分慎重、比较复杂。

(3) 知识缺乏、感性成分更多

汽车是技术性较强、操作比较复杂的商品，大多数消费者、特别是首次购买汽车的消费者一般都缺乏有关汽车的专业知识、价格知识和市场知识。

在多数情况下，汽车营销因素和其他因素的刺激对于消费者购买影响的作用往往更大，消费者很容易被经销商的广告宣传、服务接待、产品体验以及其他促销方式打动，产生购买冲动。

(4) 区域销售、购买选择局限

在市场经济条件下，人口在地区间的流动性较大，一般产品消费购买的流动性很大。但是，我国汽车购买的情况与此完全不同，经销商的活动大多局限于授权区域之内，消费者也必须在相应区域中完成购买，购买选择比较局限。这就决定我国汽车市场的竞争主要表现为区域的竞争，一般消费者都是在一定区域内选择最优秀的经销商。

(5) 消费升级、购买周期缩短

汽车产品的重新购买一般在两种情况下才能发生：第一，汽车产品的使用价值基本消费完毕，需要再购；第二，因为喜新厌旧、消费升级、经济状况的变化等因素的影响，置换或再次购买汽车。随着我国经济的进一步发展和汽车保有量的不断增长，二手车市场加快发展，消费者重购汽车的周期正在逐步缩短（如图4-1-11）。

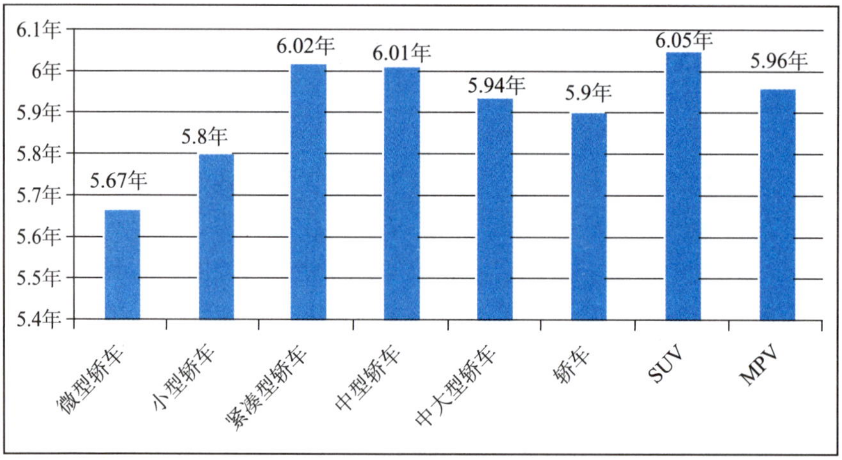

图4-1-11 汽车用户再购时间期望

(6) 结构变化、时代特征明显

汽车消费者的购买行为常常受到兴趣转移、时代精神和流行因素的影响，产生新的购买需要，显示出消费购买的时代特征。在刚刚进入汽车社会的地区，小型车、微型车的需求量相对较大；在第二次购买的消费者群体中购买B级车和SUV的比例明显增大。

（7）需求发展、购买内容丰富

由于社会发展和消费水平的提高，消费需求也在不断提高。现代汽车消费不再是简单地满足量的需求，更多地是追求质的需求和情感上的需求。人们购买汽车考虑的因素更加综合、日益升级，产品质量、服务形式、品牌形象、人员价值都成为消费者购买时必须考虑的因素，这种新的需要不断产生，永无止境，充分体现了汽车消费者的购买具有持续发展性的特点。

3. 汽车消费者购买的决策过程

消费者购买是一个复杂的决策过程，一般可分为五个阶段：

（1）接受刺激、确认需要

消费者需要可以由内在因素引起，也可以由外在因素引起。当消费者接受营销因素和其他因素的刺激，产生对某种商品的欲望，并确认自己具有购买能力时，购买过程才能开始。在这一阶段，汽车营销企业必须通过市场调研，了解促使消费者产生汽车购买欲望和需求的具体因素，规划刺激、强化诱导。

（2）收集信息、识别信息

消费者需要购买什么品牌的汽车，准备花多少钱、到哪里去买，首先需要寻求商品信息。消费者通常通过商业来源、个人来源、大众来源和经验来源搜集信息，并通过了解产品质量、功能、价格、牌号、已经购买者的评价等来识别信息。在这一阶段，汽车营销企业的营销任务是运用适当的市场营销组合，用完整的产品概念宣传产品与服务，以使消费者最终选择本企业的品牌。

（3）比较评价、分析选择

消费者对汽车产品的比较评价，是根据收集的资料对产品属性作出价值判断的过程，目的是选择适合自己需求的汽车。消费者对商品属性的评价各有差异，侧重点不尽相同，有的评价注重价格，有的注重质量，有的注重品牌或款式。在这一阶段，汽车营销企业应当注意：第一，努力提高本企业产品的知名度和美誉度，使本企业的产品有可能列入消费者比较评价的范围之内；第二，调查研究消费者比较评价汽车产品时考虑的主要内容，从而相应地进行宣传，加强对消费者购买选择的影响。

（4）察觉风险、决定购买

汽车消费者通过对可供选择的产品进行评价并作出选择后，就形成购买意图。在正常情况下，消费者通常会购买他们具有情感倾向的产品，也可能由于受到他人态度和意外事件的影响、察觉到某些风险而改变购买行为。消费者察觉风险的大小，由购买金额大小、产品性能优劣以及购买者自信心强弱等众多因素决定。为此，汽车营销企业在营销活动中，应尽可能通过自己的良好表现，减少消费者的察觉风险，以推动消费者购买。

(5) 感受产品、购后评价

消费者购买汽车以后，购买决策过程并没有就此结束。消费者购后评价是消费者购买决策的重要环节。在这一阶段，消费者对照自己的预期，通过购后感受对已购商品进行评价。

消费者对产品和服务的评价内容主要包括自己的欲望和需求、品牌的核心利益、产品的功能利益、产品的个性、产品的品牌形象符号、产品的便利性和体验价值（如图4-1-12）。

对此，汽车营销企业必须给予充分重视。例如通过强化产品的质量管理、征求顾客意见、加强售后服务和保证、提高客户满意度、改进市场营销工作、极力消除客户不满等措施，力求提高消费者的购后评价，在确保企业信誉的前提下维护现在的市场、发展今后的市场。

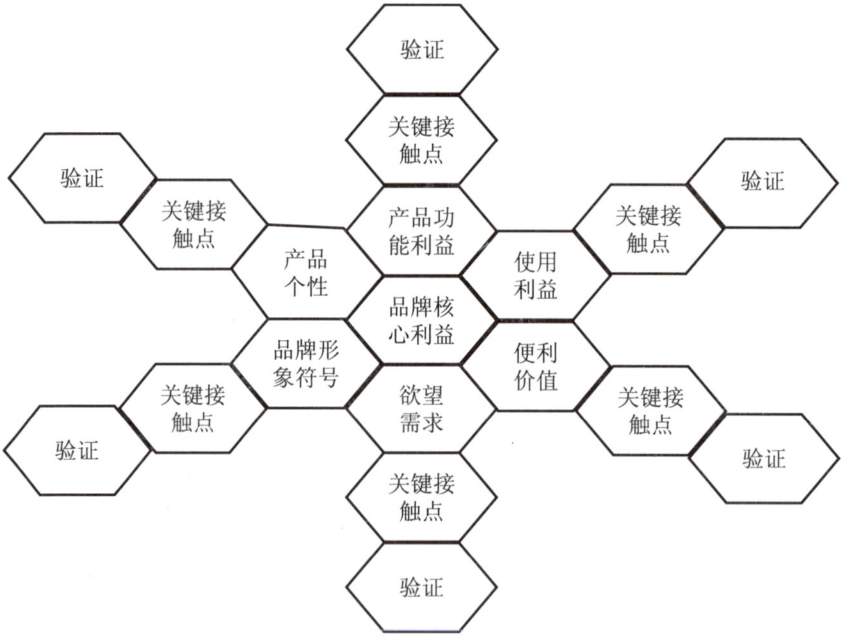

图4-1-12 消费者购后评价图

4. 汽车新产品购买的决策过程

（1）新产品层出不穷

我国汽车产业正处在由大向强发展的历史关键时期。一方面各种品牌的竞争异常激烈，另一方面各种品牌在车型上针对竞争者作相互渗透，各个合资或自主品牌企业每年推向市场的新车型都超过100款以上。理解新产品的含义和消费者购买的决策规律，有助于推动新产品在市场上的理想销售。

（2）新产品的概念

新产品突出的是一个“新”字。一般情况下把对市场第一次出现的产品和对企业第一次生产和销售的产品，都称为新产品。新产品包括：全新产品，指过去没有而现在被发明创造出来的产品，例如纯电动汽车；革新产品，即在老产品基础上加以革新和改进的产品，甚至仅仅改换了包装的产品；在现有产品系列中增加品种和规格有差异的产品；以及引进的其他市场已有的产品，例如，2015年全国推出的200多款新车型，大部分属于此类。

（3）新产品的分类

新产品可以分类为全新产品、地域性新产品、新引进新产品和连续性新产品四类。全新产品是指第一次生产、第一次上市的产品，如比亚迪电动汽车就属于科技上的全新产品。地域性新产品是指投放到新的目标市场上的产品。新引进新产品是指市场上已经出现，但企业是第一次生产的产品，例如斯柯达昊锐就属于新引进新产品。连续性新产品是指原有产品基础上改造而得的产品，包括现有产品线增补产品、改良性产品、革新性产品，例如新领驭就属于连续性新产品。

（4）消费者接受新产品的过程

消费者接受汽车新产品是一个从了解到最后接纳这个新产品的思维过程，因为购买新产品可能存在某种风险，消费者的决策过程相对复杂，一般要经过感知、兴趣、评价、试用、接受五个阶段。在感知阶段，消费者对新产品有所了解，但信息不足；在兴趣阶段，消费者能够自觉寻找关于新产品的相关信息；在评价阶段，消费者考虑尝试新产品，但会在反复比较后作出明智选择；在试用阶段，消费者会试着购买新产品，以切身体验了解新产品的价值；在接受阶段，消费者会肯定自己的购买选择。最早使用新产品的消费者还会充当“舆论领袖”的角色，在市场上协助推广新产品。

（5）消费者接受新产品的个体差异

新产品上市被消费者采用需要过程。新产品从发明或创造到推广，是新产品（创新）扩散的过程。消费者之间存在着丰富的差异性，假如一视同仁地进行推广，就会成本高、效果差。

面对新产品，消费者可以分为几类：第一类是创新者，他们敢于冒险，乐于接受新事物，占消费者总量的3%—5%；第二类是早期使用者，是相对较早接受新事物的人，比较谨慎，大约占消费者总量的10%—15%；第三类是早期接受者，这些消费者比较慎重，比一般人先接受，但不会带头，大约占消费者总量的34%；第四类是晚期接受者，这些消费者疑虑重重，行动迟缓，不主动接受新产品，占消费者总量的34%左右；第五类是落伍者，这些消费者传统观念强烈、保守固执，往往要到多数人已经接受新产品的时候才会购买，这类消费者占消费者总量的5%—16%（如图4-1-13）。

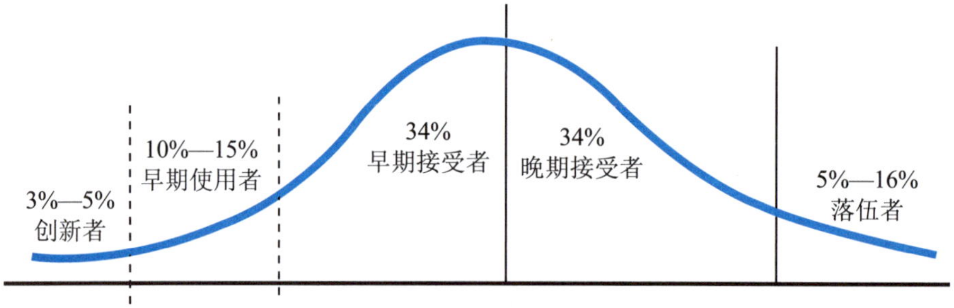

图4-1-13 消费者接受新产品的类别

（6）新产品的的传播与推广

两级流动传播理论认为，消费者对新产品的响应率取决于消费者的个性与新产品的特征，可以采取两级传播进行新产品（创新）扩散。一级传播是指通过新闻媒介集中、针对性地传播给创新者和早期使用者，让他们充当“舆论领袖”。二级传播是指通过“舆论领袖”将新产品的信息流向更广泛的大众。

第二节　汽车组织用户的行为特征

一、汽车组织市场的购买行为

1. 汽车市场的两种消费模式

汽车市场可以分为个人或家庭市场和企业或社会组织市场两大类。目前，我国个人或家庭消费已经成为整个汽车市场的主力军，企业或社会组织的汽车消费虽然在总体份额上不足1/3，但需求旺盛、市场庞大、竞争尤其激烈。

企业或社会组织消费者在汽车行业也称为大用户或业务用户，包括工业用户、农业用户、交通运输业用户、建筑安装业用户、观光旅游业用户、商业用户、金融保险业用户、中间商用户、非盈利性组织用户和公务采购用户等。

2. 汽车组织市场的基本特点

汽车组织市场规模很大，涉及行业众多，面对需求复杂；组织市场往往直接采购商品，需求弹性较小，但单次购买数量较大；组织市场往往由专业专职采购，多人影响购买，但供需关系密切。组织市场购买的目的与企业或社会组织所承担的任务或业务项目密切相关，专业性强，价值观念明确。

3. 汽车组织市场购买行为类型

汽车组织市场购买行为的主要类型包括全新采购、修正重购和直接重购三类。

(1) 全新采购

全新采购是指首次购买某种产品或服务。营销的重点是全面研究购买者的决策过程及影响因素。

(2) 修正重购

修正重购是指就产品规格、价格、交易条件等经过协商加以调整，进行再次购买。营销的重点是了解客户要求调整的原因，掌握新的标准，保护自己的市场份额和必要利润。

(3) 直接重购

直接重购是指客户要求依照以往惯例购买产品和服务。营销的重点应当是尽力维护产品和服务的质量，尽力减少客户重新购买的成本。

4. 汽车组织购买的参与者

组织客户的购买过程比较复杂，其中最大的原因是组织客户在购买过程中的参与者众多，而且使用者、购买者和决策者的角色往往由不同的人承担。组织客户购买的参与者一般包括发起者、使用者、影响者、采购者、决策者、批准者、控制者等（如图4-2-1）。

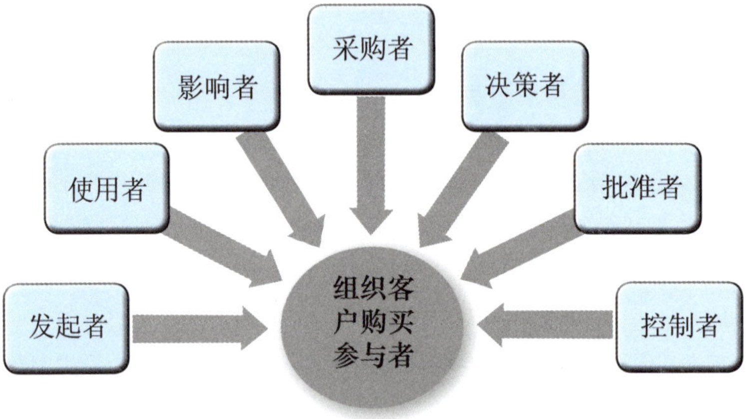

图4-2-1 组织客户购买的参与者

5. 汽车组织客户的购买特征

（1）决策科学化

组织客户追求更大的价值和附加值，要求个性化的供应策略。组织客户通常会有采购招标书等文件，对采购内容、步骤、时间表、预期设想、评估方法及合作伙伴有明确的规定。

（2）购买周期长

组织客户采购投资较大，可能出现往复现象，一般在6—12个月内成交，也可能是跨年度的销售。组织客户有可能对合作伙伴进行直接或者间接的资质评估。

（3）团队作战

组织客户往往更强调整体的服务能力，要求服务及时、全面。对组织客户的销售，与其说是在销售产品，不如说是在销售一个整体的解决方案，必须考虑周全。

（4）品牌忠诚度高

面对行业的激烈竞争，以及组织客户的专家型采购人员，汽车营销企业保持良好的行业口碑，拥有相关的成功案例，将增加对组织客户的吸引力。

（5）销售代表能力要强

组织客户的销售人员能力要求比应对一般客户的销售人员更高。这些能力包括：确保安全；彻底跟进；争取客户的意愿；更强的市场知识和产品知识；熟悉产品与客户需求的匹配度；很强的产品线知识；充分的售前准备；娴熟的外交礼仪；经常与客户通话等。

（6）强调长期关系与利益

在竞争激烈的销售环境中，寻找新客户的代价越来越高。面向关系良好的组织客户，销售人员应该逐步深化客户关系的层次，建立长期关系，追求长期利益。

6. 汽车组织客户的购买决策过程

汽车组织客户的决策过程相对规范、科学、流程清晰。一般过程是：按照业务项目和任务目标提出需求；经过反复研究确定需求；向相关决策者说明购买需要；物色可能的供应商；向相关供应商征求供货建议书；经过比较选择合适的供应商；经过洽谈签订采购合同；购买后对整个购买过程进行绩效评估（如图4-2-2）。

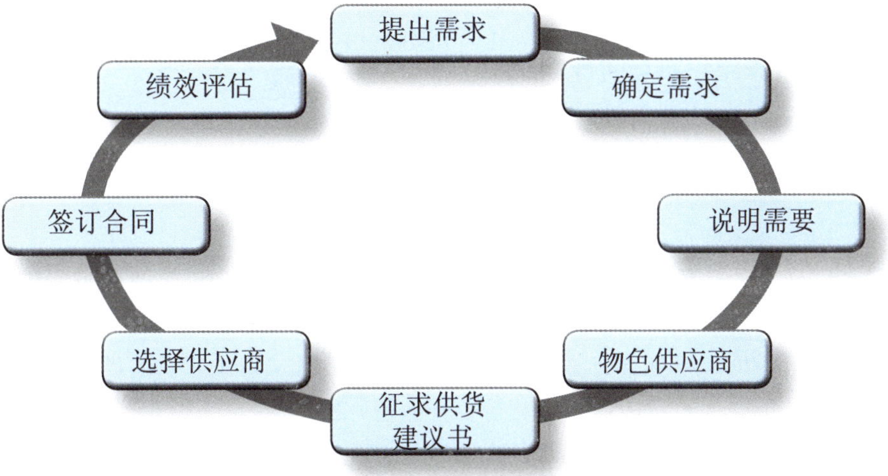

图4-2-2 汽车组织客户决策过程

二、汽车组织市场的客户开发

1. 汽车组织客户的基本特征

（1）公务、政府部门客户特征

公务、政府部门客户强调：采购价格必须符合国家政策和地区经济水平；车型必须适应项目任务要求，能与国际接轨，并且不轻易放弃固有车型；配置要求做到差异化，改装特征希望明显；产品要求可靠、稳重、大气、环保、安全及使用方便；后续服务要快速有效。

（2）企业类客户的基本特征

企业类客户需要有一定数量、有组织的车辆来维持物流的正常进行，购车目的和理由非常明确。企业类客户对政策信息、专用车生产企业动态、产品信息及物流发展密切关注，同时拥有相对先进的经营理念和管理模式。企业类客户具有注重档次与适用性、采购人岗位的特殊性、采购人利益关系固化、行业间的相互影响等基本特征。采购车辆时，企业类客户在品牌、发动机马力、底盘配置、吨位等方面有着严格的要求，经过不同品牌车型信息的搜集与对比之后才能决定。

（3）租赁市场的客户特征

租赁市场的客户注重采购车辆的贸易回报，因而对汽车采购经济上可能产生的风险控制得越小越好；租赁市场的客户采购车辆主要是满足租赁市场的需求，因而在挑选车型时更多考虑以客户能普遍接受为前提；租赁市场的客户在采购车辆时，还具有与众不同的双重性格，即既考虑客户实际需求，又考虑企业形象。

2. 汽车组织市场的客户开发

（1）善用4E拓展组织客户市场

汽车组织客户市场的开发重点在于：第一，及时发现项目，紧紧抓住项目，因为没有项目就没有销售，针对组织用户的营销活动一般主体都是项目；第二，高度重视为用户创造和传递价值，因为组织用户更多关注产品项目所能实现的价值，而非价格；第三，减少渠道成本，因为流通渠道的每个环节都有费用发生，为了减少成本，组织用户更加强调渠道便捷，以短渠道为主，以使价值得到有效传递；第四，组织用户希望寻求优秀的供应商作为自己的长期合作对象，信任尤其重要（如表4-2-1）。

表4-2-1 组织客户开发4E策略

4P	4E	差异
产品策略	项目	针对组织用户的营销活动一般主体都是项目
价格策略	价值	组织用户营销越来越关注产品项目的价值，而非价格
渠道策略	捷道	组织用户营销渠道更加便捷，短渠道为主，有利于价值的有效传递
市场推广策略	信任	组织用户营销宣传与促销更加侧重信任（包括对产品、人员、企业、品牌等）

小知识

4E指projEct（项目），valuE（价值），procEss（捷道），interactivE（互动）。

（2）组织客户的采购流程

组织客户的采购分为一般采购和招标采购两类（如图4-2-3）。

一般采购的程序是：车型选择——询价——品牌选定——计划报批——确定经销商签订合同——实施购买。招标采购分为公开招标和议标两类，基本程序类似。公开招标的程序是：车型选择——计划报批——标书起草——邀标——招投标——评标——中标通知——签订合同——实施购买。议标与公开招标的区别是议标不公开评标，而是进行内部议标，然后确定供应商。公开招标相对议标更加公开、公正。

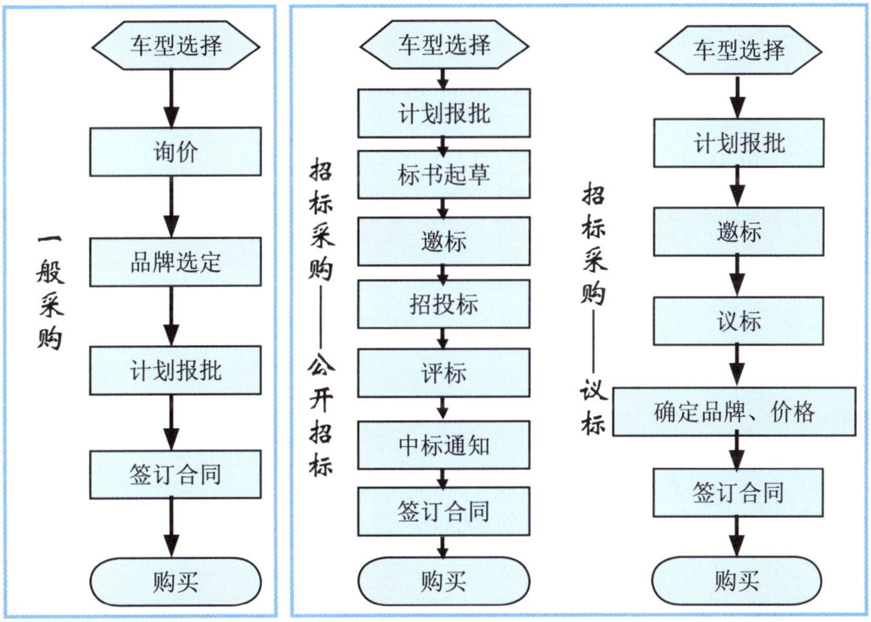

图4-2-3 组织客户购买流程

（3）组织客户的市场开发

做好组织客户的市场开发工作应当遵循下列基本原则：

第一，根据分解的年度销售计划和预算计划，编制区域组织客户市场发展规划和销售目标；第二，分析所在区域的市场潜力、机遇和问题，了解竞争对手的政策和状况，提出年度组织客户政策建议和阶段性调整建议；第三，开展组织客户销售业务，开展VIP客户业务；第四，负责合同洽谈履约管理，审核组织客户日常销售定单管理，监督所销定单预算完成状况；第五，拟订组织客户年度活动计划并组织实施批准计划；第六，执行组织客户预算规定，高效地开展组织客户销售业务，确保公司效益和组织客户市场份额的增长；第七，及时处理组织客户突发性事件和反馈重大信息，创造性地提高组织客户基础管理和体系建设。

第五章

汽车市场细分与目标定位

第一节 汽车市场细分

一、汽车市场细分概述

1. 市场细分的含义

市场细分（Market Segmentation）一词是由美国市场学家温德尔·史密斯于20世纪50年代中期提出来的，后经美国营销学家菲利浦·科特勒进一步发展并完善。

市场细分是指营销者通过市场调研，依据消费者的需要和欲望、购买行为和购买习惯等方面的差异，把某一产品的市场整体划分为若干消费者群的市场分类过程。每一个消费者群就是一个细分市场，每一个细分市场都是具有类似需求倾向的消费者构成的群体。

以汽车为例，市场可简单细分为乘用汽车市场及载货汽车市场（如图5-1-1）。

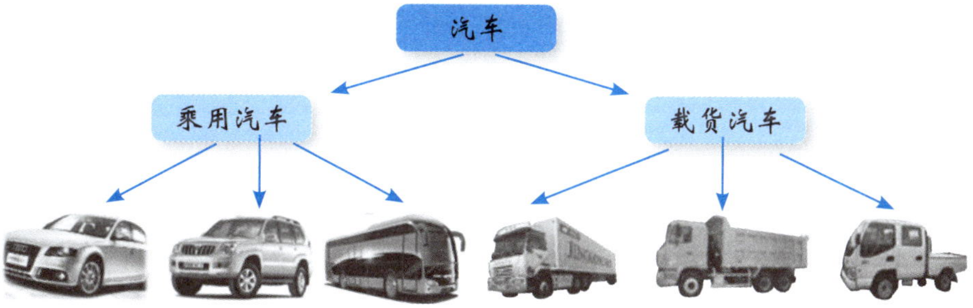

图5-1-1 汽车市场细分简图

2. 市场细分的前提

（1）市场可以细分

市场是商品交换关系的总和，市场本身可以细分。

（2）存在异质需求

消费者市场需求无差异的称为同质性市场，消费者市场需求差异明显的称为异质性市场。一般来说汽车属于异质性市场。

（3）差异可以区分

营销者可以在消费者需求具有相似性的情况下，区分消费者需求的差异性。

（4）企业自身资源

营销者企业自身资源在不同方面具备特有的优势。

3. 市场细分的作用

细分市场不是根据产品品种、产品系列来划分的，而是从消费者的需求、动机、购买行为的多元性和差异性来划分的。市场细分对企业的生产和营销起着极其重要的作用。

（1）有利于选择目标市场，制定市场营销策略

市场经细分后，各个子市场消费者的需求较具体、易了解，企业可以根据自己生产技术和营销等资源优势，确定自己的服务对象，即目标市场，制定特殊的营销策略。同时，在细分的市场上，信息容易反馈，一旦消费者的需求发生变化，企业可迅速改变营销策略，制定相应的对策，以适应市场需求的变化，提高企业的应变能力和竞争力。

（2）有利于发掘市场机会，开拓新市场

通过市场细分，企业可以对每一个细分市场的购买潜力、满足程度、竞争情况等进行分析对比，探索出有利于本企业的市场机会，使企业及时作出投产、异地销售决策或根据本企业的生产技术条件编制新产品开拓计划，进行必要的产品技术储备，掌握产品更新换代的主动权，开拓新市场，以更好地适应市场的需要。

（3）有利于集中力量，提高企业经济效益

任何一个企业的资源、人力、物力、资金都是有限的。通过细分市场，选择适合自己的目标市场，企业可以集中人力、财力、物力等资源，生产出适销目标市场的产品，最大限度地满足市场需要，争取占领目标市场。产品适销对路可以加速商品流转，增加生产批量，降低企业的生产销售成本，全面提高企业的经济效益。

二、汽车市场细分的依据

汽车市场的细分标准可以大致划分为地理环境因素、人口统计因素、消费心理因素、消费行为因素及消费收益五个方面，其中每个方面又包括一系列的细分变量（如表5-1-1）。

表5-1-1 汽车市场的细分依据—变量表

细分依据	细分变量
按地理环境细分	国家、地区、城市、农村、气候、地形、交通状况等
按人口统计细分	年龄、性别、职业、收入、教育、家庭人口、家庭类型、家庭生命周期、国籍、民族、宗教、社会阶层等
按消费心理细分	社会阶层、生活方式、个性等
按消费行为细分	时机、追求利益、使用者地位、产品使用率、忠诚程度、购买准备阶段、态度等
按消费收益细分	追求的具体利益、产品带来的益处，如质量、价格、品位等

三、汽车市场细分的原则

企业进行市场细分的目的是通过对消费者需求差异的定位，来取得较大的经济效益。产品的差异化必然导致生产成本和推销费用的相应增长。因此，企业需要在市场细分所得收益与市场细分所增成本之间作出权衡。

1. 可衡量性

可衡量性是指用来细分市场的标准是可以识别和衡量的，各个细分市场的购买力和规模可以被衡量。

一般来说，一些带有客观性的变数，如年龄、性别、收入、地理位置、民族等，都易于确定，并且相关信息和统计数据也比较容易获得；而一些带有主观性的变数，如心理和性格等方面的变数，就比较难以确定。

在汽车整车销售中，常用的市场细分有两种：一是按照尾气排量进行细分；二是按照价格进行细分，两者都有定量的指标作为衡量标准。后者可以将市场划分为高、中、低三种，每一种市场都有鲜明的特征。比如，高档车消费者注重车辆的外观、性能、豪华程度，对价格不敏感；而低档车消费者则对价格相当敏感，要求耗油量小、耐用等。

2. 可进入性

可进入性是指所选定的细分市场必须与企业自身状况相匹配，企业能够进入所选定的细分市场，能进行有效地促销和分销并最终占领这一市场。考虑市场的可进入性，实际上是研究其营销活动的可行性。

例如，日本本田公司向美国消费者推销其汽车的这一市场细分策略，可谓是可进入性原则的典范。同“奔驰”、“奥迪”、“宝马”等豪华车相比，本田汽车价格较低，技术水平也不错，足以和竞争对手分庭抗礼。然而，本田公司没有这样做。因为当时本田公司预测，随着两人家庭的增多，年轻消费者的可支配收入将越来越多，涉足高级轿车市场的年轻人也将越来越多。与其同数家公司争夺一个已被瓜分的市场，即一部分早就富裕起来并拥有高级轿车的中老年消费者市场，不如开辟一个尚未被竞争对手重视的、即将要富裕起来的中青年消费者市场。

3. 可盈利性

可盈利性是指企业新选定的细分市场规模和容量足以使企业获利。

可盈利性是指细分市场的规模要大到能够使企业足够获利的程度，并且有可拓展的潜力，使企业值得为它设计一套营销规划方案，以便顺利地实现其营销目标，获得理想的经济效益和社会服务效益。

4. 差异性

差异性是指各个细分市场在客观上必须存在明确的差异，能与其他细分市场有所区别，并对不同的营销组合因素和方案有不同的反应。

5. 相对稳定性

相对稳定性是指细分后的市场具有一定的时间稳定性。细分后的市场能否在一定时间内保持相对稳定，直接关系到企业生产营销策略的稳定性。特别是大中型企业以及投资周期长、转产慢的企业，一旦细分市场不稳定，会造成经营困难，从而影响企业的经营效益。

四、汽车市场细分的方法

市场细分的方法主要有单因素法、多因素法、系列因素法等。

1. 单因素法

单因素法又称箭线法，是指企业根据市场营销调研结果，选择影响消费者或用户需求最主要的因素作为细分变量，对产品的整体市场进行细分。例如，玩具市场需求量的主要影响因素是年龄，可以针对不同年龄段的儿童设计适合不同需要的玩具。在汽车市场中，常以汽车的用途因素为变量进行细分（如图5-1-2）。

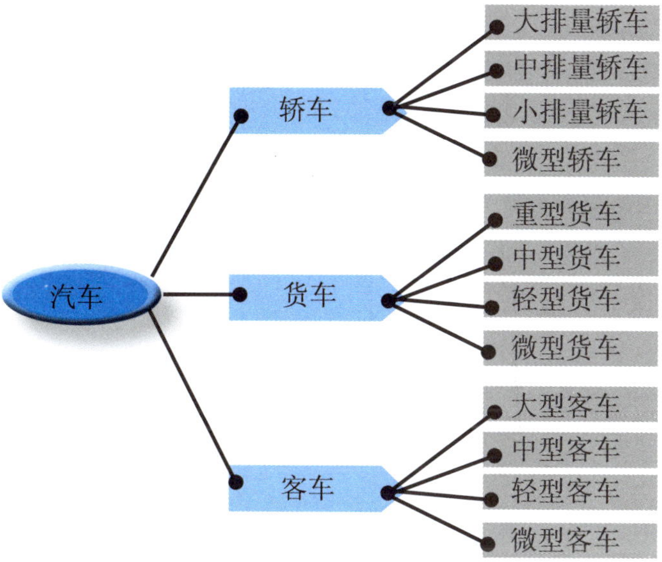

图5-1-2 单因素法——以汽车用途为例

2. 多因素法

多因素法又称坐标法，是指企业依据影响消费需求的两个或两个以上的因素或变量对某一产品进行综合细分。该方法适用于市场对某一产品需求的差异性是由多个因素或变量综合影响所致的情况。例如，对于汽车市场来说，性能质量、价格与排量是综合影响消费者选择的主要因素（如图5-1-3）。

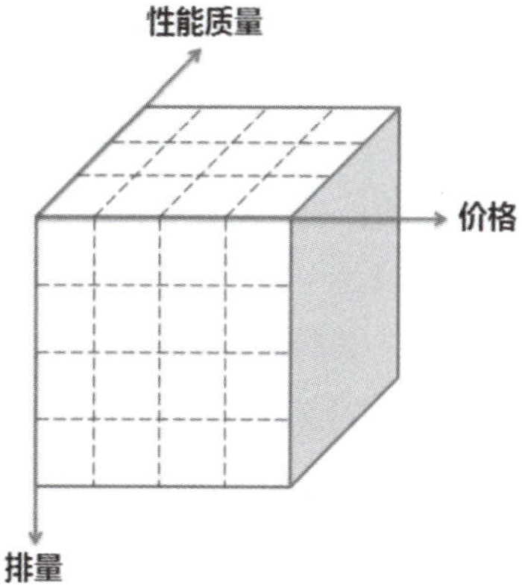

图5-1-3 因素法——以汽车市场为例

3. 系列因素法

系列因素法又称网格法，是指当影响消费需求的因素为多项，且各因素是按一定的顺序逐步进行时，可将某一产品的整体市场由粗到细、由浅入深进行逐步细分，将目标市场变得越来越具体。该方法适用于影响需求倾向的因素或变量较多，企业需要逐层逐级辨析并寻找适宜的市场的情况。

例如，对汽车进行逐级分类（如图5-1-4）。

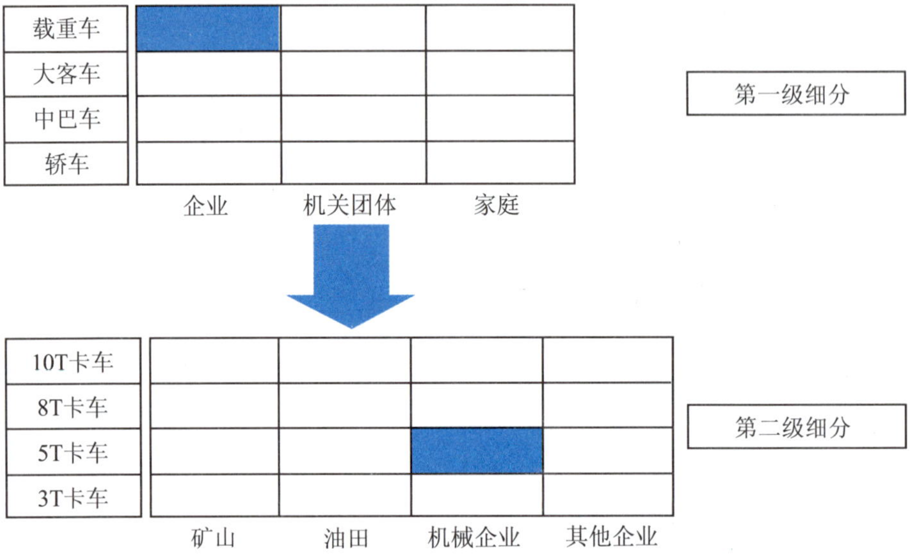

图5-1-4 系列因素法——以汽车企业为例

五、市场细分的步骤

市场细分可以按照图5-1-5所示步骤进行：

第一步：选定产品市场范围，明确自己在行业中的产品市场范围，并以此作为制定市场开拓战略的依据。

第二步：列举潜在顾客的需求，从地理、人口、心理等方面列出影响产品市场需求和顾客购买行为的各项变数。

第三步：分析潜在顾客的不同需求，对不同的潜在顾客进行抽样调查，并对所列出的需求变数进行评价，了解顾客的共同需求。

第四步：制定相应的营销策略，调查、分析、评估各细分市场，最终确定可进入的细分市场，并制定相应的营销策略。

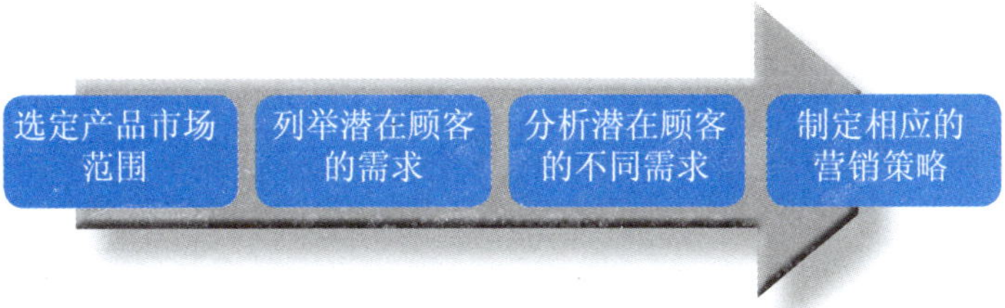

图5-1-5 市场细分的步骤

六、反细分战略与定制市场营销

1. 反细分战略

（1）反细分战略的定义

反细分战略一词出自菲利浦·科特勒的《水平营销》一书，是指将许多过于狭小的分市场结合起来，以便能以较低的成本去满足这一市场的需求。

（2）反细分战略的内涵理解

实行市场细分是必要的，但不是分得越细越好。科学合理的市场细分应以发掘市场机会为目的。西方企业曾实行“超细分战略”，许多市场被过分地细分，导致产品价格不断增加，影响产销数量和利润。于是，“反细分战略”应运而生。

反细分战略并不反对市场细分，而是“异中求同”地将许多过于狭小的子市场组合起来，以便能以较低的成本和价格去满足这一市场的需求，可弥补细分策略的不足之处。

（3）反细分战略的方法

通过缩减产品线来减少分市场，或是将几个较小的分市场结合起来，提供较低的价格和较普通的产品吸引顾客，是反细分战略的主要方法。

2. 定制市场营销

（1）定制市场营销的定义

定制市场营销是指企业在大规模生产的基础上，将每一位顾客都视为一个单独的细分市场，根据个人的特定需求来进行市场营销组合，以满足每位顾客特定需求的一种营销方式。

（2）定制市场营销的产生与发展

随着经济的快速发展，居民收入、购买力水平和消费同步提高，人们的消费需求、消费观念也发生变化。从感情消费（量的满足、质的满足和感性满足）逐渐转变为差别消费，同时，从共性消费逐渐转变为个性消费。

（3）定制市场营销的优点

定制市场营销的优点主要有以下几点：

第一，满足个性化需求。定制市场营销能极大地满足消费者的个性化需求，提高企业的竞争力。

第二，以销定产，减少库存积压。随着买方市场的形成，大规模产品的雷同，必然导致产品的滞销和积压，造成资源的闲置和浪费，定制营销则避免了这一点。因为企业是根据顾客的实际订单来生产，实现了以需定产，因而几乎没有库存积压，加快了企业资金的周转速度，同时也减少了社会资源的浪费。

第三，促进企业的不断发展。定制市场营销有利于促进企业的不断发展，创新是企业永葆活力的重要因素，但创新必须与市场及顾客的需求相结合，否则将不利于企业的竞争与发展。在定制营销中，顾客可直接参与产品的设计，企业根据顾客的意见直接改进产品，从而达到产品、技术上的创新，并能始终与顾客的需求保持一致，从而促进企业的不断发展。

（4）定制市场营销的局限

定制市场营销也有局限，主要表现为：

第一，由于定制营销将每一位顾客视作一个单独的细分市场，这固然可使每一个顾客按其不同的需求和特征得到区别对待，使企业能更好地服务于顾客。但这同时也将导致市场营销工作的复杂化、经营成本的增加以及经营风险的加大。

第二，技术的进步和信息的快速传播使产品的差异性日趋淡化，今日的特殊产品及服务到了明天可能就大众化了。产品、服务独特性的维护工作因而变得极为不易。

第三，定制营销的实施条件也相对苛刻。定制营销的实施要求企业具有过硬的软硬件条件。企业应加强信息基础设施建设，如果没有畅捷的沟通渠道，企业无法及时了解顾客的需求，顾客也无法确切说明自己需要什么产品。

第四，企业必须建立柔性生产系统。柔性生产系统的发展是大规模定制营销实现的关键。这里所说的“柔性”是相对于20世纪50年代的硬性标准化自动生产方式而言的。柔性生产系统只要改变控制软件就可以适应不同品种式样的加工要求，从而使企业的生产装配线具有快速调整的能力。

（5）定制市场营销的主要类型

定制市场营销主要包括如下类型：

第一，合作型定制。当产品的结构和可供选择的零部件式样比较繁多时，顾客一般难以权衡，甚至有一种束手无策感。他们不知道何种产品组合适合自己的需要，在这种情况下可采取合作型定制。企业与顾客进行直接沟通，介绍产品各零部件的特色性能，并以最快的速度将定制产品送到顾客手中。如以松下电器公司为首的一批企业，开创了“自选零件，代客组装”的业务。

第二，选择型定制。在这种定制营销中，产品对于顾客来说其用途是一致的，而且结构比较简单，顾客的参与程度很高，从而使产品具有不同的表现形式。例如许多文化衫，印上顾客所喜爱的图案、卡通画或幽默短语，可以使消费者的个性得以表现。

第三，适应型定制。如果企业的产品本身构造比较复杂，顾客的参与程度比较低时，企业可采取适应型定制营销方式。顾客可以根据不同的场合、不同的需要对产品进行调整，变换或更新组装来满足自己的特定要求。如灯饰厂可按顾客喜欢的式样设计，再对灯光、颜色、强度进行几种不同组合进行搭配，满足顾客在不同氛围中的不同需求。

第二节　目标市场选择与市场定位

一、汽车目标市场选择

1. 目标市场的定义

目标市场（Target Market）就是通过市场细分后，企业准备以相应的产品和服务满足其需要的一个或几个子市场。

2. 目标市场评估

（1）潜力评估

细分市场的规模和增长潜力评估主要是对潜在细分市场是否具有适当的规模和增长潜力进行评估。

（2）吸引力评估

吸引力是指企业在细分市场上的长期获利能力。

（3）目标和资源评估

对于具有一定规模、增长潜力和吸引力的市场，企业还应对自身是否具有充足资源以进入并在该市场中获胜等方面进行评估。

3. 选择目标市场的原则

（1）该市场存在尚未满足的需求

存在潜在的需求，是企业选择目标市场的首要条件。

（2）该市场有一定的购买力

消费者未满足的需求，只有具有一定的购买力，才能成为现实的市场。

（3）该市场未被竞争者完全控制

在选择目标市场时，要对各细分市场的竞争状况进行认真的分析，应尽量选择竞争者较少或竞争者实力较弱、参与竞争比较容易的细分市场作为目标市场。

（4）企业有能力经营的市场

企业选择的目标市场，除应具备上述三个外部条件外，更重要的是，只有当企业的人力、物力、财力及产品开发能力、市场开发能力和经营管理能力等内部条件同时具备时，才能将该细分市场作为企业的目标市场。

4. 目标市场的范围策略

（1）产品、市场集中化策略

这是一种最简单的目标市场范围策略，即企业只选取一个细分市场，集中力量为之服务。企业集中全力只生产一种类型的标准化产品，将其供应给某一个特定的顾客群（如图5-2-1a）。企业只生产一种产品P_2供应给顾客群M_1。一些较小的企业通常采用这种策略，有利于企业深刻了解该细分市场的需求特点，采用针对的产品、价格、渠道和促销策略，从而获得强有力的市场地位和良好的声誉，但同时隐含较大的经营风险。例如，豪华轿车“劳斯莱斯”的生产厂家就是采用这种策略，将目标市场固定在“有很高的社会地位，追求享受，并且将汽车作为身份、地位象征的顾客”这一专门的细分市场上。

（2）产品专业化策略

这种策略的特征是企业集中生产一种类型的系列产品，并将其供应给产品整体市场的各个顾客群，满足其对一种类型产品的各不相同的需要，（如图5-2-1b）。企业只生产一种产品P_2分别供应给顾客群M_1、M_2、M_3。产品专业化模式的优点是企业专注于某一类产品的生产，有利于形成和发展生产和技术上的优势，在该专业化产品领域树立形象。这种模式一般适合于中小型企业，在汽车行业中较少使用。

（3）市场专业化策略

这种策略的特征是企业专门为满足某一个顾客群体的需要，经营这类顾客所需要的各种产品（如图5-2-1c）。企业生产产品P_1、P_2、P_3供应给顾客群M_1。这种策略通常是经营能力较强的企业，试图在某一细分市场上取得较好的适应性和较大的优势地位而采取的做法。但由于集中关注某一类顾客，当这类顾客由于某种原因而购买力下降时，实行市场专业化的企业将会遇到收益下降的风险。

（4）选择性专业化策略

这种策略是企业选取若干个细分市场作为目标市场，并有针对性地向各个目标市场提供不同类型的产品，以满足其特定的需要（如图5-2-1d）。企业生产产品P_1供应给顾客群M_3，生产产品P_2供应给顾客群M_1，生产产品P_3供应给顾客群M_2。这种策略的优点是可以有效地分散经营风险，即使某个细分市场盈利不佳，企业仍可继续在其他细分市场获利。选择这种市场模式的汽车企业应具有较强的资源和营销实力。

（5）市场全面覆盖策略

这种策略的基本特征是企业全方位地进入产品整体市场的各个部分，并有针对性地向各个不同的顾客群提供不同类型的系列产品，以满足产品整体市场各个市场部分的各种需要（如图5-2-1e）。企业生产产品P_1、P_2、P_3供应给顾客群M_1、M_2、M_3。一般只有实力强大的大企业才能采用这种策略。例如，IBM公司在计算机市场、可口可乐公司在饮料市场开发众多的产品，满足各种消费需求。

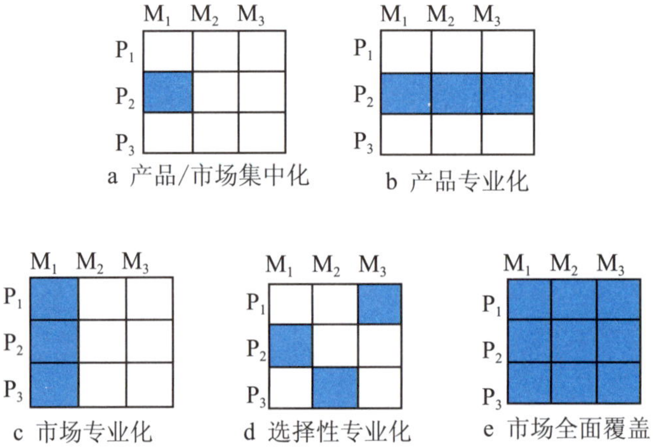

图5-2-1 产品—市场矩阵图

5. 影响目标市场营销策略的主要因素

影响企业目标市场营销策略的因素主要有企业资源、产品特点、市场特点和竞争对手的策略。

（1）企业的资源特点

资源雄厚的企业，如拥有大规模的生产能力、广泛的分销渠道、程度很高的产品标准化、好的内在质量和品牌信誉等，可以考虑实行无差异市场营销策略；如果企业拥有雄厚的设计能力和优秀的管理素质，则可以考虑实行差异市场营销策略；而对实力较弱的中小企业来说，适于集中力量进行集中营销策略。企业初次进入市场时，往往采用集中市场营销策略，在积累了一定的成功经验后再采用差异市场营销策略或无差异市场营销策略，扩大市场份额。

(2) 企业的产品特点

产品的同质性表明产品在性能、特点等方面差异性的大小，是企业选择目标市场时不可不考虑的因素之一。一般，对于同质性高的产品（如食盐等），宜实行无差异市场营销；对于同质性低或异质性产品，差异市场营销或集中市场营销是恰当选择。此外，产品因所处生命周期的阶段不同而表现出的不同特点亦不容忽视。产品处于导入期和成长初期，消费者刚刚接触新产品，对它的了解还停留在较粗浅的层次，竞争尚不激烈，企业这时的营销重点是挖掘市场对产品的基本需求，往往采用无差异市场营销策略。等产品进入成长后期和成熟期时，消费者已经熟悉产品的特性，需求向深层次发展，表现出多样性，竞争空前激烈，企业应适时地将策略转变为差异市场营销或集中市场营销。

(3) 企业的市场特点

供与求是市场中的两大基本力量，它们的变化趋势往往是决定市场发展方向的根本原因。供不应求时，企业重在扩大供给，无暇考虑需求差异，所以采用无差异市场营销策略；供大于求时，企业为刺激需求、扩大市场份额殚精竭虑，多采用差异市场营销策略或集中市场营销策略。从市场需求的角度来看，如果消费者对某产品的需求偏好、购买行为相似，则称之为同质市场，可采用无差异市场营销策略；反之为异质市场，采用差异市场营销策略和集中市场营销策略更合适。

(4) 竞争对手的策略

企业可与竞争对手选择不同的目标市场覆盖策略。例如，在竞争者采用无差异市场营销策略时，相应地去选用差异市场营销策略或集中市场营销策略就更容易发挥优势。

6. 目标市场营销策略

目标市场营销策略主要包括：无差异性营销策略、差异性营销策略、集中性营销策略三种，三种营销策略的优缺点比较从下表5-2-1可见，三种策略各有利弊，企业在进行决策时要具体分析产品、市场状况和企业本身的特点。企业的目标市场策略应慎重选择，一旦确定，应该有相对的稳定性，不能朝令夕改。但灵活性也不容忽视，没有永远正确的策略，一定要密切注意市场需求的变化和竞争动态。

(1) 无差异性营销策略

无差异性营销策略是指企业只推出一种产品，运用一种市场营销组合，试图在整个市场中吸引尽可能多的消费者的一种求同存异的营销策略。适用于生产规模简单、标准化程度高的产品或者具有绝对优势的特色产品。

(2) 差异性营销策略

差异性营销策略就是把整个市场细分为若干子市场，针对不同的子市场，设计不同的产品，制定不同的营销策略，以满足不同的消费需求。

(3) 集中性营销策略

集中性营销策略是在细分后的市场上，选择两个或少数几个细分市场作为目标市场，实行专业化生产和销售。在个别少数市场上发挥优势，提高市场占有率。采用这种策略的企业对目标市场有较深的了解，这是大部分中小型企业应当采用的策略。

表5-2-1 三种营销策略的优缺点比较

	无差异性营销策略	差异性营销策略	集中性营销策略
优点	◆ 低成本 ◆ 标准化产品、标准化经营，发挥规模和标准化生产的优势	◆ 满足不同者的需求，市场覆盖面宽，有利于提升市场竞争力 ◆ 有利于取得连带优势，树立企业形象 ◆ 抓住更多的市场机会，分散市场风险	◆ 经营范围针对性强 ◆ 单一化，成本相对较低 ◆ 企业可集中使用有限资源，在特定市场中形成竞争优势
缺点	◆ 应变能力不强，缺少经营上的灵活性，回旋余地较小	◆ 成本高，影响经营成本与规模效益	◆ 经营风险大 ◆ 若该市场利润大，竞争者极易跟随而入，竞争激烈

二、汽车市场定位策略

1. 目标市场定位的概念

目标市场定位是指企业针对潜在顾客的心理进行营销设计，创立产品、品牌或企业在目标客户心目中的某种形象或某种个性特征，保留深刻的印象和独特的位置，从而取得竞争优势。

2. 目标市场定位的步骤

目标市场定位具体步骤（如图5-2-2）。

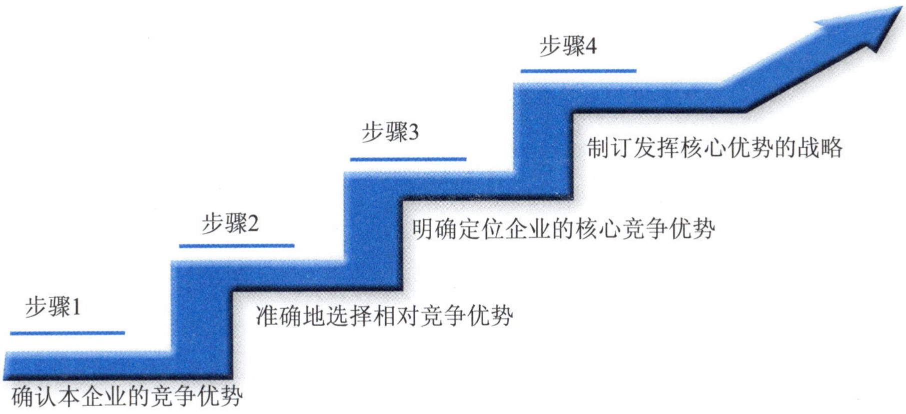

图5-2-2 目标市场定位的四步骤

3. 目标市场定位的战略

（1）产品差异化战略

产品差异化战略是指通过顾客的认可效用来提高产品价值，使顾客愿意为之支付较高的溢价。可从以下几方面来展开：

特色——产品的特色指对产品的基本功能的某些增补。

性能——产品性能是指产品主要特点在实际操作运用中的水平。

耐用性——耐用性是衡量一个产品在自然条件下的预期使用寿命。

可靠性——可靠性是指在一定时间内产品保持不坏的可能性。

风格——风格是产品给予顾客的视觉和感觉效果。

例如，在汽车行业中，丰田的装配、本田的外观、三菱的发动机非常有特色，充分反映了各自的差异化战略。

（2）服务差异化战略

服务差异化战略的核心是如何把服务融入产品中。开展各种服务有助于改善与顾客的关系，服务能力越强，市场差异化越能得到体现。

（3）人员差异化战略

人员差异化战略是通过聘用和培训比竞争对手更优秀的人员，以获取人员差异化优势的战略。实践证明，市场竞争归根到底是人才的竞争，一个由优秀领导和勤奋员工组成的企业不仅能保证产品的质量，还能保证服务的质量。

（4）形象差异化战略

形象差异化战略是在产品的核心部分与竞争者无明显差异的情况下，通过塑造不同产品形象以获取差异的战略。例如，奔驰和宝马都属于高档车，但它们在消费者心中的形象却不同，前者代表了尊贵，后者则体现了动感和时尚。

4. 寻找合适的目标市场

目标市场是企业为了满足现实或潜在的消费需求而开拓的特定市场。选择目标市场应有利于企业合理安排营销力量，发挥竞争优势。

不同的目标市场在目标客户、产品结构、销售渠道、媒体策略、价格安排及战略要点等方面有着明显差异，因而在市场营销活动中应当应因而对，采取不同的策略（如表5-2-2、表5-2-3、表5-2-4）。

表5-2-2 无差异目标市场的营销策略

战略因素	无差异营销策略
目标市场	广泛的消费者
产　　品	同一品牌的产品种类有限，面向所有类型的消费者
分　　销	所有可能的网点
促　　销	大众媒体
价　　格	众所周知的价格范围
战略要点	以统一、广泛的市场营销项目来吸引大量消费者

表5-2-3 差异目标市场的营销策略

战略因素	差异营销策略
目标市场	两组或更多组精心挑选的消费者
产　　品	不同的品牌或版本，针对各个消费者群体
分　　销	按照细分市场分别确定所有适合的网点
促　　销	按照细分市场分别确定所有适合的媒体
价　　格	针对各个消费者群体制定不同的价格范围
战略要点	通过不同的市场营销计划来满足各个细分市场，以此来吸引两个或更多不同的细分市场

表5-2-4 集中目标市场的营销策略

战略因素	集中营销策略
目标市场	一般精心挑选的消费者
产　　品	一组品牌专对一组消费者
分　　销	所有适合的网点
促　　销	所有适合的媒体
价　　格	针对特定的一组消费者制定一个价格范围
战略要点	通过高度专门化但统一的市场营销项目来吸引一组特定的消费者群体

5. 选择目标市场的几种方法

（1）市场机会指数法

市场机会指数是某细分市场在整个市场的销售地位与企业产品在该细分市场的销售地位之间的比较关系。市场机会指数法的计算公式是：

$$\text{市场机会选择指数}=\frac{\dfrac{\text{该细分市场的销售额}}{\text{整个市场的销售额}}}{\dfrac{\text{企业在该细分市场的销售额}}{\text{企业销售总额}}}$$

通过以上计算，如果市场机会指数大于1，则说明该市场开发潜力较大（如表5-2-5）。

表5-2-5 市场机会指数法举例

细分市场	销售额		本企业销售额		市场机会选择指数
	金额（万元）	比重（%）	金额（万元）	比重（%）	
华北市场	3649	15.02	103	6.19	2.43
中南市场	4284.5	17.65	214.5	12.90	1.37
东北市场	2992.5	12.23	163.5	1.37	1.25
华东市场	9732.5	40.20	561.5	9.83	1.19
西南市场	2002.5	8.25	319	33.75	0.43
西北市场	1603	6.65	302	19.18	0.37
销售总额	24274	100.00	1663.5	100.00	—

由上表计算结果可见，华北、中南、东北、华东地区的市场指数均大于1，开发潜力较大。

（2）市场增长指数法

市场增长指数是从动态的角度反映企业对子市场开发的可能性。市场增长指数法的计算公式是：

$$\text{市场增长指数}=\frac{\text{下期预期销售量(额)-本期实际销售量(额)}}{\text{本期实际销售量(额)}}\times 100\%$$

通过以上计算，如果增长指数高，说明这个子市场的销售潜力大，开发价值大。反之则说明开发价值较小（如表5-2-6）。

表5-2-6 市场增长指数法举例（某车型）

类别	细分市场			销售量（辆）
	东部	中部	西部	
本期	3000	2400	2200	7600
下期预计	3200	3100	2400	8700

由上表计算可得：

东部增长指数=（3200 － 3000）／ 3000×100% ＝ 6.67%

中部增长指数=（3100 － 2400）／ 2400×100% ＝ 29.17%

西部增长指数=（2400 － 2200）／ 2400×100% ＝ 9.09%

计算表明这一车型的目标市场中，中部增长指数高，开发价值更大。

（3）市场选择指数法

市场选择指数是企业在某细分市场的各考察因素的评分经加权后的总和。市场选择指数法通过有关人员对影响市场选择的各种因素打分，然后按不同的权数将各项得分加总，选择总分较高的子市场为目标市场（40分以下不选择，40—80分可选可不选，80分以上可以选择）。计算公式是：

某一子市场选择指数 ＝ 第一项权重×得分＋第二项权重×得分＋第N项……

举例：某车型的三个子市场评价分数及各因素所占权数如下表5-2-7。

表5-2-7 某车型的三个子市场评价分数及各因素所占权数表

影响因素	权数（%）	细分市场评分		
		A1	A2	A3
市场实际需求量	0.3	90	70	50
市场潜在需求量	0.15	85	65	30
竞争状况	0.25	80	65	20
市场稳定性	0.1	85	70	20
企业生产服务能力	0.2	90	65	20

由上表数据，经计算：A1细分市场得分86.25，应当开发；A2细分市场得分60，应当待开发；A3细分市场得分30.5，可以放弃。

第六章

汽车产品决策与新产品营销

第一节 汽车产品决策

一、汽车产品的整体概念

1. 汽车产品的整体概念

人们通常理解的产品是指具有某种特定物质形状和用途的物品，是看得见、摸得着的东西，这是一种狭义的定义。市场营销学认为，广义的产品是指人们通过购买而获得的能够满足某种需求和欲望的物品的总和，既包括具有物质形态的产品实体，又包括非物质形态的利益，这就是“产品的整体概念”。通过对“汽车市场营销”概念的把握，可以知道凡是能满足汽车消费者某种欲望和需求的服务也是产品，汽车市场提供的产品包括：汽车实物、服务、保险、品牌等。

2. 整体汽车产品的构成

现代市场营销理论认为，产品整体概念包含核心产品、有形产品、附加产品和心理产品四个层次（如图6-1-1）。

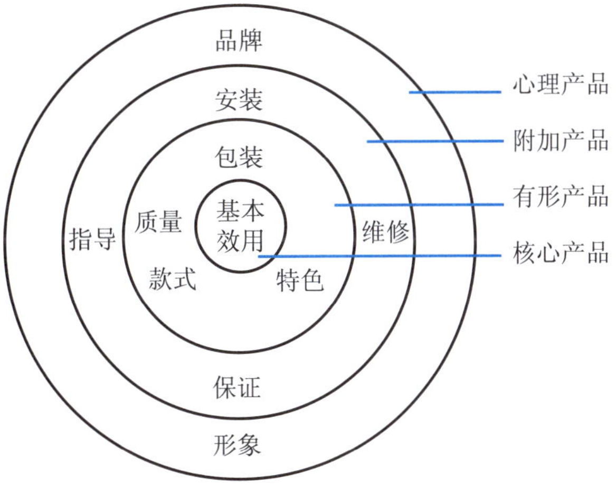

图6-1-1 汽车产品整体概念

（1）核心产品

核心产品也称实质产品，是指消费者购买某种产品时所追求的利益，是顾客真正要买的东西，因而在产品整体概念中也是最基本、最主要的部分。

消费者购买某种产品，并不是为了占有或获得产品本身，而是为了获得能满足某种需要的效用或利益。如买自行车是为了代步，买汉堡是为了充饥，买化妆品是希望变得美丽、体现气质、增加魅力等。因此，企业在开发产品、宣传产品时应明确地确定产品能提供的利益，产品才具有吸引力。

（2）有形产品

有形产品是核心产品借以实现的形式，即向市场提供的实体和服务的形象。如果有形产品是实体物品，它在市场上通常表现为产品质量水平、外观特色、式样、品牌名称和包装等。产品的基本效用必须通过某些具体的形式才得以实现。市场营销者应首先着眼于顾客购买产品时所追求的利益，以求更完美地满足顾客需要，从这一点出发再去寻求利益得以实现的形式，进行产品设计。产品的有形特征主要指质量、款式、特色、包装。以冰箱为例，有形产品不仅仅指电冰箱的制冷功能，还包括它的质量、造型、颜色、容量等。

（3）附加产品

附加产品是顾客购买有形产品时所获得的全部附加服务和利益，包括提供信贷、免费送货、保证、安装、售后服务等。附加产品的概念来源于对市场需要的深入认识。因为购买者的目的是为了满足某种需要，因而他们希望得到与满足该项需要有关的一切。汽车作为特殊的产品，从销售到售后服务（包括维修网点、各4S店员工的良好素养、定期推广活动等）都是良好的附加产品。

由于汽车产品的消费是一个连续的过程，既需要售前大量的广告宣传，又需要售后持久、稳定地发挥效用，汽车服务变得越发重要。可以预见，随着市场竞争的激烈展开和用户要求的不断提高，附加产品越来越成为竞争获胜的重要手段。

（4）心理产品

心理产品指产品的品牌和形象提供给顾客的心理上的满足。产品的消费往往是生理消费和心理消费相结合的过程，随着人们生活水平的提高，人们越来越重视产品的品牌和形象，因而它也是产品整体概念的重要组成部分。

二、汽车产品组合

1. 产品组合的概念

产品组合是指某一企业所生产或销售的全部产品大类、产品项目的组合。通常情况下，一个企业不可能只经营单一产品，更不可能经营所有的产品；同时，企业还要考虑所有经营产品之间的协调。为解决企业经营产品的量与度、各种产品的结构等问题，便产生了产品组合的一系列问题。

产品组合又称产品搭配，是指企业提供给市场的全部产品线和产品项目的组合或结构，可以简单地理解为企业的全部业务经营范围。

产品项目是指按产品目录中列出的每一个明确的产品单位，一种型号、品种、尺寸、价格、外观等的产品就是一个产品项目。

汽车产品线（汽车产品系列）是指在某种特征上互相关联或相似的一组产品，即所谓的车型系列，通常属于产品大类的范畴。这种类别可以按产品结构、生产技术条件、产品功能、顾客结构或者分销渠道等变数进行划分，譬如汽车产品的某一车型系列就是按产品结构划分的一条产品线。

2. 产品组合的四个变数

汽车产品组合是指一个汽车企业生产和销售的所有汽车产品线和汽车产品品种的组合方式，也即是全部汽车产品的结构。它一般由若干汽车产品线（汽车产品系列）组成。产品组合的衡量通常可以采取这样四个变数：产品组合的广度、产品组合的深度、产品组合的长度、产品组合的相关度。

（1）产品组合的广度

产品组合的广度（又称产品组合的宽度）是指产品线的总量。产品线越多，意味着企业产品组合的广度就越宽。产品组合的广度表明一个企业经营的产品种类的多少及经营范围的大小。

（2）产品组合的深度

产品组合的深度是指在某一产品线中产品项目的多少。它表示在某类产品中产品开发的深度。产品组合的深度往往反映一个企业产品开发能力的强弱。

（3）产品组合的长度

产品组合的长度是指企业产品项目的总和，即所有产品线中的产品项目相加之和。一般情况下，产品组合的长度越长，说明企业的产品品种、规格越多。由于有时候一个产品项目就是一个品牌，因此，产品组合的长度越长，企业所拥有的产品品牌也可能越多。

（4）产品组合的相关度

产品组合的相关度是指各个产品线在最终用途方面、生产技术方面、销售方式方面以及其他方面的相互关联程度。最终用途相关度大即为消费关联性（或称市场关联性）组合。如企业同时经营电脑、打印纸、电脑台就属于消费关联性组合；生产技术的相关度是指所经营的各种产品在生产设备、原材料或工艺流程等方面具有较强的关联性，可称生产关联性组合。销售方式的相关度一般是指各种产品在销售渠道、仓储运输、广告促销等方面相互关联，或称销售关联性组合。产品组合的相关度与企业开展多角化经营有密切关系。相关度大的产品组合有利于企业的经营管理，容易取得好的经济效益；而产品组合的关联度较小，说明企业主要是投资型企业，风险比较分散，但管理上的难度较大。

3. 两类汽车产品组合

汽车产品组合具有广度性组合和深度性组合两种类型。汽车超市和汽车专营店就分别体现了这两种组合类型。汽车超市体现了汽车产品广度性组合的特点，而汽车4S店则体现了汽车深度性组合的特点（如表6-1-1）。

表6-1-1 两类不同的汽车产品组合

	组合广度	组合深度	组合长度	组合相关度
汽车超市	宽	浅	长	差
汽车专营店	窄	深	短	好

4. 汽车产品组合的分析

汽车企业要使产品组合达到最佳状态，即各种产品项目之间质的组合和量的比例既能适应市场需要，又能使企业盈利最大，需采用一定的评价方法进行选择。汽车市场营销常用波士顿矩阵分析法对汽车产品组合进行分析。

波士顿分析法是由美国大型商业咨询公司——波士顿咨询集团首创的一种规划企业产品组合的方法，又称为波士顿矩阵、四象分析法或产品系列结构管理法。

波士顿分析法假定企业拥有复杂的产品系列，并且产品之间存在明显差别，具有不同的市场细分，在这种情况下，根据每种产品的市场占有率和销售增长率的不同，形成四种具有不同发展前景的产品类型，企业针对不同类型的产品采取相应的战略对策（如图6-1-2）。

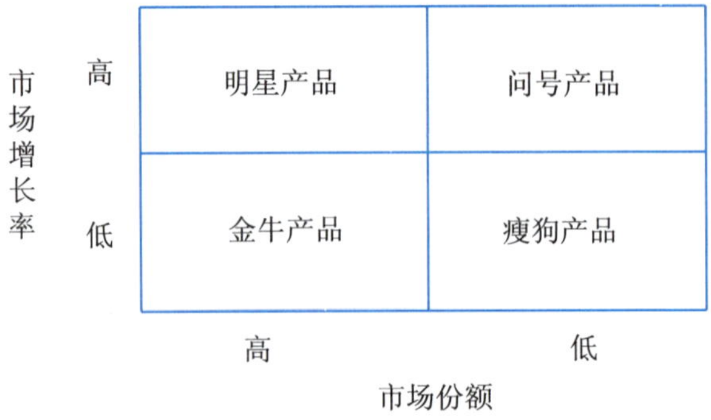

图6-1-2 波士顿矩阵中四大产品类型

波士顿矩阵主要用于企业产品布局规则，其目标是将资源进行有效配置。一般的策略是逐渐放弃或卖出瘦狗级产品；尽量出现金牛产品；投入资源保持明星级产品的竞争优势并确保市场占有率；投入资源将问号产品提升竞争优势，使其成为明星级产品。

（1）瘦狗产品

瘦狗产品是指在一个低增长的市场环境中仅仅有低市场占有率的产品。对于低销售增长率、低市场占有率的瘦狗类产品，应采取撤退战略。

（2）金牛产品

金牛产品是在市场上占有高份额，低市场增长率的产品。因为接近饱和期，是能产生持续现金流（可挤出牛奶）的产品。对于低销售增长率、高市场占有率的金牛类产品，应采取收获战略。

（3）明星产品

明星产品是处在高成长率市场、企业又有相对竞争优势的产品。对于销售增长率和市场占有率“双高”的明星类产品，在短期内应成为企业资源的优先使用者，应采取扩张性的发展战略。

（4）问号产品

问号产品是指未来不确定性高的产品，它虽然拥有高成长率，但是现阶段竞争力较弱，市场占有率不高。对于高销售增长率、低市场占有率的问号类产品，应采取选择性投资战略。

三、汽车产品的生命周期

1. 汽车产品生命周期

汽车产品生命周期是指从汽车产品试制成功投入市场开始到被市场淘汰为止所经历的全部时间过程。它不同于汽车产品的使用寿命，其长短受汽车消费者需求变化、汽车产品更新换代速度等多种市场因素的影响，它是汽车产品的市场寿命。

2. 汽车产品使用寿命

汽车产品的使用寿命是指汽车产品从投入使用到损坏报废所经历的时间，受汽车产品的自然属性和使用频率等因素所影响。

3. 汽车产品生命周期发展阶段

汽车产品从进入市场到被淘汰出市场，便经历了一个寿命周期，一般来说分为四个阶段，即导入期、成长期、成熟期和衰退期（如图6-1-3）。汽车产品生命周期的各个阶段在市场营销中所处的地位不同，具有不同的特点。

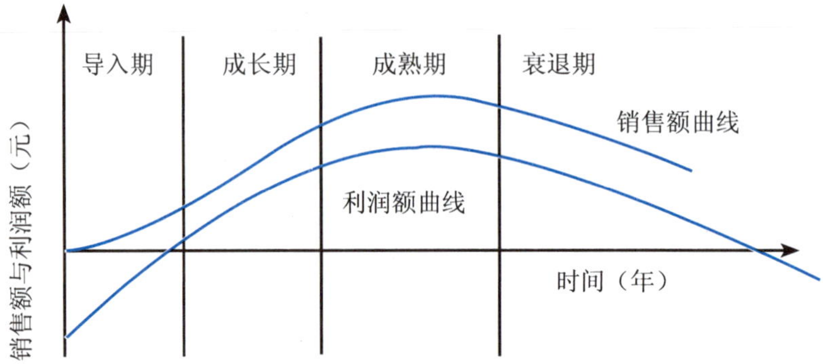

图6-1-3 产品生命周期图

各种档次、各种类型的汽车产品寿命周期不同，每种汽车产品经历寿命周期各阶段的时间也不尽相同。有些汽车产品经过短暂市场导入期，很快就达到成长、成熟阶段；而有些汽车产品的导入期历经多年，才逐渐为广大汽车消费者所接受。同时并不是所有的汽车产品都要经过四个阶段，有的汽车产品一进入市场，尚属导入期即被淘汰；也有些处于成长期的汽车产品，由于营销失策而未老先衰；还有些汽车产品一进入市场就达到了成长阶段。如亨利・福特设计的T型车，从投入市场到停产一共经历了20年的时间；而福特公司1957年9月推出的埃泽尔车，1959年11月就被迫停产，其寿命周期只有短短的两年时间。

（1）导入期

导入期亦称介绍期，是指汽车产品投入市场的初期阶段。在此阶段，汽车消费者对汽车新产品不够了解，所以销售量低、费用及成本高、利润低，有时甚至亏损。这个时期的主要特点是：汽车产品刚上市，消费者对汽车产品不了解，汽车销售量缓慢增长，市场上同类汽车产品竞争少，汽车产品的广告宣传花费大，汽车企业生产该种产品的能力尚未全部形成，生产批量小、成本大、利润小甚至无利。这个阶段风险最大，所以应尽快结束这个阶段，让汽车消费者尽早接受该类汽车产品。这个阶段的产品策略重点是建立产品的初步需求，努力提高产品的知名度。

（2）成长期

成长期是指汽车产品经过试销，汽车消费者对汽车新产品有所了解，汽车产品销路打开，销售量迅速增长的阶段。在此阶段的汽车产品已经定型，开始大批量生产；分销途径已经疏通，成本降低，利润增长；同时，竞争者也开始加入。成长期的产品策略重点是创建名牌、提高偏爱度，促使顾客在出现竞争性产品时更喜爱创新企业的产品。

（3）成熟期

成熟期是指汽车产品的市场销售量已达饱和状态的阶段。在这个阶段，销售量虽有增长，但增长速度减慢，开始呈下降趋势，竞争激烈，利润相对下降。成熟期是汽车企业获得利润的黄金时期，此时的策略重点应放在延长产品生命周期、提高产品竞争力上，通过获得竞争优势，维持大量销售，从该产品中获得尽可能多的利润。

（4）衰退期

衰退期是指汽车产品已经陈旧老化、被市场淘汰的阶段。在这个阶段，销售量开始大幅下降，新产品已出，老产品淘汰，逐渐退出市场。这个阶段的特点是：产品销售量由缓慢下降变为急剧下降；汽车消费者期待汽车新产品的出现。在此阶段，很多企业容易产生两种倾向，一种是仓促收兵，冒然舍弃；另一种是不肯割爱，犹豫观望，往往造成时间、经济、效率、声誉等多方面的损失。因此，此阶段策略的指导思想应是掌握时机、弃旧图新、进行转产。

第二节　汽车新产品开发与营销

一、汽车新产品的概念

1. 新产品的概念

新产品指采用新的技术原理、新的设计构思所研制、生产的全新产品，或在结构、材质、工艺等某一方面比原有产品有明显改进，从而显著提高性能或扩大使用功能的产品。对新产品的定义可以从企业、市场和技术三个角度进行。

对企业而言，凡是第一次生产销售的产品都叫新产品；

对市场来讲，只有第一次出现的产品才叫新产品；

从技术方面看，在产品的原理、结构、功能和形式上发生了改变的产品叫新产品。

营销学的新产品包括前面三者，但更注重消费者的感受与认同，它是从产品整体性概念的角度来定义的。凡是产品整体性概念中任何一部分的创新、改进能给消费者带来某种新的感受、满足和利益的相对新或绝对新的产品，都叫新产品。

2. 新产品的作用

现代企业的竞争格局正在向立体化、多元化的方向发展。消费者除了要求产品具有良好的性能、时尚的外观和可靠的质量以外，还希望有实惠的价格，这是买方市场的普遍特征。对于汽车生产企业来说，一方面为了满足消费者多元化的需求，既要具备强大的新产品开发和设计能力，不断推陈出新，又要能掌握降低产品制造成本的秘诀，取得竞争优势；另一方面，激烈的汽车市场竞争迫使产品更新换代的速度加快，产品的寿命周期不断缩短，企业开发新产品所承受的商业风险越来越大。

比如，20世纪上市的普通桑塔纳轿车兴盛了10多年，而桑塔纳2000轿车的生命周期只有6-7年左右，通用别克轿车的寿命也比预计要短，今后新产品的寿命周期还将进一步缩短，大约为3-4年。上海通用正式投产3年来，每年都推出新的变型车以满足市场的需求。

面对市场求变的特性，企业只有更快、更省地开发出更新、更好的产品，才能取得竞争的相对主动权。历史也多次证明，许多原本具有较好市场前景的产品，由于缺乏有效的成本控制而导致最终的失败。

二、新产品的分类

新产品从不同角度或按照不同的标准有多种分类方法。常见的分类方法有以下几种：

1. 从市场角度和技术角度分类

从市场角度和技术角度，可将新产品分为市场型和技术型新产品两类。

（1）市场型新产品

市场型新产品是指产品实体的主体和本质没有什么变化，只改变了色泽、形状、设计、装潢等的产品，不需要使用新的技术。其中也包括因营销手段和要求的变化而引起消费者“新”的感觉的流行产品。如某种汽车的外形进行了改动，尽管整个汽车的技术特征没有发生变化，这种产品仍认为是市场型的新产品。

（2）技术型新产品

技术型新产品是指由于科学技术的进步和工程技术的突破而产生的新产品。不论是功能还是质量，它与原有的类似功能的产品相比都有了较大的变化。如新能源汽车都属于技术型的新产品。

2. 按新产品新颖程度分类

按新产品新颖程度，可分为全新新产品、换代新产品、改进新产品、仿制新产品和新牌子新产品。

（1）全新新产品

全新新产品是指采用新原理、新材料及新技术制造出来的前所未有的产品。全新新产品是应用科学技术新成果的产物，它往往代表科学技术发展史上的一个新突破。它的出现，从研制到大批量生产，往往需要耗费大量的人力、物力和财力，这不是一般企业所能胜任的。因此它是企业在竞争中取胜的有力武器。

（2）换代新产品

换代新产品是指在原有产品的基础上采用新材料、新工艺制造出的适应新用途、满足新需求的产品。它的开发难度较全新新产品小，是企业进行新产品开发的重要形式。

(3) 改进新产品

改进型新产品指在材料、构造、性能和包装等某一个方面或几个方面，对市场上现有产品进行改进，以提高质量或实现多样化、满足不同消费者需求的产品。它的开发难度不大，也是企业产品发展经常采用的形式。

(4) 仿制新产品

仿制型新产品是指对市场上已有的新产品在局部进行改进和创新，但保持基本原理和结构不变而仿制出来的产品。落后国家对先进国家已经投入市场的产品的仿制，有利于填补生产空白，提高企业的技术水平。在生产仿制新产品时，一定要注意知识产权的保护问题。

(5) 新牌子新产品

新牌子新产品是指在对产品实体微调的基础上改换产品的品牌和包装、带给消费者新的消费利益、使消费者得到新的满足的产品。

3. 按新产品的区域特征分类

按新产品的区域特征，可分为国际新产品、国内新产品、地区新产品和企业新产品。

(1) 国际新产品

国际新产品指在世界范围内首次生产和销售的产品。

(2) 国内新产品

国内新产品是指在国外已经不是新产品，但在国内还是第一次生产和销售的产品。它一般为引进国外先进技术，填补国内空白的产品。

(3) 地区新产品和企业新产品

地区新产品和企业新产品是指国内已有，但本地区或本企业第一次生产和销售的产品。它是企业经常采用的一种产品发展形式。

三、新产品开发策略

1. 新产品的开发方式

新产品的开发方式包括独立研制开发、技术引进、研制与技术引进相结合、协作研究、合同式新产品开发和购买专利等。

(1) 独立研制开发

独立研制开发是指企业依靠自己的科研力量开发新产品。它包括三种具体的形式：第一，从基础理论研究开始，经过应用研究和开发研究，最终开发出新产品。一般技术力量和资金雄厚的企业采用这种方式。第二，利用已有的基础理论，进行应用研究和开发研究，开发出新产品。第三，利用现有的基础理论和应用理论的成果进行开发研究，开发出新产品。

（2）技术引进

技术引进是指企业通过购买别人的先进技术和研究成果，开发自己的新产品。既可以从国外引进技术，也可以从国内其他地区引进技术。这种方式不仅能节约研制费用、避免研制风险，还能节约研制的时间，保证新产品在技术上的先进性。因此，这种方式被许多开发能力不强的企业所采用，但难以在市场上形成绝对优势，也难以拥有较高的市场占有率。

（3）研制与技术引进相结合

研制与技术引进相结合是指企业在开发新产品时既利用自己的科研力量研制，又引进先进技术，通过结合引进技术与企业的技术，创造出本企业的新产品。这种方式使研制促进引进技术的消化吸收，使引进技术为研制提供条件，从而加快了新产品的开发。

（4）协作研究

协作研究是指企业与企业、企业与科研单位，企业与高等院校之间协作开发新产品。这种方式有利于充分使用社会的科研力量，发挥各方面的长处，有利于把科技成果迅速转化为生产力。

（5）合同式新产品开发

合同式新产品开发是指企业雇用独立研究人员或新产品开发机构，为企业开发新产品。

（6）购买专利

购买专利是指企业通过向有关研究部门、开发企业或其他机构购买某种新产品的专利权来开发新产品。这种方式可以大大节约新产品开发的时间。

2. 开发新产品的程序

开发新产品是一项十分复杂而风险又大的工作。为了减少新产品的开发成本，取得良好的经济效益，必须按照科学的程序来进行新产品开发。开发新产品的程序因企业的性质、产品的复杂程度、技术要求及企业的研发能力的不同而有所不同。一般要经历产生构思、构思筛选、概念形成和试验、初拟营销计划、商业分析、产品开发、市场试销和正式上市八个阶段。

（1）产生构思

新产品构思是指新产品的设想或新产品的创意。企业要开发新产品，就必须重视寻找创造性的构思。构思的来源很多，主要有以下六个方面：

顾客——生产产品是为了满足消费者的需求，因此顾客的需求是新产品构思的重要来源。了解消费者对现有产品的意见和建议、掌握消费者对新产品有何期望，便于产生构思的灵感。

企业职工——企业职工最了解产品的基本性能，也最容易发现产品的不足之处，他们的改进建议往往是企业新产品构思的有效来源。

竞争对手——分析竞争对手的产品特点，可以知道哪些方面是成功的，哪些方面是不成功的，从而对其进行改进。

科技人员——许多新产品都是科学技术发展的结果。科技人员的研究成果往往是新产品构思的一项重要来源。

中间商——中间商直接与顾客打交道，最了解顾客的需求。收集中间商的意见是构思形成的有效途径。

其他来源——可作为新产品构思来源的其他渠道也比较多，如大学、科研单位、专利机构、市场研究公司、广告公司、咨询公司、新闻媒体等。

（2）筛选构思

这一阶段是将前一阶段收集的大量构思进行评估，研究其可行性，尽可能地发现和放弃错误的或不切实际的构思，尽早避免资金的浪费。一般分两步对构思进行筛选：第一步是初步筛选，即根据企业目标和资源条件评价市场机会的大小，从而淘汰那些市场机会小或企业无力实现的构思；第二步是仔细筛选，即对剩下的构思利用加权平均评分等方法进行评价，筛选后得到企业所能接受的产品构思。

（3）概念形成和试验

产品概念是指企业从消费者角度对产品构思所作的详尽描述。企业必须根据消费者对产品的要求，将形成的产品构思开发成产品概念。通常，一种产品构思可以转化为许多种产品概念。企业对每一个产品概念，都需要进行市场定位，分析它可能与现有的哪些产品产生竞争，以便从中挑选出最好的产品概念。

（4）初拟营销计划

产品概念确定后，企业就要拟订一个初步的市场营销计划，并在以后各阶段中不断完善。

（5）商业分析

商业分析是指对新产品的销售额、成本和利润进行分析，如果它们能满足企业目标，那么该产品就可以进入产品的开发阶段。

（6）产品开发

新产品构思经过一系列可行性论证后，就可以把产品概念交给企业的研发部门进行研制，开发成实际的产品实体。产品开发包括设计、试制和功能测试等过程。这一过程将把产品构思转化为在技术上和商业上可行的产品，需要投入大量的资金。

（7）市场试销

新产品开发出来后，一般要选择一定的市场进行试销，注意收集产品本身、消费者及中间商的有关信息，以便有针对性地改进产品，调整市场营销组合，并及早判断新产品的成效。值得注意的是，并不是所有新产品都必须经过试销，通常是选择性大的新产品需要进行试销，选择性小的新产品则不一定需要试销。

（8）正式上市

如果新产品的试销成功，企业就可以将新产品大批量投产，推向市场。要注意研究选择适当的投放时机和地区、市场销售渠道以及促销策略。

四、新产品推广策略

1. 新产品整体形象

产品不仅具有一系列有形的物质属性，还包含许多无形的、文化等方面的属性。科技新产品科技含量高，在维修和售后服务等方面，不仅要满足消费者物质方面的需要，而且更应满足消费者非物质的需求和欲望。完整的产品形象应包括核心产品形象、形式产品形象和延伸产品形象三部分。

（1）核心产品形象

核心产品形象是指产品提供给消费者的实际利益，如打字机能够打字、复印机可以复印等。开发科技新产品时，要特别注意分析和研究消费者对产品的真正需求，做到对核心产品准确定位，避免无效投入。

（2）形式产品形象

形式产品形象是指产品的有形部分，包括产品的质量水平、特点、式样、品牌和包装等。科技新产品在开发中要认真研究消费者的心理，艺术地将产品形象勾画出来，从感官上吸引消费者。

(3) 延伸产品形象

延伸产品形象是指产品提供的各种附加利益，包括免费送货、安装维修、培训指导、信誉保证等，将产品形象从时间上、空间上延伸到购买者的使用过程。由于科技新产品的高科技性，消费者必然在安装维修、使用指导甚至更新换代等方面比其他一般产品要求更高。

2. 新产品形象定位策略

形象定位就是帮助科技新产品在众多产品中被快速有效地识别出来，在消费者心目中形成特有的形象。由于产品的品种和性能不同，消费水平、消费结构、消费习惯和形式不同，因此投放市场的科技新产品必须准确定位，才能脱颖而出。一般企业可采用以下几种定位策略：

(1) 公众需求定位策略

公众需求定位策略是专注于公众特殊需求和偏好的一种投其所好的定位策略。运用需求定位策略时要注意：一是要了解消费者的心理，弄清消费者需要的究竟是何种品质的新产品，开发潜力如何，力求定位准确避免走弯路；二是注意宣传广告的表述要与产品定位一致，否则会影响新产品推广。另外，还要注意，科技新产品运用需求定位策略时，一定要长远考虑，特别是产品的有效期。科技新产品更新换代速度较快，加上市场竞争激烈，需求定位有效期短，一旦公众需求发生变化或转移，就会被公众抛弃。

(2) 优势定位策略

优势定位策略是根据产品本身所具有的与众不同的特点进行定位的一种方法。有的注重产品的品质，有的强调产品的有形部分，有的在产品的附加利益上下功夫。科技新产品定位时要突出产品的科技性、先进性等方面的特点，既要独特又要新颖，否则就不可能区别于其他产品。

(3) 独立定位策略

当一种产品自身特色非常突出，别人望尘莫及时，可采取独立定位策略，强调自身“第一”、“惟一”、“最大”、“最好”的特点，如劳斯莱斯轿车的“世界上最昂贵的汽车”等。这种定位极易形成先入为主的首次效应，在公众心目中留下持久的影响。

(4) 其他定位策略

产品形象的定位策略还有很多，如比附定位，这是一种借助其他产品的知名度为自己增誉的定位方法，即一提起第一就自然联想到第二的效应。作为科技新产品，使用这种方法时要慎重。另外，还可以使用组合定位，但科技新产品也要慎用，因为人的大脑不能同时处理7个以上的单位，也就是说，很少有人能记住同类产品7个以上的品牌名称，加之产品爆炸，信息泛滥，人们的大脑更是显得不那么够用。因此，科技新产品要想在消费者心目中占据一定位置，非常困难，必须集中于一个目标，不能过于分散。

3. 品牌名称设计特征

品牌的名称标志，是体现新产品整体形象的一个重要方面，确立品牌意识、树立品牌形象，是一项重要的经营策略。一个鲜明的品牌名称应具有下列特征：

（1）科学性和艺术性俱佳

新产品的名称不仅要考虑其可注册性及受保护性，而且要想成为世界品牌，还要考虑到不同国家在文化和语言上的差异，能被世界上尽可能多的人拼读和认知。目前，采用不含意义的文字来命名新产品已成为世界潮流，也最易注册和受到法律保护。如BENZ译成中文“奔驰”则音意俱佳，不同凡响，有一种震慑人心的力量。国内其他企业也应认识到这一点，使科技新产品的品牌名称既具有科学性，也具有独特新颖的艺术感染力。

（2）语言简洁凝练，好听易记

新产品要成为名牌，其名称要便于传诵，响亮易读，否则，就会影响推广效果。比如，英国驰名全球的品牌“劳斯莱斯”，目前几乎家喻户晓，但最初的名称却是“罗尔斯•罗伊斯”，既难读又难记。

（3）内容寓意深刻，富有联想

很多语词都有多义现象，会在信息传递过程中产生附加信息，引起人们的联想。一个美妙的产品品牌能使消费者对这个产品的特点、性能等产生美妙的联想，如宝马、捷豹、路虎等。这些成功的品牌名称，为新产品的推广奠定了基础，开拓了新天地。

4. 运用不同寻常的信息传播方式

形象的价值不可估量，而如何把汽车新产品的形象树立起来，为公众所熟悉了解，又是一项复杂而艰巨的工程。汽车新产品的推广策略是全方位、立体化的，要科学策划才能促进其开发与推广并进。在宣传上，主要有以下几种方式：

（1）广告

近年来，从国内到国外，广告的技巧越来越讲究，广告的表现形式也越来越复杂。科技新产品的广告技巧和表现形式也是推陈出新。在科技新产品的开发与推广过程中，广告宣传起着很大的作用，那种硬性灌输给消费者的广告传播方式应该向软性、迂回的广告策略靠拢，拉近与消费者的心理距离，更多地从情感上打动消费者。

（2）新闻传播

新闻媒体是舆论的扩音器，影响大，而且传播者是站在第三者的立场上，以客观的姿态传播有关信息，比“王婆卖瓜”式的广告宣传更加真实、可信。利用新闻媒介进行宣传科技新产品的方式很多，一般情况下，要根据科技新产品本身的实力，如先进性或者能对社会生活产生较大影响等特点，采用主动向新闻界提供新闻稿的形式，争取报道的机会，引起社会公众的注意。另外，还可以采用“制造新闻”的方式，在真实的、不损害公众利益的前提下，策划一些活动或事件，引起新闻界的注意，并使自己成为公众注意的焦点，提高知名度和美誉度。

（3）开展专题活动

专题活动是由专人设计策划的有助于塑造企业和产品形象的专项公关活动，形式多种多样，主要有记者招待会、产品展览会、技术研讨会、社会赞助等。

记者招待会或者新闻发布会通过企业发布有关新产品的信息或回答记者提问，使记者和社会公众对新产品有更进一步的了解，这是利用人际传播和大众传播两种方式传递信息的一种有效方法。

产品展览会更是一种运用多种传播方式向人们展示新产品的有效方法，它集实物、音响、色彩、文字、大众传播和人际沟通等传播方式为一体，从各个角度介绍新产品的特点、功能以及开展人员培训和实际操作等活动，使消费者对新产品全方位、立体化地进行了解。

技术研讨会是召集有关专家对新产品的技术进行讨论，指出缺点、肯定优点，从理论上和技术上扩大新产品的影响。对于高科技产品，这种利用专家意见进行推广的方法十分有利。

社会赞助是通过捐资的形式，资助社会公益事业的发展，通过赞助社会福利事业、文化、体育以及科技、教育事业等，既帮助了社会，又提高了企业和产品的美誉度和知名度。

第七章
汽车定价策略与价格调整

第一节　汽车定价策略

一、汽车价格体系

1. 汽车价格体系的概念

汽车价格体系是指在国家整个汽车市场中，各种汽车价格之间相互关系的总和。从价格学的角度来看，价格体系一般分为三个分体系，即比价体系、差价体系和体现我国价格管理体制的各种价格形式体系。从汽车市场营销学的角度来看，汽车市场营销中的汽车价格体系主要指差价体系。汽车差价是指同种汽车因为购销环节、购销地区、购销季节以及汽车质量不同而形成的价格差异。

2. 汽车价格的构成

汽车价值决定汽车价格，汽车价格是汽车价值的货币表现。在现实汽车市场营销中，由于受汽车市场供应等因素的影响，汽车价格表现得异常活跃，价格时常同价值的运动表现不一致：有时价格高于价值，有时价格低于价值。

从汽车市场营销角度来看，汽车价格的具体构成为：

汽车出厂价格=汽车生产成本+汽车生产企业的利税；

汽车批发价格=汽车生产成本+汽车生产企业的利税+汽车批发流通费用+汽车批发企业的利税；

汽车直售价格=汽车生产成本+汽车生产企业的利税+汽车直售费用+汽车直售企业的利税。

在价格形态上的汽车价值转化为汽车价格构成的四个要素是：汽车生产成本、汽车流通费用、国家税金和汽车企业利润。

（1）汽车生产成本

汽车生产成本是汽车价值的重要组成部分，也是制定汽车价格的重要依据。

（2）汽车流通费用

汽车流通费用是发生在汽车从汽车生产企业向最终消费者移动过程各个

环节之中，并与汽车移动的时间、距离相关，因此它是正确制定同种汽车差价的基础。

（3）国家税金

国家税金是汽车价格的构成因素。国家通过法令规定汽车的税率，并进行征收。税率的高低直接影响汽车的价格。

（4）汽车企业利润

汽车企业利润是汽车生产者和汽车经销者为社会创造和占有的价值的表现形态，是汽车价格的构成因素，是企业扩大再生产的重要资金来源。

二、汽车定价的流程

企业在下列情况下需要为产品定价：推出开发的新产品；向新的分销渠道或地区推出现有产品；参加新工程招标。一般按照下列六个步骤制定汽车产品价格：

1. 明确目标市场

汽车目标市场是汽车产品要进入的市场。目标市场不同，汽车产品的定价就应该有所不同。分析汽车目标市场一般需要分析：该汽车市场消费者的购买水平、购买习惯、潜在需求量、个人基本特征等情况。

2. 分析影响汽车定价的因素

影响汽车定价的因素有汽车成本、汽车特征、汽车消费者需求、竞争者行为、汽车市场结构、货币价值、政府干预、社会经济状况等八方面。

3. 选择汽车定价目标

选择汽车定价目标是合理定价的关键。不同的企业、不同的经营环境、不同的经营时期，汽车定价不同。汽车生产企业可选择以下五个主要目标中的任何一个作为定价目标：生存、利润最大化、市场份额最大化、产品质量领先、市场撇油最大化。另外还有其他目标也可以作为汽车定价目标。

4. 选择汽车定价方法

汽车定价方法是指汽车企业为了在目标市场上实现定价目标，而给汽车产品制定一个基本价格或浮动范围的方法。

汽车定价方法一般有三种：汽车成本导向定价法、汽车需求导向定价法和汽车竞争导向定价法。这三种定价方法能适应不同的汽车定价目标，汽车企业应根据实际情况择优选用。

5. 确定汽车定价策略

汽车定价策略是根据企业营销目标和定价原理，针对汽车生产商、经销商和市场需求的实际情况，在确定汽车产品价格时所采取的各种对策。

汽车产品定价策略包括新产品定价策略、按汽车产品生命周期定价策略、折扣与折让定价策略、针对消费者心理的定价策略和针对汽车产品组合的定价策略等。在激烈的市场竞争环境下，汽车企业必须根据产品特点、消费者心理和市场需求情况，采用灵活多变的定价策略。

6. 最后确定汽车价格

确定汽车价格要以定价目标为指导，考虑各种影响定价的因素，经过分析、判断和计算，最后确定合理的产品价格。

三、影响汽车定价的因素

汽车价格的高低，主要是由汽车中包含的价值量决定的。但是，从市场营销角度来看，汽车的价格除了受价值量的影响之外，还要受以下八种因素的影响和制约：

1. 汽车成本

汽车在生产与流通过程中要耗费一定数量的物化劳动和活劳动，并构成汽车的成本。成本是影响汽车价格的实体因素。汽车成本包括汽车生产成本、汽车销售成本和汽车储运成本。汽车企业为了保证再生产的实现，通过市场销售，既要收回汽车成本，也要产生一定的盈利。

2. 汽车消费者需求

汽车消费者的需求对汽车定价的影响，主要通过汽车消费者的需求能力、需求强度、需求层次反映出来。汽车定价要考虑汽车价格是否适应汽车消费者的需求能力；需求强度是指消费者想获取某品牌汽车的程度，如果消费者对某品牌汽车的需求比较迫切，则对价格不敏感，企业在定价时，可定得高一些，反之，则应低一些；不同需求层次对汽车定价也有影响，对于能满足较高需求层次的汽车，其价格可定得高一些，反之，则应低一些。

3. 汽车特征

汽车特征是汽车自身构造所形成的特色。一般指汽车造型、质量、性能、服务、商标和装饰等。汽车特征良好，该汽车就有可能成为名牌汽车、时尚汽车、高档汽车，就会对消费者产生较强的吸引力，这种汽车往往供不应求，因而在定价上占有有利的地位，其价格高于同类汽车。

4. 竞争者行为

汽车定价是一种挑战性行为，任何一次汽车价格的制定与调整都会引起竞争者的关注，并导致竞争者采取相应的对策。在这种对抗中，竞争力强的汽车企业有较大的定价自由，竞争力弱的汽车企业定价的自主性就小。通常，它们追随市场领先者进行定价。

5. 汽车市场结构

根据汽车市场的竞争程度，汽车市场结构可分为四种不同的汽车市场类型：完全竞争市场、完全垄断市场、垄断竞争市场和寡头垄断市场。

6. 货币价值

价格是价值的货币表现。汽车价格不仅取决于汽车自身价值量的大小，而且取决于货币价值量的大小。汽车价格是汽车与货币交换的比例关系。

7. 政府干预

为了维护国家与消费者的利益，维护正常的汽车市场秩序，国家制定有关法规，来约束汽车企业的定价行为。

8. 社会经济状况

一个国家或地区经济发展水平及发展速度高，人们收入水平增长快，购买力强，价格敏感性弱，有利于汽车企业较自由地为汽车定价。反之，一个国家或地区经济发展水平及发展速度低，人们收入水平增长慢，购买力弱，价格敏感性强，企业就不能自由地为汽车定价。

四、汽车定价的目标

1. 生存目标

当产能过剩、竞争激烈或消费者消费欲望变化时，汽车企业应以追求生存为主要定价目标。只要价格可以弥补可变成本和部分固定成本，汽车企业就可以继续经营。生存只是一个企业的短期目标，从长远看，企业必须学会增加价值，否则将会面临倒闭。

2. 利润最大化目标

以利润最大化为汽车定价目标指汽车企业期望获得最大限度的销售利润。一般来说，汽车企业以长期利润最大化为目标，但在某些特定情况下，汽车企业可能会通过提高汽车价格来追求短期利润的最大化。

3. 市场份额最大化目标

一些企业为了追求市场份额最大化，认为较高的销量会形成较低的单位成本和较高的长期利润，因而制定最低的价格。在以下情况下，汽车企业一般会采用低价渗透的定价目标：一是汽车产品的价格需求弹性较大；二是成本随销量上升而下降，而利润则逐渐上升；三是低价阻止竞争者出现；四是采用进攻型经营策略的汽车企业；五是企业实力雄厚，能承受低价带来的经济损失。

4. 产品质量领先目标

许多品牌的汽车生产商努力使自己的产品成为“买得起的奢侈品”，即产品或服务在质量、品味和地位方面档次高，产品价格虽高，但不会超出消费者的购买力，如梅塞德斯－奔驰汽车。

5. 市场撇油最大化目标

各大汽车公司的高科技或新技术的汽车，如混合动力汽车和纯电动汽车，以高价进入市场以追求市场撇油最大化。

6. 其他目标

其他目标还有增加汽车销量、保持分销渠道畅通、避免价格战等。增加汽车销量适用于汽车企业开工不足、产能过剩和价格需求弹性较大的情况。保持分销渠道畅通指定价时充分考虑分销商的利益，保证分销商的合理利润，使分销商有充足的积极性经销汽车。避免价格战指汽车厂商一般在汽车质量、售后服务、促销和分销等方面下功夫，避免因产品定价与主要竞争者相同或更低而引发价格战。

五、汽车产品的定价方法

影响汽车价格的因素比较多，但在制定汽车价格时主要考虑的因素是汽车产品的成本、汽车市场的需求和竞争对手的价格。汽车产品的成本规定了汽车价格的最低基数，汽车市场的需求决定了汽车需求的价格弹性，竞争对手的价格提供了制定汽车价格时的参照点。在实际操作中，往往侧重于影响因素中的一个或几个因素来选定汽车定价方法，以解决汽车定价问题，由此产生了汽车成本导向定价法、汽车需求导向定价法和汽车竞争导向定价法三种汽车定价方法。

1. 汽车成本导向定价法

顾名思义，汽车成本导向定价法是以汽车成本为基础，加上一定的利润和应纳税金来制定汽车价格的方法。这是一种按汽车卖方意图定价的方法。以汽车成本为基础的定价方法主要有以下三种：

（1）汽车成本加成定价法

汽车成本加成定价法是一种最简单的汽车定价方法，即在单台汽车成本的基础上，加上一定比例的预期利润作为汽车产品的售价。售价与成本之间的差额，就是利润。由于利润的多少是按一定比例反映的，这种比例习惯上称为“几成”，所以这种方法被称为汽车成本加成定价法。计算公式如下：

$$汽车加成价格=\frac{单台汽车成本\times（1+汽车成本利润率）}{1-税率}$$

其中，

$$汽车成本利润率=\frac{要求达到的总利润}{总成本}\times 100\%$$

例如，假设一个汽车企业一年要求达到的总利润为6000万元，总成本是30000万元，生产某种汽车产品2000台，产品税率为10%，计算可得

$$成本利润率=6000万元/30000万元\times 100\%=20\%$$

$$汽车加成价格=\frac{（30000万元/2000台）\times（1+20\%）}{1-10\%}=20万元/台$$

汽车成本加成定价法的优点是：第一，能使汽车企业的全部成本得到补偿，并有一定的盈利，使汽车企业的再生产能继续进行；第二，这种计算方法简便易行；第三，有利于国家和有关部门通过规定成本利润率，对汽车企业的汽车价格进行监督；第四，如果整个汽车行业都采用此法，就可缓解汽车价格竞争，保持汽车市场价格的稳定。但在实践过程中，也存在着一些问题：首先，由于汽车成本加成定价法忽视了汽车市场的需求和竞争对手的价格，只反映了生产经营中的劳动耗费，根据这种方法制定的汽车价格必然缺乏对汽车市场供求关系变化的适应能力，不利于增强汽车企业的市场竞争力；其次，汽车企业成本纯属企业的个别成本，而不是正常生产、合理经营下的社会成本，因此，有可能包含不正常、不合理的费用和开支。可见，此定价法主要适用于汽车生产经营处于合理状态下的企业和供求大致平衡、成本较稳定的汽车产品。

（2）汽车加工成本定价法

汽车加工成本定价法是将汽车企业成本分为外购成本与新增成本后分别进行处理，并根据汽车企业新增成本来加成定价的方法。对于外购成本，企业只垫付资金，只有企业内部生产过程中的新增成本才是企业自身的劳动耗费。因此，按汽车企业内部新增成本的一定比例计算自身劳动耗费和利润，按汽车企业新增价值部分缴纳增值税，使汽车价格中的盈利同汽车企业自身的劳动耗费成正比，是汽车加工成本定价法的要求，其价格计算公式如下：

$$\text{汽车价格}=\text{外购成本}+\frac{\text{汽车加工新增成本}\times(1+\text{汽车加工成本利润率})}{1-\text{加工增值税率}}$$

其中，

$$\text{汽车加工成本利润率}=\frac{\text{要求达到的总利润}}{\text{加工新增成本总额}}\times 100\%$$

$$\text{加工增值税率}=\frac{\text{应纳增值税金总额}}{\text{销售总额}-\text{外购成本总额}}\times 100\%$$

这种汽车价格成本定价法主要适用于加工型汽车企业和专业化协作的汽车企业。此方法既能补偿汽车企业的全部成本，又能使协作企业之间的利润分配和税收负担合理化，避免了按汽车成本加成法定价形成的行业和协作企业之间极不平均的弊端。

（3）汽车目标成本定价法

汽车目标成本定价法是指汽车企业以经过一定努力预期能够达到的目标成本为定价依据，加上一定的目标利润和应缴纳的税金来制定汽车价格的方法。这里的目标成本与定价时的实际成本不同，它是企业在充分考虑到未来营销环境变化的基础上，为实现企业的经营目标而设定的一种“预期成本”，一般都低于定价时的实际成本。其计算公式如下：

$$\text{汽车价格}=\frac{\text{汽车目标成本}\times(1+\text{汽车目标成本利润率})}{1-\text{税率}}$$

其中，

$$\text{汽车目标成本利润率}=\frac{\text{要求达到的总利润}}{\text{目标成本}\times\text{目标产销量}}\times 100\%$$

上面的公式表明，汽车目标成本的确定要同时受到价格、税率和利润要求的多重制约，即汽车价格应确保市场能容纳目标产销量，扣税后销售总收入在补偿目标产销量计算的全部成本后能为汽车企业提供预期的利润。此外，汽车目标成本还要充分考虑原材料、工资等成本价格变化的因素。

汽车目标成本虽非定价时的实际成本，但也不是主观臆造出来的，而要建立在对“量、本、利”关系进行科学测算的基础上。通常，企业成本可划分为固定成本和变动成本这两大类。小批量生产成本高的主要原因是固定总成本按产量分摊后单位固定成本高，如果在设备能力范围内将目标产量增大，就能使固定总成本分摊额减少，平均变动成本一般变化不大，并还可能由于工艺技术更熟悉而降低，于是就使单台汽车成本大大降低。预期的成本降低便可将汽车价格定到能吸引消费者的水平，从而为汽车打开销路。但是，并非汽车目标成本定得越低越好，因为，要降低目标成本就必须增大目标产销量，而汽车目标产销量如果太接近一个汽车企业的生产能力极限，单台汽车成本水平反而又会升高，因为在人员和设备满负荷运转后，非熟练工人也得上第一线，机器设备故障率会上升，停机检修的时间和费用以及废次品损失会增加，资金和原材料周转脱节的现象也会增多。按照许多汽车企业的实践经验，汽车目标成本一般是在保本点往后直到设备利用率达到95%左右的产量区间内确定的。

汽车目标成本定价法是为谋求长远和总体利益服务的，较适用于经济实力雄厚、生产和经营有较大发展前途的汽车企业，尤其适用于新产品的定价。采用汽车目标成本定价法有助于汽车企业开拓市场、降低成本、提高设备利用率、从而提高汽车企业的经济效益和社会效益。

2. 汽车需求导向定价法

汽车需求导向定价法是一种以需求为中心，汽车企业依据汽车消费者对汽车价值的理解和对汽车需求的差别来定价的方法。

（1）对汽车价值的理解定价法

对汽车价值的理解定价法是指汽车企业按照汽车消费者对汽车价值的理解来制定汽车价格，而不是根据汽车企业生产汽车的实际价值来定价。

对汽车价值的理解定价法同汽车在市场上的定位是相联系的。其方法是：第一，先从汽车的质量、提供的服务等方面为汽车在目标市场上定价；第二，决定汽车所能达到的售价；第三，估计在此汽车价格下的销量；第四，由汽车销量算出所需的汽车生产量、投资额及单辆汽车成本；第五，计算该汽车是否能达到预期的利润，以此来确定该汽车价格是否合理，并可进一步判断该汽车在市场上的命运如何。

运用该法的关键是，要把自己的汽车产品与竞争者的汽车产品相比较，正确估计本企业的汽车产品在汽车消费者心目中的形象，找到比较准确的理解价值。因此，在对汽车定价前要搞好市场调研。

（2）对汽车需求的差别定价法

对汽车需求的差别定价法是根据对汽车需求方面的差别来制定汽车的价格。主要有以下四种情况：

第一，按汽车的不同目标消费者采用不同价格。因为同一商品对于不同消费者，其需求弹性不一样。有的消费者对价格敏感，适当给予优惠可诱其购买，有的则不敏感，可照价收款。

第二，按汽车的不同花色、样式采用不同价格。因为对同一品牌、规格汽车的不同花色、样式，消费者的偏好程度不同，需求量也不同。因此，定不同的价，能吸引不同需求的消费者。

第三，按汽车的不同销售时间采用不同价格。同一种汽车因销售时间不同，其需求量也不同。汽车企业可据此制定不同的价格，争取最大销售量。

第四，按汽车的不同交易条件采用不同价格。交易条件包括交易量、交易频率、交易方式、支付手段等。交易条件不同，汽车企业给出的价格也不同。例如，交易批量大，则价格低，零买则价格高；现金付款则价格可适当降低，支票付款和分期付款则价格高。

总之，对汽车需求的差别定价法能反映汽车消费者对汽车需求的差别及变化，有助于提高汽车企业的市场占有率和增强汽车产品的渗透率。但这种定价法不利于成本控制，且需求的差别不易精确估计。

3. 汽车竞争导向定价法

汽车竞争导向定价法是依据竞争者的价格来定价，使本汽车企业的价格与竞争者价格相类似或保持一定的距离。这是一种汽车企业为了应对汽车市场竞争的需要而采取的特殊的定价方法。主要有以下三种：

（1）随行就市定价法

随行就市定价法，即以同类汽车产品的平均价格作为汽车企业定价的基础。这种方法适合在汽车企业既难以对顾客和竞争者的反应作出准确的估计，自己又难以另行定价时运用。在实践中，有些产品难以计算，采用随行就市定价一般可较准确地体现汽车价值和供求情况，保证获得合理效益。同时，也有利于协调同行业的步伐，融洽与竞争者的关系。

此外，采用随行就市定价法，其汽车产品的成本与利润要受同行业平均成本的制约。因此，企业只有努力降低成本，才能获得更多的利润。

（2）相关商品比价法

相关商品比价法，即以同类汽车产品中消费者认可的某品牌汽车的价格作为依据，结合本企业汽车产品与认可汽车的成本差率或质量差率来制定汽车价格。

（3）竞争投标定价法

在汽车易主交易中，采用招标、投标的方式，由一个卖主（或买主）对两个以上并相互竞争的潜在买主（或卖主）出价（或要价）、择优成交的定价方法，称为竞争投标定价法。其显著特点是招标方只有一个，处于相对垄断的地位；而投标方有多个，处于相互竞争的地位。能否成交的关键在于投标者的出价能否战胜所有竞争对手而中标，中标者与卖方（买方）签约成交。

此定价法主要在政府处理走私没收汽车和企业处理多余汽车时采用。上海市对车牌的竞拍也属于这种形式。

六、汽车产品定价策略

汽车价格竞争是一种十分重要的汽车营销手段。在激烈的汽车市场竞争中，汽车企业为了实现自己的营销战略和目标，必须根据产品特点、市场需求及竞争情况，采取各种灵活多变的汽车定价策略，使汽车定价策略与汽车市场营销组合中的其他策略更好地结合，促使和扩大汽车销售，提高汽车企业的整体效益。因此，正确采用汽车定价策略是汽车企业取得汽车市场竞争优势地位的重要手段。

汽车产品定价策略包括新产品定价策略、按汽车产品生命周期定价策略、折扣与折让定价策略、针对消费者心理的定价策略和针对汽车产品组合的定价策略等。

1. 汽车新产品定价策略

在激烈的汽车市场竞争中，汽车企业开发的汽车新产品能否及时打开销路、占领市场和获得满意的利润，除了汽车新产品本身的性能及必要的汽车市场营销手段和策略之外，还取决于汽车企业是否能选择正确的定价策略。汽车新产品定价有三种策略：

（1）撇油定价策略

撇油定价策略是一种汽车高价保利策略，是指在汽车新产品投放市场的初期，将汽车价格定得较高，以便在较短的时期内获得较高的利润，尽快地收回投资。

这种汽车定价策略的优点是：

第一，汽车新产品刚投放市场，需求弹性小，尚未有竞争者。因此，只要汽车新产品性能超群、质量过硬，就可以采取高价，来满足一些汽车消费者求新、求异的消费心理。

第二，汽车定价较高，可以使汽车企业在较短时期内取得较大利润。

第三，定价较高，便于在竞争者大量进入市场时主动降价，增强竞争能力，同时，也符合顾客期待价格降低的心理。

这种汽车定价策略的缺点是：

第一，在汽车新产品尚未建立起声誉时，高价不利于打开市场，一旦销售不利，汽车新产品就有夭折的风险。

第二，如果高价投放市场销路旺盛，很容易引来竞争者，从而使汽车新产品的销路受到影响。

这种汽车定价策略一般适应以下几种情况：

第一，汽车企业研制开发的是技术新、难度大、开发周期长的汽车新产品，采用高价也不怕竞争者迅速进入市场。

第二，这种汽车新产品有较大的市场需求。汽车是一次购买、享用多年的产品，即便高价，市场也能接受。

第三，高价可以使汽车新产品一投入市场就树立起性能好、质量优的高档品牌形象。

（2）渗透定价策略

渗透定价策略是一种汽车低价促销策略，是指在汽车新产品投放市场时，将汽车价格定得较低，以便使汽车消费者容易接受，从而较快地打开和占领市场。

这种汽车定价策略的优点是：一方面，可以利用低价迅速打开新产品的市场销路，占领市场，从多销中增加利润；另一方面，低价又可以阻止竞争者进入，有利于控制市场。

这种汽车定价策略的缺点是：投资的回收期较长、见效慢、风险大，一旦渗透失利，企业就会一败涂地。

这种汽车定价策略一般适应于以下几种情况：

第一，制造这种汽车新产品所采用的技术已经公开，或者易于仿制，竞争者容易进入该市场。利用低价可以排斥竞争者，占领市场。

第二，放市场的汽车新产品，在市场上已有同类汽车产品，但是，生产汽车新产品的企业比生产同类汽车产品的企业拥有更大规模的生产能力，并且该产品的规模效益显著，大量生产定会降低成本、增加收益。

第三，该类汽车产品在市场中供求基本平衡，市场需求对价格比较敏感，低价可以吸引较多顾客，可以扩大市场份额。

以上两种汽车定价策略各有利弊，选择哪一种策略更为合适，应根据市场需求、竞争情况、市场潜力、生产能力和汽车成本等因素综合考虑。各种因素的特性及影响作用列于下表7-1-1。

表7-1-1 汽车撇油定价策略与渗透定价策略的选择标准

两种汽车定价策略选择标准	撇油定价策略	渗透定价策略
汽车市场需求水平	高	低
与同类竞争汽车产品的差别性	较大	不大
汽车价格需求弹性	小	大
汽车企业生产能力扩大的可能性	小	大
汽车消费者购买力水平	高	低
汽车产品目标市场潜力	不大	大
汽车产品仿制的难易程度	难	易
汽车企业投资回收期长短	较短	较长

（3）满意定价策略

满意定价策略是介于撇油定价和渗透定价策略之间的汽车定价策略。所定的价格低于撇油定价价格，而高于渗透定价，是一种中间价格。这种汽车定价策略由于能使汽车生产者和消费者都比较满意而得名。这种价格介于高低价之间，因而能比前两种定价策略风险小，取得市场成功的可能性大。但有时也要根据市场需求、竞争情况等因素进行具体分析。以上三种汽车新产品定价策略的价格和销量关系如图7-1-1所示。

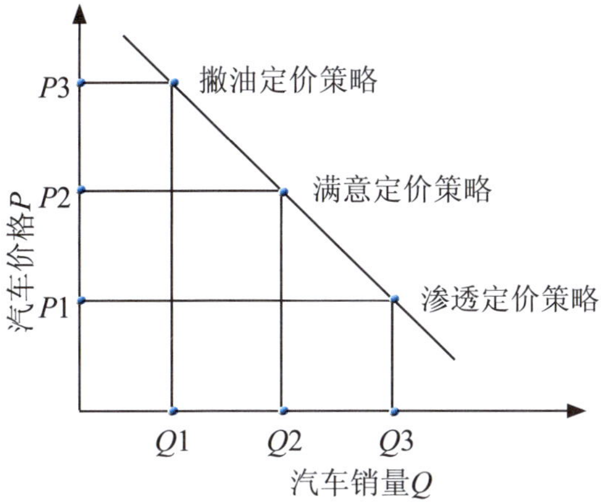

图7-1-1 新产品定价策略的价格和销量关系

2. 按汽车产品生命周期定价策略

在汽车产品生命周期的不同阶段，汽车定价的三个要素——成本、消费者和竞争者都会发生变化，因此，汽车定价策略要适合时宜、要保持有效，必须尽早有所调整。

（1）导入期的定价策略

汽车消费者刚接触汽车新产品时的价格敏感性与他们长期的汽车价格敏感性之间是没有联系的。大多数消费者对新产品的价格敏感性相对较低，因为他们倾向于把汽车价格作为衡量汽车质量的标志，而且，此时没有可作对比的其他品牌汽车。但不同的汽车新产品进入市场，消费者的反应是有很大差异的。

（2）成长期的定价策略

在成长期，消费者的注意力不再单纯停留在汽车产品的效用上，而开始比较不同汽车品牌的性能和价格。因此，汽车企业可以采取汽车产品差别化和成本领先的策略。一般来说，成长期的汽车价格最好比导入阶段的价格低。因为消费者对产品的了解增加了，价格敏感性提高了。但对于那些对价格并不敏感的市场，不应使用渗透定价。尽管这一阶段竞争加剧，但行业市场的扩张能有效防止价格战的出现。然而，有时汽车企业为了赶走竞争者，也可能会展开价格战，如美、日、韩三国的汽车企业就是在美国汽车市场走向成长期时爆发价格战的。

(3) 成熟期的定价策略

成熟期的汽车有效定价的着眼点，不是努力挣得市场份额，而是尽可能地创造竞争优势。这时候不要再使用捆绑式的销售，因为那样只会使组合汽车产品中一个或几个性能更好的汽车产品难以打开市场。这时，市场为基本汽车产品定价的可调范围缩小，但可以通过销售更有利可图的辅助汽车产品或优质服务来调整自己的竞争地位。

(4) 衰退期的定价策略

衰退期中很多汽车企业选择降价，但遗憾的是，这样的降价往往不能刺激起足够的需求，反而会降低企业的盈利能力。衰退期的汽车定价目标不是赢得什么，而是应在损失最小的情况下退出市场，或者是保护甚至加强自己的竞争地位。一般，有三种策略可供选择：紧缩策略、收缩策略和巩固策略。其含义分别是：将资金紧缩到自己力量最强、汽车生产能力最强大的汽车生产线上；通过汽车定价，获得最大现金收入，然后退出整个市场；加强自己的竞争优势，通过削价打败弱小的竞争者，占领他们的市场。

3. 折扣和折让定价策略

在汽车市场营销中，汽车企业为了竞争和实现经营战略的需要，经常对汽车价格采取折扣和折让策略，直接或间接地降低汽车价格，以争取消费者、扩大汽车销量。灵活运用折扣和折让策略，是提高汽车企业经济效益的重要途径。具体来说，折扣和折让分为以下五种：

(1) 数量折扣

数量折扣是根据买方购买的汽车数量多少，分别给予不同的折扣。买方购买的汽车的数量越多，折扣越大。

数量折扣可分为累计数量折扣和非累计数量折扣。前者规定，买方在一定时期内，购买汽车达到一定数量或一定金额时，按总量给予一定折扣的优惠，目的在于使买方与汽车企业保持长期合作，维持汽车企业的市场占有率；后者是只按每次购买汽车的数量多少给予折扣的优惠，这可刺激买方大量购买，减少库存和资金占压。这两种折扣价格都能有效地吸引买主，使汽车企业能从大量的销售中获得较好的利润。

(2) 现金折扣

现金折扣是对按约定日期提前付款或按期付款的买主给予折扣优惠价，目的是鼓励买主尽早付款以利于资金周转。运用现金折扣应考虑三个因素：一是折扣率大小；二是给予折扣的限制时间长短；三是付清货款期限的长短。

（3）交易折扣

交易折扣是汽车企业根据各个中间商在市场营销活动中所担负的功能不同，而给予不同的折扣，所以也称“功能折扣”。

（4）季节折扣

季节折扣是指在汽车销售淡季时，给购买者一定的价格优惠，目的在于鼓励中间商和消费者购买汽车，减少库存，节约管理费，加速资金周转。季节折扣率应不低于银行存款利率。

（5）运费让价

运费是构成汽车价值的重要部分，为了调动中间商或消费者的积极性，汽车企业对他们的运输费用给予一定的补贴，支付一部分甚至全部运费。

4. 针对汽车消费者心理的定价策略

针对汽车消费者心理的定价策略是一种根据汽车消费者心理要求所采用的定价策略。每一品牌汽车都能满足汽车消费者某一方面的需求，汽车价值与消费者的心理感受有着很大的关系。这就为汽车心理定价策略的运用提供了基础，使得汽车企业在定价时可以利用汽车消费者的心理因素，有意识地将汽车价格定得高些或低些，以满足汽车消费者心理的、物质的和精神的多方面需求，通过汽车消费者对汽车产品的偏爱或忠诚，诱导消费者增加购买，扩大市场销售，获得最大效益。具体的心理定价策略如下：

（1）整数定价策略

在高档汽车定价时，往往把汽车价格定成整数，不带尾数。凭借整数价格来给汽车消费者造成汽车属于高档消费品的印象，提高汽车品牌形象，满足汽车消费者的某种心理需求。整数定价策略适用于汽车档次较高、需求的价格弹性比较小、价格高低不会对需求产生较大影响的汽车产品。由于目前选购高档汽车的消费者都属于高收入阶层，自然会接受较高的整数价格。

（2）尾数定价策略

尾数定价策略是与整数定价策略相反的一种定价策略，是指汽车企业利用汽车消费者求廉的心理，在汽车定价时，不取整数而带尾数的定价策略。这种带尾数的汽车价格给汽车消费者直观上一种便宜的感觉，同时往往还会给消费者一种汽车企业经过了认真的成本核算才定价的感觉，可以提高消费者对该定价的信任度，从而激起消费者的购买欲望，促进汽车销售量的增加。尾数定价策略一般适用于汽车档次较低的经济型汽车。经济型汽车价格的高低自然会对需求产生较大影响。

(3) 声望定价策略

声望定价策略是根据汽车产品在消费者心目中的声望、信任度和社会地位来确定汽车价格的一种汽车定价策略。声望定价策略可以满足某些汽车消费者的特殊欲望，如地位、身份、财富、名望和自我形象等，还可以通过高价显示汽车的名贵优质。有报道指出，在美国市场上，质高价低的中国货常竞争不过相对质次价高的韩国货，原因就在于美国人眼中低价就意味着低档。声望定价策略一般适用于具有较高知名度、有较大市场影响的名牌汽车。

(4) 招徕定价策略

招徕定价策略是指将某种汽车产品的价格定得非常之高或者非常之低，以引起消费者的好奇心理和观望行为，来带动其他汽车产品销售的一种汽车定价策略。如某些汽车企业在某一时期推出某一款车型降价出售，过一段时期又换另一种车型，以此来吸引顾客时常关注该企业的汽车，促进降价产品的销售，同时也带动同品牌其他正常价格的汽车产品的销售。招徕定价策略常为汽车超市、汽车专卖店所采用。

(5) 分级定价策略

分级定价策略是指在定价时，把同类汽车分为几个等级，不同等级的汽车采用不同价格的一种汽车定价策略。这种定价策略能使消费者产生货真价实、按质论价的感觉，因而容易被消费者所接受。而且，这些不同等级的汽车若同时提价，对消费者的质价观冲击不会太大。分级定价策略等级的划分要适当，级差不能太大或太小，否则起不到应有的分级效果。

5. 针对汽车产品组合的定价策略

一家汽车企业往往不只生产一种产品，常常会有多个系列的多种产品同时生产和销售，同一企业的不同种汽车产品之间的需求和成本是相互联系的，但同时它们之间又存在着一定程度的“自相竞争”，因此，这时候的企业定价就不能只针对某一产品独立进行，而要结合相关联的一系列产品，组合制定出一系列的价格，使整个产品组合的利润最大化。这种定价策略主要有以下两种情况：

(1) 同系列汽车产品组合定价策略

这种定价策略是要把同一家企业生产的同一系列的汽车作为一个产品组合来定价。在其中确定某一车型的较低价格，这种低价车型可以在该系列汽车产品中充当价格明星，以吸引消费者购买这一系列中的其他汽车产品；同时又确定某一车型的较高价格，这种高价可以在该系列汽车产品中充当品牌价格，以提升该系列汽车的品牌效应。同系列汽车产品组合定价策略与分级定价策略有部分相似，但前者更注意系列汽车产品作为产品组合的整体化，强调产品组合中各汽车产品的内在关联性。

(2) 附带选装配置的汽车产品组合定价策略

这种定价策略是指将一个企业生产的汽车产品与其附带的一些可供选装配置的产品看作一个产品组合来定价。譬如，汽车消费者可以选装该汽车企业的电子开窗控制器、扫雾器和减光器等配置。汽车企业首先要确定产品组合中应包含的可选装配置产品，其次再对汽车及选装配置产品进行统一合理的定价。如汽车价格相对较低，而选装配置的价格相对稍高，既可吸引汽车消费者，又可通过选装配置来弥补汽车的成本，增加企业利润。附带选装配置的产品组合定价策略一般适用于有专用汽车附带选装配置的汽车。

第二节　汽车产品价格调整策略

一、汽车产品价格调整策略

汽车产品价格调整即汽车生产企业为某种产品制定价格后，随着市场营销环境的变化，对现行价格予以适当的提价或削价的市场行为。汽车企业通常不仅仅制定单一价格，而是建立一个价格体系，以反映地理位置、成本、细分市场需求、购买时间、订货水平、服务合同和其他因素的不同。

企业产品价格调整的动力既可能来自于内部，也可能来自于外部。倘若企业利用自身的产品或成本优势，主动对价格予以调整，将价格作为竞争的武器，这称为主动调整价格。有时，价格的调整出于应对竞争的需要，即竞争对手主动调整价格，而企业也相应地被动调整价格。无论主动调整，还是被动调整，其形式不外乎是降价和提价两种。

1. 降价策略

这是定价者面临的最严峻且具有持续威胁力量的问题。企业削价的原因很多，有企业外部需求及竞争等因素的变化，也有企业内部的战略转变、成本变化等，还有国家政策、法令的制约和干预等。这些原因具体表现在以下几个方面：

（1）通过降价回笼现金

对现金产生迫切需求的原因既可能是其他产品销售不畅，也可能是为了筹集资金进行某些新活动，而资金借贷来源中断。此时，企业可以通过对价格弹性大的产品予以大幅度降价，从而增加销售额，换取现金。

（2）通过降价开拓市场

一种产品的潜在顾客往往由于其消费水平的限制而阻碍了其转向现实顾客的可行性，在这种情况下企业可以通过降价方式来扩大市场份额。特别是进入成熟期的产品，削价可以大幅度增进销售，从而在价格和生产规模之间形成良性循环，为企业获取更多的市场份额奠定基础。不过，为了保证这一策略的成功，有时需要与产品改进策略相配合。

(3) 通过降价排斥对手

对于某些产品来说，各个企业的生产条件、生产成本不同，最低价格也会有所差异。那些以目前价格销售产品仅能保本的企业，在别的企业主动降价以后，会因为价格的被迫降低而得不到利润，导致被动降价。这种降价无疑有利于主动降价的企业。

(4) 主动应对产能过剩

在产品供过于求，而企业无法通过产品改进和加强促销来扩大销售的情况下，企业必须考虑降价。

(5) 成本允许企业降价

随着科学技术的进步和企业经营管理水平的提高，许多产品的单位产品成本和费用在不断下降，因此，企业可以适当降价。

(6) 满足经销商家需要

以较低的价格购进货物不仅可以减少中间商的资金占用，而且为产品的大量销售提供了一定的条件。因此，企业削价有利于同中间商建立良好的关系。

(7) 外界环境迫使降价

政府为了实现物价总水平的下调，保护需求、鼓励消费、遏制垄断利润，往往通过政策和法令，采用规定毛利率和最高价格、限制价格变化方式、参与市场竞争等形式，使企业的价格水平下调。在通货紧缩的经济形势下，或者在市场疲软、经济萧条时期，由于币值上升，价格总水平下降，企业产品价格也应随之降低，以适应消费者的购买力水平。

2. 提价策略

提价确实能够增加企业的利润率，但却会引起竞争力下降、消费者不满、经销商抱怨，甚至还会受到政府的干预和同行的指责，从而对企业产生不利影响。虽然如此，在实际中仍然存在着较多的提价现象，其主要原因是:

(1) 应对产品成本压力

这是所有产品价格上涨的主要原因。成本的增加或是由于原材料价格上涨，或是由于生产或管理费用提高。企业为了保证利润率不致降低，便采取提价策略。

(2) 适应通胀减少损失

在通货膨胀条件下，即使企业仍能维持原价，但随着时间的推移，其利润的实际价值也呈下降趋势。为了减少损失，企业只好提价，将通货膨胀的压力转嫁给中间商和消费者。

（3）供不应求遏制消费

对于某些产品来说，在需求旺盛但生产规模又不能及时扩大而出现供不应求的情况下，可以通过提价来遏制需求，同时又可以取得高额利润，在缓解市场压力、使供求趋于平衡的同时，还为扩大生产准备了条件。

（4）利用顾客追优心理

作为一种策略，企业可以利用涨价营造名牌形象，使消费者产生价高质优的心理定势，以提高企业知名度和产品声望。对于那些革新产品、贵重商品、生产规模受到限制而难以扩大的产品，这种效应表现得尤为明显。

二、汽车产品价格竞争策划

汽车企业调价，对消费者、竞争者、中间商都会产生影响。不论是降价还是提价，经营者在调价前都要把握以下几点：调价理由要充分；调价幅度要适当；调价时机要选准；对调价后消费者、竞争者、中间商的反应估计要充分。

1. 把握降价时机

价格是营销过程中最敏感的因素之一，合理降价对于销售具有一定的推动作用，但价格大战从来就没有使一个品牌的实际地位发生根本改变，相反，岌岌可危或已黯然退出市场的产品，恰恰是一些“超低价”的产品。原因是：其一，它根本收回不了自己的成本；其二，它本身可能就是“超低值”，当然也包括它的服务、营销、管理和战略。汽车市场的激烈竞争，表面上是价格之争，而在本质上却是质量之争、服务之争、品牌之争。决定价值流入还是流出的根本原因是你的产品是否真正符合消费者的需求。由此，我们应当清醒地认识到降价不是汽车市场的唯一策略。消费者正在成熟，没有价值的降价或抽掉某些价值的降价，不但不能赢得消费者，相反只会被消费者作为判断真实价值的工具，从而去否定你的价值。这样的降价对汽车工业的发展不利，对企业的发展不利，对市场的健康成长同样不利。

降价必须要把握下列原则：

第一，消费者注重商品的实际性能和质量，很少考虑其他因素；第二，消费者熟悉这一商品，并有信任度；第三，有降价的理由；第四，厂家信誉度高，确保较低价格照样买到好东西；第五，对于时尚商品和新潮商品，进入模仿阶段后就应当降价；第六，对于一般商品，进入成熟期后就要降价；第七，降价幅度要适宜，降价超过一定比例时，消费者会对商品表现出不信任；第八，采用暗降策略有利于维护企业形象，可以避免竞争者的不满和攻击。

2. 把握提价时机

为了保证提价策略的顺利实现，提价时机可选择在这样几种情况下进行：产品在市场上处于优势地位；产品进入成长期；季节性商品达到销售旺季；竞争对手产品提价。

此外，在方式选择上，企业应尽可能多采用间接提价，把提价的不利因素减到最低程度，使提价不影响销量和利润，而且能被潜在消费者普遍接受。

同时，企业提价时应采取各种渠道向顾客说明提价的原因，配之以产品策略和促销策略，并帮助顾客寻找节约途径，以减少顾客不满、维护企业形象、提高消费者信心、刺激消费者的需求和购买行为。

第八章
汽车分销渠道和厂商关系管理

第一节　汽车分销渠道

一、汽车分销渠道

1. 汽车分销渠道的概念

汽车分销渠道是指汽车产品或者服务从汽车生产者向汽车用户转移的过程中，直接或者间接转移汽车所有权所经历的途径。现有的汽车交易市场、品牌专卖店（4S店）、连锁店、汽车超市等均是直接面向消费者的分销渠道的具体表现形式。

2. 汽车分销渠道的作用

汽车分销渠道的存在，对国家、汽车企业和消费者而言都有重要的作用。

（1）对国民经济的作用

汽车分销渠道对国民经济发展起到促进作用。分销渠道是汽车工业再生产过程中的重要环节，在汽车工业发展过程中起到调节产、供、销平衡的作用；同时又能拉动内需、增加税收、积累资金、扩大就业。

（2）对汽车厂商的作用

汽车分销渠道对企业发展有积极的作用。分销渠道是汽车生产企业进入市场的必由之路，通过它，汽车产品才能进入消费领域；分销渠道是汽车企业的重要资源，分销渠道多，产品销售的途径就广，市场占有率就高；分销渠道还是汽车企业节省市场营销费用、加快汽车产品流通的重要措施；分销渠道具有融资功能，中间商不仅可以为本渠道开展的汽车销售工作筹资，同时通过支付订货货款，为企业下一轮的汽车生产提供生产资金。

（3）对消费者的作用

汽车分销渠道能给消费者带来显著的利益。它能为汽车消费者提供便利，节约购车的时间和精力；合理的分销渠道能节约汽车流通费用，减轻消费者负担。

3. 汽车分销渠道的组成

分销渠道实际上是物流、商流、信息流、资金流的结合体。分销渠道由五种流程构成，即实体流程、所有权流程、付款流程、信息流程及促销流程。

（1）实体流程

实体流程是指实体原料及成品从制造商转移到最终顾客的过程。

（2）所有权流程

所有权流程是指货物所有权从一个市场营销机构到另一个市场营销机构的转移过程。

（3）付款流程

付款流程是指货款在各市场营销中间机构之间的流动过程。

（4）信息流程

信息流程是指在市场营销渠道中各市场营销中间机构相互传递信息的过程。

（5）促销流程

促销流程是指由一个单位运用广告、人员推销、公共关系、促销等活动对另一单位施加影响的过程。

4. 汽车分销渠道的类型

（1）按渠道的长度分类

分销渠道的长度是汽车从生产企业流向消费者整个过程中所经过的中间层次或环节数。所经中间环节越多，渠道越长；反之，所经中间环节越少，渠道越短，最短的渠道是不经过中间环节的渠道。按流通环节的多少，分销渠道分为直接渠道和间接渠道。直接渠道是不经过中间环节的渠道，也称为零层渠道。间接渠道又分为三种：一层渠道、二层渠道和多层渠道（如表8-1-1）。不同的汽车企业会根据自身特点选择不同渠道类型结构。

表8-1-1 分销渠道的长度分类

直接渠道	**零层渠道类型**	汽车生产厂家直销
间接渠道	**一层渠道类型**	汽车生产厂家——零售商直销
	二层渠道类型	汽车生产厂家——批发商——零售商直销
		汽车生产厂家——总经销（或总代理）——零售商直销
	多层渠道类型	汽车生产厂家——总经销（或总代理）——批发商——零售商直销

零层渠道，即汽车生产厂家直销型。汽车企业不经过任何中间环节，直接把汽车销售给消费者。这种渠道类型的优点是产销直接见面，没有中间环

节，流通费用低，便于企业了解市场行情，能根据市场迅速反应，开发适销对路产品；缺点是需要生产企业自设销售机构，不利于专业化分工，难以广泛分销，不利于企业开拓市场。

一层渠道，即汽车生产厂家转零售商直销型。这种类型经过一个中间环节。汽车企业先把汽车卖给零售商，再由零售商卖给消费者。这种渠道类型的优点是中间环节短，有利于企业充分利用零售商的力量开拓市场，提高销售额。我国很多专用车生产厂和重型车生产厂采用这类分销渠道。国际上通用、福特、丰田以及欧洲一些汽车企业依托电子商务，大幅缩短分销渠道，加强了与消费者的沟通、减少了库存和物流成本。

二层渠道又有两种模式。模式一是由汽车生产厂家经批发商转零售商直销型，即汽车生产厂家先把汽车批发销售给批发商（或地区分销商），批发商再转卖给零售商，最后由零售商出售给消费者；模式二是由汽车生产厂家经总经销商转零售商直销型，即汽车生产厂家先把汽车委托并提供给总经销商（或总代理商），由其销售给零售商，最后由零售商把汽车销售给消费者。

多层渠道，即由汽车生产厂家经总经销商和批发商后转零售商直销型。汽车生产厂家先把汽车委托并提供给总经销商（或总代理商），由其批发销售给批发商（或地区分销商），批发商（或地区分销商）再销售给零售商，最后由零售商把汽车销售给消费者。

（2）按渠道的宽度分类

分销渠道的宽度，是指渠道的每个层次使用同种类型中间商数目的多少。多者为宽渠道，意味着销售网点多，市场覆盖面大；少者则为窄渠道，市场覆盖面也就相应较小。受市场特征和制造商分销战略等因素的影响，分销渠道的宽度结构有三种类型。

独家分销渠道是制造商在某一地区市场仅有一家代理商或经销商经销其产品所形成的渠道。规定制造商不再在该地区发展经销商，经销商不得经营竞争者的产品。独家分销渠道是窄渠道。独家代理（或经销）有利于控制市场。

密集型分销渠道，又叫广泛分销或开放性分销，是指制造商尽可能多地发展批发商和零售商，并由他们销售其产品。

选择性分销渠道，是指制造商根据自己所设定的交易基准和条件精心挑选最合适的中间商销售其产品。选择性分销渠道通常由实力较强的中间商组成，能有效地维护制造商的信誉，建立稳定的市场和竞争优势。

(3) 按渠道的广度分类

分销渠道按渠道的广度分类可以分为单一渠道和多渠道，两者各有利弊。单一渠道指的是厂商仅利用一条渠道进行某种产品的分销；多渠道指的是厂商利用多条不同的渠道进行某种产品的分销。多渠道与单一渠道相比，优点是：增加市场覆盖面，如增加乡村代理商开拓农村市场；降低渠道成本，如增加新渠道节省了费用；更好地满足顾客需要，如使用专业推销员推销复杂设备；提高产品的交易量。缺点是：两个以上渠道对准一个细分市场时，容易产生渠道冲突；新渠道独立性较强，合作困难，控制不容易。

二、汽车分销系统

不管汽车生产企业采用何种分销渠道，只要汽车生产企业的全部产品在不同区域和目标市场完成营销业务，企业就需要独立拥有或合作形成具有管理控制能力的分销系统，即便直销企业也不例外。在营销学著作中，企业的分销系统分为三类：一是垂直分销系统；二是水平分销系统；三是多渠道、松散型分销系统。三种系统的划分以分销组织和合作的纵横关系为主要依据，而不同系统的实质区别在于营销主体对系统投资与控制力的不同。

1. 垂直分销系统

垂直营销系统(vertical marketing system，VMS)是由生产者、批发商和零售商所组成的一种统一的联合体。某个渠道成员（渠道领袖）拥有其他成员的产权，或者授予它们特许经营权，或者拥有相当实力，其他成员都愿意合作。垂直营销系统可以由生产商支配，也可以由批发商或者零售商支配。垂直营销系统有利于控制渠道行动，消除渠道成员为追求各自利益而造成的冲突。它们能够通过其规模、谈判实力和重复服务的减少而获得效益。在电子技术不断发展的今天，借助统一的计算机信息系统，能实施垂直分销系统中生产、销售与服务业务的自动衔接。

2. 水平分销系统

分销渠道系统的另一个发展方向是水平分销系统(horizontal marketing system，HMS)。它是两个以上的企业自愿结成营销合作关系，利用各自的资源和优势为对方服务，共同开拓市场而形成的分销合作体系。在水平分销系统中，制造商、大型商业公司、物流企业以及技术和销售服务企业在同一层次上进行营销与分销合作：制造商向商业公司提供产品，制造商委托技术和销售服务公司进行二次技术开发和售后服务，制造商或商业公司委托物流企业运输、存储和最终配送产品及辅件。在水平分销系统中，制造商可以专心开发与制造产品，扩大生产规模，商业公司可以充分利用子公司和连锁网络的分销能力，物流、技术和销售服务公司在获得稳定且较大规模的业务以后，其工作效率提高，成本得以下降。对某些跨国公司而言，其水平分销系统还可能包括拓展市场的咨询服务公司。因此，从企业战略的角度看，水平分销系统是企业间战略联盟的具体表现形式之一。

3. 多渠道、松散型分销系统

以制造商为例，如果企业的产品以较多的分销渠道，通过市场自发的作用机制形成进销关系和分销网络，这便属于多渠道、松散型分销系统。在这种系统中，企业的部分产品由分公司、子公司销售，部分产品以代理或非代理方式由中间商销售，部分产品进入批发交易市场供客户自由选购。企业既可能向中间商销售，也可能直接向最终用户提供产品，在物流、技术和销售服务方面也采取同样的选择。在这种分销系统中，同一用户的需求也可能由不同分销渠道满足。采用这种分销系统，营销主体一定要在交易和服务条件上相对统一，否则会引起业务关系和价格上的混乱，影响企业和品牌形象。事实上，除了小商品、农副产品经营，完全松散的分销系统并不多见。该系统一般需利用垂直和水平分销两种系统的部分构架和优点，并针对不同的目标市场的情况，确定具体的分销关系。

三、汽车中间商

1. 汽车中间商的概念

汽车中间商是指居于汽车企业与汽车用户之间，参与汽车交易业务，促使交易实现的具有法人资格的经济组织和个人。

汽车中间商是销售渠道的主体，汽车企业产品绝大部分是通过汽车中间商转卖给汽车用户的。

2. 汽车中间商的功能

（1）商品转移功能

由于汽车生产企业和消费者在地域、时间、信息沟通、价值评估、对汽车的所有权方面存在差距，供需双方自行完成交易较为困难。通过中间商的工作，可以消除上述差异，帮助供需双方实现沟通，促成汽车交易，使汽车顺利地从生产领域转移到消费领域，实现物流。

（2）市场营销功能

中间商能代替生产企业执行所有的市场营销功能，如市场调查、市场开发、汽车储运、售后服务等。中间商还能为企业提供商业贷款、催收货款、树立企业形象、拓宽产品市场等。

（3）产品增值功能

中间商进行汽车储运、提供售前和售后服务，增加了汽车产品的价值。

（4）信息反馈功能

中间商最了解汽车市场，知道汽车的畅销和滞销情况，把这些信息及时反馈给生产企业，使汽车生产企业能根据市场的情况组织生产。

3. 汽车中间商的类型

对汽车分销渠道的中间商，有两种分类方法（如表8-1-2）。

表8-1-2 汽车中间商分类

分类方法				
是否拥有汽车的所有权		**在分销渠道中所起作用**		
汽车经销商	汽车代理商	总经销商 （或总代理商）	批发商 （或分销商）	零售商

（1）按是否拥有汽车的所有权分类

按是否拥有汽车的所有权分类，中间商分为汽车经销商和汽车代理商。

① 汽车经销商

汽车经销商是指从事汽车交易，取得汽车商品所有权的中间商。汽车经销商属于“买断经营”性质，通过自己的经营获得利润。汽车经销商最明显的特征是将汽车产品买进以后再卖出。经营上，经销商是自主经营，可以同时经营多个汽车品牌；由于拥有汽车产品所有权，汽车经销商往往制订自己的汽车营销策略，以期获得更大的效益。汽车经销商作为渠道的中间机构，是连接制造商和消费者的桥梁，是汽车制造商的重要资源。汽车经销商往往代替制造商完成对消费者的售前、售中和售后服务，是制造商了解市场需求信息的重要渠道。

汽车经销商又可以分为普通经销商（简称经销商，下同）和特许经销商。特许经销商（亦称受许人）是从特许人（一般是总经销商）处获得授权，在某一特定区域内直接将特定品牌汽车销售给最终消费者的中间商。特许经销商只能销售特定品牌汽车，不能销售其他汽车企业的相同或相近产品。按照特许经营合同，受许人可以享用特许人的商誉和品牌，获得其支持和帮助，参与统一运行，分享规模效益。这是一种新型的汽车分销渠道模式。

② 汽车代理商

汽车代理商是指受汽车企业委托，在一定时期和在指定汽车市场区域及授权业务范围内，以委托方的名义从事经营活动，但未取得汽车产品所有权的中间商。汽车代理商属于“佣金代理”形式。汽车代理商最明显的特征是寻找汽车用户，按照汽车企业规定的价格向汽车用户推销汽车产品，促成交易，以及代办交易前后的有关手续。若交易成功，便可以从委托人那里获得事先约定的佣金或手续费；若汽车产品没有销售出去，也不承担风险。在经营上，代理商受供货商的指导和限制，不能经营竞争品牌。汽车代理商承担售后回款、汽车品牌建立和维护的责任。

汽车代理商可以分为全球代理、地区级、国家级、省市县级、区域代理、品牌代理、独家代理等。下级代理商接受上级代理商的管理。代理的地方越大，对代理商条件要求越高，如代理费用、代理保证金、代理销售指标等。

（2）按在分销渠道所起的作用分类

按在分销渠道所起的作用分类，汽车经销商可分为总经销商（或总代理商）、批发商（或分销商）和零售商。

① 汽车总经销商

汽车总经销商是指受汽车生产企业的委托，负责汽车生产企业的全部汽车产品所有销售业务的经销商，是拥有汽车所有权的中间商。

② 汽车总代理商

汽车总代理商是受汽车生产企业的委托，从事汽车总代理销售业务，负责汽车生产企业的全部汽车产品所有销售业务的代理商，是不拥有汽车所有权的中间商。汽车总代理商多见于实行产销分离体制的企业集团。汽车总代理商一般与汽车生产企业同属一个企业集团，分别履行汽车销售和生产两大职能。

③ 批发商

批发商是在汽车流通的中间阶段实现汽车的批量转移，使经销商达到销售目的的中间商。批发商是拥有汽车所有权的中间商。批发商一般指没有服务终端意识的坐商。

④ 分销商

分销商与批发商相对应，随着批发这个概念的落伍，出现了分销这个概念。分销商在销售时已经考虑了下家的情况，有计划地销售。分销商一般指有服务终端意识的行商。

⑤ 零售商

零售商处于汽车流通链的末端，是直接将汽车销售给最终消费者的中间商。它的基本任务是直接为最终消费者服务，使汽车直接、顺利地到达消费者手中。

四、汽车分销渠道设计

在设计一个理想的汽车分销渠道前，必须先考虑各方面的因素，才能在此基础上作出正确的决策。

1. 影响汽车分销渠道设计的因素

汽车企业在设计分销渠道时，必须考虑中间商因素、市场因素、环境因素、产品因素、生产企业自身因素等因素，其中最重要的是中间商因素。

(1) 中间商因素

中间商因素包括中间商的理念、实力、经营水平、合作的可能性和服务能力等。中间商是连接生产企业和消费者的桥梁，前面已经介绍了汽车分销渠道中各种类型的中间商的特点和各自在分销渠道中的作用。如果中间商的经营理念与汽车生产企业不同、经营水平低下，势必难以与汽车生产企业长期、高效地合作；如果中间商的服务水平低、实力差，也很难做到令消费者满意。

(2) 市场因素

市场因素包括市场范围、市场的地理因素、顾客的消费习惯、需求特点及市场竞争情况等。第一是市场范围。市场范围决定是否选择批发商和经销商。市场过大或过小时，借助中间商的力量比较合适。第二是市场的地理因素。市场比较集中，可以进行直接销售，反之，需要通过中间商进行销售。第三是顾客的消费习惯。消费者对于汽车购买的便利度、购买数量、购买方式、购买地点等要求也会影响汽车企业选择不同的分销渠道。如购买量大、频率低，分销渠道应短；反之，分销渠道应长。第四是顾客需求特点。消费者对汽车产品了解较少或者需要更多、更好的售前服务和售后服务时，需要借助中间商的力量来满足消费者的需求。第五是市场竞争情况。目前汽车市场竞争十分激烈，生产厂家产能普遍过剩，在分销渠道方面的竞争也很激烈。通常同类汽车产品应该与竞争者采用相同或相似的分销渠道，这样比较容易占领市场。但有时采用差别化的分销渠道反而能大获成功。例如广汽本田在向市场推出雅阁汽车和上海通用在投放别克汽车时，率先在全国建设高规格的专卖店（4S店）销售体系，迅速占领相应的细分市场。

（3）环境因素

环境因素包括政策、法律、法规等宏观因素，还包括具体地区的经济、习俗、地理、人文等各种因素。分销渠道的选择，必须遵守有关汽车销售的政策与法规，如专卖制度、反不正当竞争法、反垄断法、进出口规定等。应该选择合法的中间机构，采用合法的销售手段。当国家经济情况良好、国民可支配收入高时，可以考虑拓宽分销渠道或增加销售渠道。例如，当前我国家用轿车的消费环境越来越好，企业可考虑增加或拓宽渠道，使一般的县市都能有汽车销售市场。

（4）产品因素

产品因素包括产品定位、价格策略、技术服务等因素。产品定位不同，分销渠道也应该不同。例如，轿车产品可以定位为豪华、高级、中级或经济型。在中国，豪华型轿车价值高、市场相对较小，可借助少数中间商的力量销售，分销渠道应该短；而中级和经济型轿车的市场很大，应充分利用中间商扩大销量，提高市场占有率，分销渠道应该长。汽车产品如果采用高价策略，可采用短渠道或直接渠道；反之，可采用较长的渠道。技术性复杂、需要安装及维修服务的汽车产品，例如，特种车辆，可采用短渠道或直接销售；反之，则选择长渠道。

（5）生产企业因素

生产企业因素包括企业的声誉、财力、规模、管理能力、企业提供的服务等。生产企业声誉好，更多中间商愿意与企业合作，企业选择分销渠道时更自由，甚至可以建立自己的销售网点。财力雄厚、规模大的企业，有能力选择较为固定的中间商经销自己的产品，甚至建立自己控制的分销系统，或采取短渠道；反之就依靠中间商。缺乏市场营销能力的汽车生产企业应该多依靠中间商。汽车生产企业为了控制分销渠道，宁愿建立短而窄的分销渠道；反之，为了控制成本，选择分销渠道时应该选择长而宽的渠道。中间商很重视汽车生产企业提供的服务。汽车生产企业提供的服务越多，越能引起中间商销售其产品的兴趣。

2. 汽车分销渠道的设计标准和设计流程

(1) 设计标准

汽车分销渠道设计的基本标准是：能够不间断、顺利、快速地使汽车产品从生产领域进入消费领域；具有较强的辐射能力；具有商流和物流相一致的特点；能够带来显著的经济效益。

(2) 设计流程

汽车分销渠道的设计是一项复杂的工作，如前所述，汽车企业在设计分销渠道时，必须考虑各种外部和内部因素。根据美国渠道学权威路易·W·斯特恩的观点，可以将汽车分销渠道设计过程划分为5个阶段，14个步骤，如下：

第一阶段，环境分析阶段

第1步：审查公司现有渠道。通过分析汽车生产企业现在的分销渠道，了解企业产品进入消费环境的中间环节；各环节的后勤和销售职能；汽车生产企业和外部中间商之间的职能分工。

第2步：了解外部环境对汽车生产企业分销渠道策略的影响。外部环境包括宏观经济、政策、法律、法规、文化、习俗等因素。

第3步：收集渠道信息。对公司和竞争者的分销渠道环节、相关重要群体和渠道相关人员进行调查分析，就公司和竞争者的分销渠道运行情况、存在问题及改进意见搜集原始资料。

第4步：分析竞争者渠道。了解竞争对手如何利用分销渠道进行营销，怎样支持和管理渠道成员。通过以上分析，可以知道主要竞争威胁和挑战竞争者应采取的策略。

第二阶段，制定短期渠道策略阶段

第5步：评估近期机会。经过第1-4步的工作，可以发现汽车生产企业分销策略中的明显问题或竞争者渠道策略中的明显弱点，并采取相应对策，以免错失良机。

第6步：制定近期进攻计划。即制定“快速反应”计划。通常是对原有渠道进行短期、局部调整。

第三阶段，渠道系统优化阶段

该阶段要求渠道设计人员完全摈弃原有渠道方案，重新设计分销渠道。

第7步：最终用户需求定量分析。一般从五个方面考虑用户需求：购买潜在价值、分销网点信息、技术支持、运输安全或等待时间（最终用户更关心汽车的运输时间还是运输安全）、产品多样化或专业化（最终用户更愿意选择汽车大卖场还是品牌专营店）。这一步的目的是了解在服务产出的过程中，最终用户最需要什么。

第8步：最终用户需求定性分析。了解服务产出（如专家指导、产品多样性、价格低廉、地点便利等）对用户的重要程度，并比较分析这些特定需求对不同细分市场的重要性。

第9步：行业模拟分析。分析行业内外类似分销渠道，深入剖析拥有高效分销渠道的公司，吸收它们的经验。

第10步：设计“理想”渠道。这是关键的一步，目标是设计出最大程度满足最终用户需求的分销渠道模型。首先，在充分借鉴分销渠道专家和相关人员观点的基础上，认真评估第7-9步的分析结果。然后，论证生产厂家需要设置哪些分销渠道功能，才能满足最终用户的期望。最后，确定各分销渠道功能由哪个机构承担，才能带来最大化的整体利益。

第四阶段，限制条件与差异分析阶段

第11步：设计管理限制。包括对管理者的偏见、管理目标、内部和外部威胁的详细分析。本步骤首先需要通过与渠道方案的执行者的深入访谈，了解未来方案能否被认可和执行；需要了解本企业的政策、管理目标、组织结构、文化传统和人才结构；要了解企业是否有能够执行渠道变革的人才，他或她是否有足够的权力和威信来实施变革；还要听取管理层对渠道方案提出的种种疑问和限制条件。其次调查渠道系统设计的所有约束条件，如法律法规、行业规范。最后列出一份清单，写出所有的目标和限制条件。将这份清单分发给企业内部所有与分销渠道相关的人员，让他们进一步作权衡分析。分析这些数据，确定目标和限制条件的相对重要性，提出受限制的分销渠道方案。

第12步：差异分析。这一步对三个不同的分销系统进行比较，分析其差异。这三个系统分别是“理想”渠道系统、现有渠道系统、“管理限制”系统。

第五阶段，最佳分销渠道决策阶段

第13步：制定战略构建原则。首先是管理限制分析，即挑选出企业内部和外部的人员，请他们分析限制条件和目标的合理性；其次开会讨论管理层定位的渠道系统和理想渠道系统之间的差距，高级管理层应该说明限制条件和目标怎样才能与用户的期望统一；再列出宏观环境和竞争者的约束。综合上述各方的意见和信息，确定对原有渠道进行战略重构的原则。

第14步：最佳渠道系统决策。最佳渠道系统不是理想系统，但是它能最大程度地满足企业管理层提出的质量、效率、效益和适应性的标准。

五、我国汽车分销渠道的演变历史

1. 国内汽车分销模式的发展与演变

（1）计划经济时代

在计划经济体制下的中国，汽车生产厂家的生产取决于上级下达的指示，生产出来的车辆通过每年两次的供销大会分配出去。在这种供远小于求的情况下，私人几乎不可能购买汽车。这时候的经营模式可以用“产—供—销”来总结，产量决定一切。汽车维修的渠道则与销售分离，各地涌现出一批国营专业汽修公司。

（2）改革开放初期

改革开放初期，计划经济开始向市场经济转变。上海大众、东风雪铁龙、广州标致等合资企业的先后成立，对中国汽车发展起到了很大的促进作用。那个时期的销售渠道以物资机电部门和汽车工业销售部门为主，同时整车厂也直接投资建立自己的销售服务体系。国家为了对汽车销售进行控制，在全国一些大型城市建立了汽车交易市场，并为此成立了管理公司——中国汽车贸易总公司。那时的汽车销售和服务渠道依然是分离的。

（3）市场经济时代

20世纪80年代末到90年代初期，随着改革开放的逐步深入，汽车行业进入快速发展时代，汽车市场有了明显的变化，乘用车市场、私人购车的份额开始逐渐加大。受外资公司的影响，车企也逐渐使用各种营销手段，提高自身产品的竞争力。销售渠道又有所变化，除厂家的直销店以外，拥有代理权的经销商也开始发展起来，而且模式多样，百花齐放。

1998年，广州本田和上海通用率先引入了海外的汽车销售模式，在中国建立品牌专卖4S店。4S店，即包括了整车销售（Sale）、零部件供应（Spare part）、售后服务（Service）、信息反馈（Survey）四项功能的汽车销售服务企业。通过多年的试验和摸索，现在中国汽车的销售渠道是百花齐放。

(a) 第一家广本4S店

(b) 雷克萨斯4S店

图8-1-1 典型的4S店外景

2. 当前国内汽车分销模式

目前来看，国内汽车市场的分销渠道有以下六种模式：

(1) 以特许经销公司为主的模式

渠道模式可表述为汽车制造商→特许经销公司→最终用户。特许经销制下，生产企业和中间商没有资金合作关系，生产企业提供优惠的经销价格和货款结算模式，将中间商确定为生产企业的特许经销公司。经销商不能打制造商的品牌形象；特许经销商经营汽车的品牌数量不是唯一的，制造商也不能对此进行控制。

(2) 以品牌专卖店为主的模式

渠道模式可表述为汽车制造商→品牌专卖店→最终用户。品牌专卖店主要以三位一体（整车销售、零配件供应、售后服务）专卖店，四位一体（整车销售、零配件供应、售后服务、信息反馈）和五位一体（整车销售、零配件供应、售后服务、信息反馈、二手车置换）专卖店为表现形式。品牌专卖制下，生产企业和中间商没有资金合作关系，生产企业提供优惠的经销价格和货款结算模式。汽车制造商对专卖店的位置、销售、硬件设施都有着严格的规定，对专卖店有着严格且统一的管理。品牌专卖店只能经营单一的汽车品牌。

(3) 以地区营销代理为主的模式

渠道模式可表述为制造商→区域总代理→下级代理商→最终用户。这种模式的特点是汽车生产企业建立自己的独资营销公司或合资公司，以这些公司为分销渠道来代理销售企业产品。企业可以很快获得资金回笼，但是厂家对终端的控制不足，分销渠道不够稳定，特别是在汽车行业竞争越来越激烈的情况下，渠道冲突也越来越容易发生。

(4) 以联营、联合经销公司联销为主的模式

渠道模式可表述为制造商→省级联营、联合经销公司→下级经销商→最终用户。这一模式的特点是：无需投入大量资金与中间商成立合资公司或成立独资公司，而是生产企业提供厂名（商誉）、周转车，或在价格上给予优惠，与中间商组成联营或联合经销公司，联合营销汽车。

(5) 直销模式

由汽车制造商及其下设的各地的销售机构，直接向最终用户销售汽车。这一模式的特点是：分销渠道短，流通费用低，便于企业了解市场第一手资料，能及时调整产品策略。但是汽车制造商需投入大量资金建设销售机构，这一模式也不利于市场专业分工。

(6) 总代理模式

这也是中国汽车市场的传统分销模式。渠道模式可表述为制造商→总代理→批发商→零售商→最终用户。这种模式已经不符合国内汽车分销渠道高效率、扁平化的改革趋势，未来将会逐步萎缩。目前不少进口汽车的营销大都采用这种分销渠道模式。

六、国外汽车分销渠道介绍

1. 美国汽车分销渠道模式

美国汽车分销渠道模式是以生产厂家为主导的品牌专营代理模式。其主要特点是：

第一，汽车制造商通过品牌特许经营的契约来管理渠道中的特许代理商；

第二，生产厂家在汽车营销渠道中占主导地位，但对代理商的控制力度较弱；

第三，分销网络管理采用地区销售分公司的做法；

第四，营销渠道效率高，应付市场变化的灵活性大；经营规模参差不齐，网点密度较高。

2. 欧洲汽车分销渠道模式

欧洲汽车分销渠道模式基本是以生产厂家为主导的品牌专营代理模式。其主要特点是：

第一，汽车销售体系的建立以制造商为中心；

第二，销售网络一般由一级销售网点和二级销售网点组成；

第三，分销商和零售商分工严密；

第四，实行市场责任区域分工制；零售商销售实现多功能一体化；专营店与兼销店并存。

3. 日本汽车分销渠道模式

日本汽车分销体制经历了几次变革，但其以生产厂家为主导和系列化销售的特色一直延续至今。目前日本汽车分销渠道模式可以简称为“排他性系列化销售模式”，其主要特点是：

第一，销售体制中制造商占主导地位，销售及售后服务工作由经销商来做，汽车制造公司只负责产品开发和生产；

第二，新车销售方面具有排他性，而旧车销售方面，其他厂家的车型可接受；

第三，技术中心除负责全面为经销点培养维修技术人员外，还负责培训教材和维修服务手册的编写，以给各经销商提供工具设备，为管理的模式化、办公自动化等提供协助；

第四，配件价格全国统一，主要部件自给，不仅保证了配件质量，又降低了成本；

第五，有一支规范的、高素质的经销商队伍；对经销商有严格的考证制度。

4. 韩国汽车分销渠道模式

韩国汽车分销渠道模式是直销模式。分销渠道的主体是厂家全资建立的经销店；展示厅遍布各地，有些只是制造厂的展示点；一定区域设立维修和配件供应中心。其主要特点是：

第一，生产厂家在汽车分销渠道中占主导地位。分销渠道结构简单，中间商包括生产厂家的直销店和全资的代理店；

第二，经营规模小，品种单一。代理商只销售一个厂家的单一品牌汽车；

第三，区域管理。代理商只负责新车销售，销售点规模小；厂家对销售点的控制也很严；

第四，厂商控制力最大化。生产厂商对代理商的控制体现为价格控制、财务控制、渠道控制、客户信息控制等。

七、我国汽车分销的新模式

任何营销模式的建立，都应以适合消费者特征、满足消费者的需求为最终目的。以消费者的需求为导向的营销模式才是科学、合理、有效的。随着我国二三线城市场的进一步活跃，汽车销售市场营销实践的进一步丰富，手机、计算机和互联网的广泛应用，汽车销售的渠道出现了各种变革趋势。

1. 汽车超市

众所周知，当今的中国日用百货市场、大型超市、购物中心、仓储式大卖场一统天下。在汽车流通领域，集贸式、超市式的汽车交易市场作为有形市场，也发挥着巨大的作用。国内知名的汽车超市有长春汽贸城、上海国际汽车城、北京经开国际汽车会展中心、成都置信经典等。

汽车超市有其独特的优势。首先，汽车超市可以提供一条龙或一站式服务。它不仅可以将多种品牌集合在一起，还可以联系银行、工商、交管等部门，帮助用户办理购车手续，给购车人提供便利；其次，超市凭借规模效益，可以降低经销商的费用，客观上讲，比较符合国情。但是，汽车超市也有明显的不足，例如，众家经销单位齐集一堂、鱼龙混杂，售后服务难以兑现，交易秩序较为混乱。

2. 汽车集团化连锁经营

汽车集团化连锁经营是国内有实力的汽车销售集团为了降低成本、规避风险，在不同地区建立多个相同或不同品牌的汽车专卖店。具体的做法有三种：一是直接投资兴建连锁店；二是收购其他公司的4S店；三是招募加盟商，采用特许连锁的方式。采用连锁经营的国内汽车销售集团包括庞大汽贸集团股份有限公司、广汇汽车服务股份公司、广东广物汽贸等。连锁经营的汽车销售集团能够获得巨大成功，主要有以下原因：

（1）具有进货优势

汽车销售集团能够通过批量包销、买断等形式从汽车生产厂家争取到更大的优惠政策、更优惠的价格或更优质的车型，售价低廉必然得到更多的订单，从而从生产商处得到更低价的汽车，这样售价可以更低，这对大多数中国消费者有相当吸引力。

（2）优化管理体制

汽车销售集团具有相对健全的管理体制，经营管理成本降低。在大型汽车销售集团，资本高效运转，各种资源得到优化组合。体现在市场营销上，集团公司对市场部的工作进行高效整合，降低营销成本，达到投入产出最佳的效果。

（3）服务优势突出

汽车销售集团的营销网络深入广大的市、县、地区，服务优势突出。未来中国农村汽车市场急需完善的配套服务，必须由有实力的汽车销售集团来解决。

（4）融资能力加强

汽车销售集团具有很强的融资能力。汽车销售集团具有多年的营销经验和良好的信誉，特别是拥有大量优质资产可以抵押，能够争取到更多金融机构的资金支持。

（5）抵御经营风险

汽车销售集团抗风险能力强。汽车销售集团营销网络健全，经营的品牌多样化，可以有效抵御因区域市场变化和消费结构变化带来的各种风险。

3. 汽车电子商务

汽车电子商务就是汽车互联网销售。互联网销售不仅可以超越时空，使客户能到达世界各地车市，随意欣赏任何一款汽车，还可以使客户依据自身的喜好，选择自己喜爱的车型和装饰配件。汽车电子商务使汽车消费更加符合个性时代的消费特征。汽车电子商务还可以让汽车生产商节约流通成本，根据订单制订生产计划，确定汽车设计、配置和数量，及时调整产品结构，适应市场和用户的要求。这也是未来汽车营销的趋势。

4. 汽车产业园区

（1）汽车产业园区的概念

汽车产业园区是企业或政府为促进汽车产业的充分发展、实现聚集效应、增进产业联系、学习及快速发展而规划的专业化产业区，是汽车产业发展的一种空间布局和专业化产业环境；就政府而言，在政策上有扶持，地理上有限定。汽车产业园区的具体名称有所不同，如汽车城、汽车开发区、汽车产业区、汽车产业基地等，本书统称为汽车产业园区。

（2）汽车产业园区的分类

汽车产业园区一般包括两种类型：专业园区和综合园区。

专业园区由汽车产业价值链的某一环节构成，如汽车服务贸易园区、零部件园区、制造园区等。

综合园区通常以产业集群的形态存在，涵盖汽车产业价值链的全部环节或大部分环节，如研发、教育、供应、制造、销售、中介服务等。本书下面主要探讨专业园区类的汽车服务贸易园区。

（3）汽车产业园区的功能

汽车服务贸易园区的功能包括：汽车展示、汽车博览、汽车游乐、汽车一站式服务、汽车拍卖、汽车保养维修、汽车改装、汽车体验运动、汽车零配件交易等。国内正在筹建的汽车服务贸易园区包括北京成城永乐店汽车文化创意园区、上海汽车贸易中心、成都九峰国际汽车博览新城、兰州广汇汽车主题园区、内蒙鄂尔多斯市汽车园区等。如今，新旧车销售、汽配、汽车用品等同场经营已经成为一种趋势。汽车文化、汽车商务、汽车运动、汽车旅馆、汽车俱乐部、汽车展览、汽车租赁、汽车休闲等都将随着汽车的普及进入快速发展阶段。这些都为发展集各种功能于一体的汽车园区创造了条件，成为了催生汽车园区的重要因素。

第二节　汽车分销渠道管理

一、汽车分销渠道管理

汽车企业选定分销渠道后，还需要完成一系列的渠道管理工作，包括对各类中间商的选择、激励、评估，以及根据情况变化调整渠道方案和协调渠道成员之间的矛盾。

1. 汽车分销渠道成员的选择

（1）分销渠道成员的招募方法

第一，公关的方法。这种方法针对已经选定的招募目标进行游说。汽车生产企业组织公关团队，通过多方活动，针对有实力的经销商和大客户的决策层核心人物陈述企业的主张、建议，最终达到双方合作的目的。具体方法包括向招募目标提供专项调研报告、组织旅行考察、召开研讨会等。

第二，会展的方法。即通过招商会、展销会展示企业的产品和未来市场前景，吸引中间商的注意，最终促成与生产企业合作。具体操作时最好请当地专业公司承办，并邀请行业协会、知名企业、政府官员参加展会。

第三，互联网的方法。即通过企业自建网站招商或将招商广告与品牌宣传结合起来。由于互联网招商有很大的不确定性，所以企业应该把互联网招商作为分销渠道建设的长期工作来对待。

（2）分销渠道成员的评价和优选

在找到多个候选中间商后，就可以对其进行评价、优选。评价、优选时应参考下列标准：候选中间商的汽车产品经营范围、开业年限、盈利状况、发展前景、财务支付能力、合作意愿和企业信誉等；如果是招募代理商，还应考核候选中间商的销售员数量、素质、其经营的其他汽车产品种类；对于要求独家经营的大型零售商，如汽贸公司，则需要评估其销售店的地理位置、布局、顾客类型和公司未来发展前景等。

2. 汽车分销渠道成员的培训与激励

汽车生产企业应该以对待最终用户的方式对待中间商。汽车生产企业需要确定中间商的需求并进行渠道定位，以使渠道为中间商提供相应的价值。

汽车生产企业应提供培训计划、营销调研计划和其他能力培养计划，以提升中间商的业绩。对中间商的激励可以采用合作、合伙、经销规划与绩效管理四种方式。

(1) 合作

菲利普·科特勒认为生产厂商可以使用以下几种权利来促使中间商合作：第一，强制力。如果中间商不合作，厂商将收回资源或终止合作关系。该权利很有效，但易引起中间商的不满，并引发冲突；第二，奖赏力。厂商为中间商执行的具体行动或功能提供额外奖赏。奖赏力通常能比强制力达到更好的效果；第三，合法力。厂商要求中间商履行合同规定的行为；第四，专家力。厂商具有中间商看重的专业知识；第五，指示力。厂商有很高的声望，使中间商感到与其合作很自豪。

(2) 合伙

汽车生产企业着眼于和中间商建立长期的伙伴关系。首先，汽车生产企业明确在销售市场、产品供应、市场开发等方面，生产企业和中间商的相互要求；其次，根据实际情况共同商定在这些方面的有关政策，并按照中间商信守这些政策的程度确定奖酬方案，给予必要的奖励。

(3) 经销规划

汽车生产企业建立一个垂直市场营销系统，把生产企业和中间商双方的需要结合起来。汽车生产企业在企业营销部门内设一个分销规划部，同中间商共同规划营销目标、存货水平、场地及形象管理、人员推销、广告及促销计划等。

(4) 绩效管理

生产厂商必须定期评估渠道成员的绩效是否已达到某些标准。如果渠道成员绩效低于标准，则应考虑造成的原因及补救的方法。生产厂商有时必须容忍令人不满的绩效，因为若中止与该渠道成员的关系或以其他渠道成员取代，可能造成更严重的后果。但若存在其他有利方案时，生产厂商应对渠道成员达到某种水平设置时限，否则就将其从渠道中剔除。生产商对经销商的评估内容主要包括：汽车销售定额完成情况、平均存货水平、顾客商品送达时间、损坏的处理、对企业促销及训练方案的合作情况、货款返回情况、中间商为顾客提供的服务等。

3. 汽车分销渠道成员的冲突管理

渠道冲突是指某渠道成员意识到另一个渠道成员正在从事会损害、威胁其利益，或者以牺牲其利益为代价获取稀缺资源的活动，从而引发在他们之间的争执、敌对和报复等行为。由于渠道成员的目标、所追求的利益、对经济前景的感知不同，发生渠道冲突在所难免。

（1）渠道冲突的分类

依照不同的划分标准，渠道冲突有不同的表现形式。按渠道成员的关系类型，渠道冲突一般分为渠道内冲突和渠道间冲突两大类。

渠道内冲突是指同一分销渠道内部各成员间的冲突。这种冲突分为水平渠道冲突和垂直渠道冲突两种。水平冲突指的是同一渠道中同一层次的渠道成员之间的矛盾与冲突。这种冲突往往发生在分区域分销的渠道结构中；垂直渠道冲突是指同一渠道中不同层次渠道成员之间的冲突，如制造商与批发商、批发商与零售商之间的冲突，主要表现为零售商与批发商之间的利益冲突。

渠道间的冲突是指两种或两种以上的营销渠道之间发生的冲突。渠道间的冲突只是在使用多渠道组织形式时才会出现，因而又称“多渠道冲突”。

除此之外，按其显现程度，渠道冲突还可分为潜在冲突和现实冲突；按冲突性质，渠道冲突可分为功能性冲突和病态性冲突；按产生原因，渠道冲突可分为竞争性冲突和非竞争性冲突。

（2）渠道冲突化解策略

渠道冲突管理的目标并不是规避所有的冲突。对良性冲突要加以合理利用，促进渠道发展；对恶性冲突要给予足够的重视，预防和化解冲突，确保渠道健康、高效运作。渠道冲突化解策略大致有：

第一，销售激励。用价格折扣、数量折扣、业绩奖励等方法加强对渠道成员的激励，以具体的利益实现方式刺激渠道成员关注销售、淡化冲突，做到求同存异，在竞争中共同进步。

第二，沟通协商。用沟通协商的办法化解已经产生的冲突，寻找共同利益，规范自律行为，建立合作同盟，这是最好的解决渠道冲突、实现各方共赢的方法。

第三，优化渠道成员。果断地清理在人格、资信、规模、经营手段上存在严重问题、不遵守游戏规则、且不愿意改进的渠道成员，保证其他成员的利益。

第四，采用法律手段。通过仲裁或诉讼等手段，严肃维护合同规定的方法解决渠道冲突，是解决渠道冲突的最后选择。

4. 汽车分销渠道的改进与调整

分销渠道的改进与调整是指为了适应市场环境的变化，对企业原有的整个渠道系统或部分渠道系统加以修正和改进。主要涉及到三个层次：增加或剔除某些渠道成员；增加或减少某些分销渠道；改进整个分销系统，在所有市场创立全新的分销渠道销售其产品。通过改进或调整，使得企业的分销渠道结构层次更加合理，能够以最少的成本发挥最佳的营销功能，提高企业竞争力。

（1）增加或剔除某些渠道成员

增加或剔除某些渠道成员属于结构性调整。做这种调整需要做经济增量分析，即分析增加或剔除某些渠道成员后，对企业利润有何影响，影响程度如何，对其他经销商会有何影响。

（2）增加或减少某些分销渠道

增加或减少某些分销渠道属于功能性调整。当增减中间商不起作用时，需要考虑增减分销渠道。这样的调整也需要做系统分析。

（3）调整改进整个分销系统

调整改进整个分销系统也属于功能性调整。一般在下列情况下可考虑调整整个分销系统：分销渠道明显过时；现有分销系统与能够满足目标顾客需求与欲望的理想分销系统之间的差距太大。这种调整决策需要企业的最高管理层作出。

二、汽车厂商关系管理

汽车厂商关系管理指汽车生产厂家与中间商之间关系的管理。管理好厂商关系有助于激励中间商主动开发市场，提高销售业绩；有助于生产商准确把握市场定位，及时了解市场信息，实现企业营销目标。

国外汽车生产企业大都推崇合作融洽的厂商关系。在我国，由于历史原因，汽车生产企业到目前为止还处在相应的强势地位。但随着全球经济进入下滑周期，中国的汽车市场进入稳定增长阶段，市场环境已经发生了重大变化，原有的厂商关系模式受到挑战，改革传统营销方式、努力改善厂商关系成为汽车行业发展的当务之急。

1. 市场环境的变化需要和谐的厂商关系

（1）传统营销方式使汽车生产企业不堪重负

随着中国汽车工业发展步伐减慢，传统营销方式使汽车生产企业不堪重负，扁平化、区域化、差异化和精准化的营销模式得到了广泛推广。在这种趋势下，经销商的自主意识大大加强，营销创新成为汽车厂商必须共同面对的重大课题。

（2）多元汽车市场需要多元销售渠道

中国幅员辽阔，东西部地区在经济、历史、文化、气候和地理方面的差异性很大，汽车营销方式和渠道方式也应该有差别。另外数量众多的二三线城市和广大的农村地区是未来中国汽车市场发展的重点区域，针对这些区域应该采用有别于一线城市的营销方式和渠道，而单纯的4S店模式的渠道网络已经不能满足市场和消费者的需求。现在的消费者购车不再局限于4S实体店，便利、高效、超市型的服务方式也是不少消费者的首选。另外相对更高的整车、零配件和服务价格也是部分消费者不考虑4S店的原因。一个多元的汽车市场，需要多元的汽车销售渠道。

2. 日益强大的经销商集团期望改变现有的厂商关系

近几年来，通过兼并扩张，汽车经销商集团发展得很快。另外，一些大型的汽车经销商集团成功上市融资，进一步加强了企业的实力。随着越来越多的汽车经销商集团上市成功，经销商集团期待改变一直以来的“主仆型”厂商关系的愿望也会更加强烈。

3. 汽车厂商合作关系管理

（1）重视汽车经销商满意度

只有顾客满意，企业才能取得良好的业绩，这是一个被许多汽车生产企业重视的简单道理。但是顾客不仅仅指终端客户，授权经销商也是汽车生产商的重要顾客。他们是否满意，同样可以在很多程度上影响汽车品牌的市场地位。

根据中华全国工商业联合会汽车经销商商会在京发布的《2015汽车经销商对厂家满意度调查研究报告》，本次的调查共收集样本329份，覆盖一、二、三、四线城市，以及华北、华东、华中、华南、西南、西北和东北七个地区，并从投资回报（40%）、品牌与产品（20%）、销售管理（12%）、售后服务（10%）、商务政策（7%）、网络建设（5%）、授权合同（3%）、管理干预（3%）八大指标体系来衡量经销商对厂家的满意度。自主品牌仅在品牌与产品一项中明显低于合资品牌，授权合同一项基本持平，剩余的6项指标自主品牌均高于合资品牌。自主品牌经销商的整体满意度高于合资品牌，这对于自主品牌来说是较大的进步。

（2）平衡汽车厂商关系

汽车生产商对经销商的期望很高，主要包括利益双赢、风险共担、理念一致、资金充裕、态度积极、营销充满创意、勇于接受挑战、订货按时完成、售后服务达标、库存保持满仓、考核成绩优秀。经销商对汽车生产商的期望主要表现在权利与义务的统一上。例如，合约公正、态度平等、订货公开、服务到位、产品不要搭售、计划合乎实际、承诺及时兑现、库存合情合理、利益实现共赢、风险共同承担。厂商双方的期望有交集也有矛盾，需要双方认真协商，做好平衡。

（3）真诚改善厂商关系

面对日益激烈的市场竞争，厂商之间的策略联盟和合作关系，已经成为汽车生产商亟需重视的一件大事。

首先，汽车生产企业的商务政策应更加透明化。生产厂商应该让经销明确应该怎么做，而不是让他们猜测，从而提高经销商的工作效率。

其次，关心经销商的生存，包括他们资金和库存问题。汽车生产企业对经销商库存量要求应合理，而不是盲目要求满库，同时帮助经销商清理库存。在汽车市场低迷时，汽车生产企业应积极帮助经销商融资，帮助他们渡过难关。

第三，加强对经销商的培训。对经销商的培训在当前具有举足轻重的作用，系统专业的培训是提升企业分销渠道能力最重要的手段。经销商培训的重点应当是帮助经销商端正经营思想，建设具有战斗力的业务队伍，提升其流程执行和营销策划的能力。

第九章

汽车促销与活动策划

第一节 汽车促销

一、汽车促销

汽车促销是指汽车企业营销部门通过一定的方式，将汽车产品相关信息、购买优惠措施、购买途径等内容传递给目标用户，引起用户的购买兴趣，强化购买欲望，创造需求，促进汽车产品销售的活动。

汽车促销方式有人员推销、广告宣传、营业推广、公共关系四种。

汽车促销的作用包括：提供汽车产品信息；突出产品特点，提高竞争力；强化汽车企业的形象，巩固市场地位；刺激需求，影响用户的购买倾向，开拓市场。

二、汽车营业推广促销

1. 汽车营业推广促销概念

汽车营业推广促销也称汽车销售促进或汽车销售推广。汽车营业推广促销由一系列短期的、强刺激性的促销活动组成，是指汽车企业向汽车产品的销售人员、经销商或最终用户提供一种额外的激励或价值，其首要目的是为了在短期内引起汽车消费者对汽车产品的注意，激发消费者的购买欲望，扩大销量。

2. 汽车营业推广促销的特点

汽车营业推广促销具有如下特点：第一，汽车营业推广促销是一种非经常性的、短期的促销方式；第二，汽车营业推广促销是广告和人员推销这两种常规性、连续性促销方式的补充；第三，汽车营业推广促销的刺激性很强，效果显著。这种方式容易引起竞争者模仿，并会导致公开的相互竞争，如果长期或频繁使用，促销效果会迅速下降；第四，方法多样，不拘一格。

3. 对最终用户的促销方法

（1）服务促销

服务促销的目的是通过周到的服务，让客户满意，建立互信的关系，在愉快、信任的气氛中开展交易。主要的服务促销方式有：

第一，售前服务。对客户提供与购车相关的汽车、贷款、保险等方面的咨询服务，消除客户的疑虑；

第二，订购服务。对客户提供店内、电话、网络等多种方式的订车服务；

第三，送货服务。对不方便到销售网点提车的客户提供送货上门服务；

第四，售后服务。通过多种方式进行售后跟踪，及时了解客户用车情况，解决客户的困难；

第五，维修服务。提供日常维修、保养、特殊维修服务和24小时紧急救援服务。奔驰公司提供机场维修和保养服务，客户可以利用出差、度假的机会，在机场交付汽车，进行维修保养；

第六，供应零配件服务。维修网点提供零配件，方便客户购买；

第七，咨询服务。维修网点提供旧车回收、二手车交易、汽车性能检测、车辆租赁等方面的咨询；

第八，培训服务。对老客户和优质客户提供各种培训服务，加强企业和客户的关系。

（2）汽车分期付款与低息贷款

分期付款是用户先支付一部分购车款，其余则分期分批支付给汽车销售单位，最终买断汽车产权。目前用户可以选择银行信用卡分期付款或汽车金融公司的分期付款业务。目前上汽通用、大众、福特、丰田、奇瑞汽车等公司都有自己的汽车金融公司，可以办理各自品牌汽车的分期付款业务。

低息付款是用户先去信贷公司贷款，再用贷款购车，用户的贷款由用户和信贷公司结算，汽车销售单位在用户购车时一次收清全部购车款，信贷业务和汽车销售业务相互独立。信贷公司可以由企业、中间商或银行分别兴办，也可以由它们联合兴办。

（3）汽车租赁销售

汽车租赁销售指承租方向出租方定期交纳租金，以获得汽车使用权的一种销售方式。

对用户而言，租赁业务可使用户在资金短缺的情况下获得汽车使用权。用户使用租赁的汽车进行生产经营活动，用获得的收益在几年内分期支付租金，最终还可以用少量投资获得汽车产权，使用户避免货币贬值的风险；对我国汽车运输经营者而言，汽车租赁业务可使用户享受加速折旧、税前还贷、租金记入成本和绕过购车手续等优惠；对汽车公司而言有利于促进新车销售，有利于赚取更多利润；同时有利于满足更多喜欢新车的用户要求。

（4）汽车置换业务

汽车置换业务也称“以旧换新”销售法。这种销售方法在全球都十分流行，通常的做法是汽车公司的销售网点收购顾客的旧车，然后将公司的新车再卖给顾客，两笔业务分别结算；收购的旧车经过修整后再卖给买二手车的客户。

（5）提供赠品

购买汽车时附赠一些礼品，能够在一定程度上刺激消费者的购买欲望，如开篇案例中长安商用车公司购车赠送大礼包。

（6）提供免费试乘试驾

从理论上说，试驾是最佳的促销方法，因为试驾实际经验最能让最终用户信服。在国内，由准顾客驾驶约15-30分钟，销售人员在旁说明的试驾最为普遍；由销售人员驾驶，准顾客在旁体验、观察则称为试乘。在某些发达国家甚至允许准顾客将汽车带回家中试车，一至三天后才送回公司。试驾适用于在完成一系列营销步骤后，尚未取得实质性的进展、或顾客不能决定是否购买以及顾客的某些疑虑还没有完全打消时，以试驾的方式解决问题，进而促成营销的成功。

（7）使用奖励

汽车企业为了促进汽车销售，对使用该企业产品的优质用户给予精神和物质上的奖励。

另外，为了鼓励淘汰、更新老旧车，政府也会使用奖励措施。2011年7月，北京市环保局正式公布北京市老旧机动车淘汰更新方案，根据该方案，使用年限超过6年、未达到现行国Ⅳ排放标准的载客和载货机动车，转出或报废将获得政府补助，平均每辆车4000元。同时，置换新车还可享受企业奖励，用于冲抵车款，金额不低于政府补助。

（8）购车优惠政策

根据国家“节能产品惠民工程”节能汽车(1.6升及以下乘用车)推广实施细则，对1.6L排量以下的节能车型的补贴政策。此项政策没有地区限制，全国范围的私人购买油耗较低的车型，都能享受到3000元的政府补贴。根据《节能与新能源汽车产业发展规划2012—2020》，及2014年7月21日，国务院办公厅发布《关于加快新能源汽车推广应用的指导意见》，新能源汽车享受国家30%的车价补贴。2014年8月5日，财政部、国家税务总局、工信部联合下发《关于免征新能源汽车车辆购置税的公告》（以下简称《公告》），自2014年9月1日至2017年12月31日，对购置的新能源汽车免征车辆购置税。以上补贴，在购车时，直接在车价中扣除，由汽车销售企业统一到政府财政部门办理补贴事宜，为民众购买汽车创造更便利的条件。免征车辆购置税的新能源汽车，在交警队车辆管理所上牌上户时，无需出具《车辆购置税完税凭证》。

（9）订货会与展销会促销

订货会可以由一家企业举办或多家企业联办，或行业组织举办。订货会的主要交易方式有现货交易、样品订购交易和进出口交易中的易货贸易、以进代出贸易和补偿贸易等。

（10）折扣销售与价格保证促销

生产企业为了鼓励中间商和用户多买车，在价格上给予一定优惠，包括批量折扣、现金折扣、特价折扣和优质客户折扣等等。价格保证促销针对用户持币待购、观望徘徊的情况。汽车公司给出一个价格保证期，在保证期限内如果出现降价，用户可以去公司领取价差补助。这样就能消除用户的顾虑、打破销售僵局。这种促销方法在汽车滞销时有利于打破用户持币观望的沉闷局面，还能促使车价不下降。

（11）先试用后购买

这种方法是公司先将汽车交付用户使用，使用一段时间后，用户满意则付款购车；不满意则将车退回公司。国内汽车厂常联合汽车网站（例如网易汽车）举行先试用后购买的活动。

（12）联谊活动

汽车公司经常组织一些优秀客户举行联谊活动，在听取客户意见和反馈的同时，借机宣传新的汽车产品或服务，创造新的销售机会。

（13）竞赛与演示促销

汽车公司可以组织用户参加驾驶比赛、知识竞赛、有奖竞猜等活动，让用户加强对汽车产品的了解。演示促销通过现场展示，让客户信任产品，激发客户的购买欲望。另外汽车公司还可以举办汽车拉力赛，将竞赛和演示较好地结合起来。

4. 对中间商的促销方法

（1）购买折扣

为了鼓励中间商大批量购买本企业的汽车产品，对第一次购买数量较多的中间商给予一定折扣优惠，购买数量越多，折扣越多。折扣可以直接支付，也可从付款金额中扣除，还可以赠送商品作为折扣。中间商如果履行有利于汽车企业的付款条件（如提前付款），厂家可以在原批发价的基础上再给予一定折扣。提前付款时间越多，折扣越多。

（2）资助

汽车生产企业为中间商提供陈列车辆、支付部分广告费用和部分运费等补贴。在这种方式下，如果中间商要陈列本企业车辆，生产企业免费或低价提供陈列车辆；中间商为本企业做广告，生产企业可资助部分广告费用；为激励距离较远的中间商经销本企业车辆，可给予部分运费补贴。

（3）经销奖励

对在经销本企业产品方面成绩突出的中间商给予奖励；视长期合作情况，给予经销商一定折扣。这些做法有利于汽车生产企业和中间商建立起利益同享、风险均担的合作机制。

5. 对销售人员的促销方法

（1）销售红利

企业规定按销售额提成或所获利润提成，以激励销售人员多推销商品。

（2）推销竞赛

企业确定推销竞赛奖励方法，对成绩优良的销售人员给予奖励。奖励可以是精神奖励，如颁发奖状、奖旗或先进称号等；也可以是物质奖励，如奖品、奖金或旅游等。

（3）推销回扣

回扣是从销售额中提取出部分资金，作为销售人员销售商品的奖励或酬劳。利用回扣把销售业绩和报酬结合起来，有利于激励销售人员积极工作。

（4）职位提拔

提拔销售业绩优秀的销售人员，鼓励他们将经验传授给其他销售人员，有利于培养优秀销售员。

三、汽车人员推广促销

1. 汽车人员推广促销概念

汽车人员推广促销，简称汽车人员推销（下同），也称汽车人员促销，是一种起源最早的促销方式。它是指企业的销售人员直接与消费者进行接触和洽谈，向消费者介绍汽车产品，进而促进汽车销售的活动。

2. 汽车人员推销的特点

(1) 能促进双向信息沟通

在人员推销过程中，汽车销售人员可以了解消费者的需求，倾听他们的意见和建议，为企业改进营销管理提供决策依据。同时，汽车销售人员可以向消费者介绍汽车产品的性能、质量、售后服务和增值服务等信息。

(2) 有利于建立企业和顾客的良好关系

汽车销售人员通过和顾客的多次接触、愉快交流，首先可能建立良好的个人关系，进而让顾客喜欢汽车企业，并发挥推荐和介绍汽车企业和汽车产品的作用。

(3) 针对性强，无效劳动少

广告促销面对的受众十分广泛，有些人不会成为企业的顾客。而汽车销售人员目标较为明确，对于推销的对象有倾向性，往往可以达到推销的目的。

(4) 兼具推销和促销双重职能

由于汽车产品属于高价值、高技术含量的商品，一般消费者不会仅凭一个广告或者简单介绍就随便作出购买决定。而训练有素的汽车销售员通过为顾客展示产品，解答难题，往往能够促成销售。

人员推销当然也有缺点，主要是成本费用较高，对销售员的要求也较高。企业在决定选用人员推销时应权衡利弊，综合决策。

3. 汽车人员推销的程序

汽车人员推销过程分为以下七个阶段：

(1) 寻找顾客

顾客是企业赖以生产和发展的基础，寻找顾客是推销过程的第一步。下面是寻找顾客的一些渠道：朋友或老客户介绍、销售信函、电话、展示会、驾校、汽车俱乐部、维修厂等汽车潜在客户集中的单位或场所、车展、汽车相关的网站论坛、电子邮件直邮（DM）等。

(2) 事先准备

销售人员事先必须掌握三方面的知识：第一，产品知识，即本企业、本产品的特点、用途和功能等方面的信息和知识；第二，顾客知识，即潜在顾客的个人情况、具体顾客的生产、技术、资金情况、用户的需求和购买者的性格特点等；第三，竞争者的知识，即竞争者的能力、地位和它们的产品特点。同时还要准备好样品、说明材料，选定接近顾客的方式、访问时间和应变语言等。

(3) 接近顾客

即登门访问，与潜在顾客面对面交谈。

(4) 介绍产品

在介绍产品时要注意说明该产品可能给顾客带来的利益，要注意倾听对方发言，判断顾客的真实意图。

(5) 克服障碍

销售人员应随时准备应对不同意见。

(6) 达成交易

接近和成交是推销过程两个最困难的阶段。

(7) 售后追踪

如果销售人员希望顾客满意并重复购买，则必须坚持售后追踪。销售人员应认真执行订单中所保证的条件，例如交货期、售后服务、安装服务等。

4. 汽车人员推销的方法与技巧

(1) 推销方法

销售人员应掌握的推销方法有以下几种：

第一，试探性方法。即投石问路，进行试探；

第二，针对性方法。有的放矢地宣传、介绍和展示产品，让客户感觉销售员是自己的参谋，充分信任销售员，进而愉快成交。这种方法也称为顾问式销售；

第三，诱导性方法。通过事先设计好的鼓动性、诱惑性强的购买建议（但不是欺骗），通过恰当的氛围，诱发客户潜在的需求，然后抓紧时机介绍产品有针对性的效用，正好满足这种需求，从而诱导客户购买。

(2) 推销技巧

销售人员应掌握的推销技巧有以下几种：

第一，营造气氛。销售员与客户洽谈时，通过外形、语言、举止给客户留下良好的印象，创造和谐洽谈的气氛；

第二，巧妙进入。开始洽谈后，推销员应轻松、自然地把话题转入正题；

第三，排除障碍。销售员需要掌握排除下列障碍的技巧：一是价格障碍；二是客户异议障碍；三是客户习惯障碍；

第四，寻找理由。与客户见面要选择好的理由，并选择好见面时间、地点，以免吃“闭门羹”；

第五，抓住机会。销售员应该有抓住成交机会的技巧，能够适时成交。

小知识

吉拉德的推销技巧

美国汽车推销大王乔·吉拉德是世界上最伟大的销售员，连续12年荣登世界吉尼斯记录大全世界销售第一的宝座，他所保持的世界汽车销售纪录——连续12年平均每天销售6辆车，至今无人能破。

他认为在销售中重要的是“要给顾客放一点感情债”。有时，来的顾客会带来孩子。这时，推销大王就拿出专门为孩子们准备的漂亮的气球和味道不错的棒棒糖。他还为顾客的家人每人准备好一个精致的胸章，上面写着“我爱你”。这就是主动放债，一笔小债，一笔感情债。一般顾客会感谢他，从而建立友好洽谈的气氛。

他还有与众不同的推销观念，在他看来销售工作其实是在货物售出之后才真正开始的。因此，他每月都要送出13000千张以上的贺卡。也就是说，凡是从他那里买过一辆车的顾客，每月都会收到乔·吉拉德寄来的表示感谢的短信，这虽是小事一桩，但顾客至上、不忘朋友的诚挚之心足以使人感动。

5. 汽车销售人员的管理决策

要发现、培养和管理合格的汽车销售人员，汽车企业需要制定有效的措施和程序，加强对销售人员的招募、培训、管理和激励工作。

（1）销售人员的招募

高端管理人才、整车和零部件设计研发工程师、优秀汽车营销人员和熟练维修技工这四类人才目前属于中国汽车行业紧缺人才。汽车企业应借助多种渠道从企业外部招聘优秀营销人员。目前常用的渠道有媒体、网络、推荐、猎头、挖角、公开招聘会等。在外部招聘的同时，很多汽车企业还从内部选拔销售人员加以培养。

优秀的汽车营销人员应该符合下列要求：热爱销售岗位，忠诚于企业；态度热情，具有敏锐的洞察力；高超的语言沟通和谈判技巧；良好的产品知识、市场知识和企业知识；良好的心理素质和个人形象等。无论是外部招聘还是内部选拔，汽车企业都应按照上述要求，通过严格的考试与考查，择优录用。

（2）销售人员的培训

销售人员的培训应该围绕销售员的推销方法和技巧、职业道德与敬业精神、企业特色三个方面进行训练和教育。培训方法有讲授法、会议法、小组讨论、实例研究、角色扮演、业务模仿、示范法、自学等。

（3）销售人员的管理

销售经理对销售员的管理包括两方面的内容：管理和评价。

销售员的管理包括定额管理和自我管理。销售定额是分配给销售员在一定时间内完成的销售任务，是销售人员须努力实现的销售目标。销售定额包括四类：销售量定额、财务定额（包括费用定额、毛利定额、利润定额）、日常活动定额（包括日常拜访、吸引新客户、宣传企业的活动、产品展示、为消费者提供帮助和咨询、培养新销售员等）、综合配额（对销售量定额、日常活动定额、财务定额进行综合得出的定额）。销售员的定额管理即销售经理对上述四类销售员定额完成情况进行及时跟踪与督促管理。

销售员自我管理即销售员自己管理日常工作任务。销售员在工作中必须严格遵守公司的各项规章制度；在工作过程中不得损坏公司名誉；必须在销售政策允许范围内进行一切经营活动。销售员的工作任务包括：按时完成工作日志、工作总结、工作计划；准时参加每周销售例会；按时完成三个月滚动销售计划；积极收集并及时更新客户信息等。

评价主要根据业绩指标和客户满意度进行。业绩指标包括销售定额完成情况、新客户销售量、销售利润、资金回笼情况、负责地区市场占有率、销售服务质量等。最终评价结果分为五类：不称职型、基本不称职型、基本称职型、称职型、优秀型。

（4）销售人员的激励

企业的培训和管理是为了培养合格的员工，激励则是为了唤醒员工的热忱。

激励销售人员首先需要企业建立一整套激励机制，利用各种有效激励工具，为营造一个热心与热情并存的工作场所提供良好的开端。安利公司总裁狄维士曾经说："在这个世界上有两种东西可以激励员工，第一是美元，第二是表扬，而我们都用。"中国平安保险公司对销售人员和优秀员工的定位是：像服务客户一样服务销售人员，像对待英雄一样对待优秀员工。

按照马斯洛的需求五层次理论，人的需求是多层次的，所以企业销售主管和经理应该根据个人的工作性质和需求确定合理的激励方式（如表9-1-1）。

表9-1-1 需求层次与销售人员激励措施

需求层次	激励因素	激励措施
生理	食物 住所	工作报酬 物质待遇 工作条件
安全	安全 保障 胜任 稳定	安全的工作条件 稳定的收入
归属友爱	志同道合 爱护关心 友谊	人性化的管理 公司的关怀 同事的友谊
尊重	承认 地位	工作职称 上级、同事认可 表彰 赋予责任
自我实现	成长 成就 提升	挑战性的工作 创造性 在组织的提升 事业的成就感

四、汽车广告与宣传促销

1. 广告

（1）广告的概念

广告，简单地说就是广而告之。广义的广告，不仅包括各种商业性广告，也包括政府部门的通知、公告、声明及各类启事等。狭义的广告，指传播有关商品或服务信息的手段。对广告的定义有各种版本。美国市场营销协会定义委员会（AMA）对广告的解释是："广告是由明确的广告主在付费的基础上，采用非人际传播方式对其观念、商品或服务进行的介绍、宣传活动"；广告法中的广告的定义是："商品经营者或服务提供者承担费用，通过一定媒介和形式直接或间接介绍自己所推销的商品或所提供的服务"。根据广告的定义，广告由三个部分组成：广告主体、广告媒体和广告信息。广告包括以下几个特征：主体是企业；通过一定的媒介形式传播；是以群体为对象而进行的信息沟通；内容是商品或服务；有计划有目的地传递某种信息；需要支付费用。

（2）广告的作用

广告的作用包括介绍产品，传递信息；刺激消费，扩大产品销售；树立企业形象，维持或扩大企业产品的市场占有率。

（3）汽车广告的形式

按广告内容划分，汽车广告分为产品广告和品牌广告。汽车产品广告指汽车企业借助传播媒体，把汽车产品在功能、造型、品牌、商标和售后服务等方面的特点以恰当的形式、有选择地传递给目标用户，以提高他们的价值感受，激发他们的购买欲望。汽车品牌广告指汽车企业通过传播媒体，传播企业在企业理念、行为、结构和标志等方面的相关信息，以提升产品品牌知名度和美誉度，树立企业形象，间接促进产品销售。很多情况下，汽车产品广告和品牌广告是紧密结合的。例如，不少汽车广告中，既宣传汽车的技术参数，如发动机排量、最大功率、加速时间等，又突出展示产品的品牌标识。

按广告目的划分，汽车广告分为告知性广告、说服性广告和提示性广告。告知性广告主要用于汽车新产品上市的导入期，旨在为汽车产品建立市场需求。说服性广告主要用于成长期，目的在于建立对某一特定汽车品牌的选择性需求。提示性广告用于汽车产品的成熟期，目的是保持消费者对该汽车产品的记忆。

按广告媒体划分广告形式分为：印刷广告（报纸、杂志广告）、电子广告（广播、电视、网络、短信广告等）、流动广告（电梯、公交、地铁、飞机广告等）、邮政广告、户外广告、实物广告（在展览会、机场、购物中心的展车、试乘试驾车辆、车模等）、包装广告等。

（4）汽车广告策略

广告决策除了上述的媒体选择以外，还应决策以下内容：广告目标的选择、广告与产品生命周期的关系、广告定位策略、广告创意与设计、广告时间决策。

① 广告目标的选择

首先，应对企业营销目标、产品、定价和销售渠道策略加以综合分析，以便明确广告在整体营销组合中应完成的任务和达到的目标。其次，要对目标市场进行分析，使广告目标具体化。广告目标的具体内容包括：促进沟通，并明确沟通的程度；提高产品知名度，帮助顾客认识、理解产品；建立需求偏好和品牌偏好；促进购买、增加销售，达到一定的市场占有率和销量。

② 广告与产品生命周期的关系

产品所处生命周期不同，广告的形式和目标应有所差异。处于导入期和成长期的产品，广告重点是向目标用户介绍产品、灌输理念、提高产品知名度和可信度，以获得目标用户的认可、激发购买欲望。对处于成熟期的产品，广告重点是创名牌、提高声誉，指导目标用户选择，说服用户，争夺市场。对处于衰退期的产品，广告以维护用户的需要为主，企业应适当压缩广告的费用。

③ 广告定位策略

广告定位策略包括广告的实体定位策略、目标市场定位策略和心理定位策略。

广告的实体定位策略就是在广告中突出介绍产品本身的特点，主要包括功能定位、质量定位和价格定位，确立何种市场竞争地位，在目标客户心目中塑造何种形象，使广告达到最佳效果，如奥迪汽车突出创新科技的运用，捷豹跑车突出靓丽、动感的外观和强劲的动力。

目标市场定位策略就是使广告传播更有针对性。精心设计广告，使之符合目标市场的年龄、文化、习俗、传统习惯等。例如，儿童食品广告中的人物角色一般选择卡通人物、同龄儿童，而不是成人，广告用语比成人食品广告更加口语化，更简单易懂。

心理定位策略主要包括正向定位、逆向定位和是非定位三种方法。正向定位是正面宣传本产品的优点；逆向定位是唤起用户的同情与支持；是非定位则强调自己与竞争者的不同之处。

④ 广告创意与设计

广告创意与设计就是设计创作广告的内容和形式，要求立意独特新颖，形式生动活泼，广告词琅琅上口、容易记忆，宣传重点要突出。例如，别克车的广告语“心静，思远，志在千里；有空间，就有可能”；奥迪车的广告语“突破科技、启迪未来；引领时代；科技与成功互辉映”。

⑤ 广告时间决策

广告在不同时间宣传会有不同的促销效果，这一决策包括什么时间做广告和什么时刻做广告。前者指企业根据整体市场营销策略决定在什么时间段做广告；是集中时间做广告还是分散时间做广告；是做季节性广告还是节假日广告等。后者指具体在哪一个时刻做广告，比如，电视广告是在黄金档播出，还是其他时间播出，是否冠名某个电视栏目等。

2. 宣传

宣传有广义和狭义之分。广义的宣传包括广告，狭义的宣传则是那些无须支付金钱和物质，因而难以控制内容的信息传播形式，如新闻报道、文艺作品等。

宣传能影响用户对企业或产品的印象，促进或阻碍用户购买产品或服务。

汽车宣传的形式包括新闻宣传和文艺宣传。

新闻宣传就是企业借助新闻报道的形式来传播企业和产品信息，提高产品和企业信誉，并最终促进汽车销售的宣传形式。新闻宣传作为一种汽车行业营销方式，可借助时下受大家关注的新闻提高汽车品牌的社会知名度、促进汽车的销量。在不断推出的新闻报道中镶嵌进汽车产品的信息，这种镶嵌要自然，促使目标群体产生购买汽车的意愿。汽车企业将新闻与产品恰到好处的融合也会提升产品的权威性与公信力，进一步加大消费者购买汽车产品的欲望。

文艺宣传就是企业借助文艺作品或文艺活动的形式，传播产品和企业信息，提高产品和企业信誉，并最终促进汽车销售的宣传形式。文艺宣传是新闻宣传的发展。一般来说文学作品（诗歌、散文、小说、纪实文学、报告文学等）和艺术作品（电视、电影、歌曲、舞蹈、摄影、美术等）都可以作为宣传的工具。

五、汽车公共关系促销

公共关系是指汽车企业在个人、公司、政府机构或其他组织间传递消息，以改善公众态度的政策和活动。公共关系不仅是指汽车产品的公共宣传，还包括树立汽车企业的形象、汽车产品的品牌形象。

1. 公共关系的作用

第一，建立知晓度。公共关系利用直接的人际接触和媒体宣传，吸引公众对汽车产品的兴趣；

第二，树立可信性。公共关系可通过社论性的报道来传播信息以增加可信性；

第三，激励促销人员和经销商。公共关系有助于提高促销人员和经销商的积极性。新车投放市场前先加以公共宣传，有助于经销商把新车推销给顾客；

第四，降低促销成本。企业进行公共关系活动时，也要利用大众媒体，如报纸、期刊、电视、广播等，但与进行广告活动还是有区别的。公共关系活动的宣传一般不用付费，是一种“制造新闻”的行为，但企业做广告，需要付费，是有偿的促销行为。

2. 公共关系促销特点

公共关系活动有以下特点：

（1）公共关系活动范围广泛

公共关系活动不但要面向企业产品和服务的直接消费者和客户，而且还要面向虽不直接购买企业产品和服务、但同企业的经营活动有密切联系的公众，如媒体、社区居民、政府机构、金融机构、职工、股东等。

（2）企业整体形象提升是公共关系活动的核心

企业开展公共关系活动一般不是针对企业的某一种产品或服务，而是针对整个企业的形象和信誉。通过公共关系活动，企业要宣传的是企业的历史、现状、未来、经营方针和目标，其直接目的是使公众对企业产生信任感和依赖感，从而为企业战胜竞争对手打下良好的社会基础。

（3）公众接受度高

因为公共关系活动是借助第三方媒体宣传，使公众感到客观、真实，对企业的信任度也随之提高。

（4）长期性

公共关系活动的直接目的是树立良好的企业形象、提高企业信誉、建立企业市场竞争的形象优势。这个目标不是一朝一夕就能达到的，需要企业公共关系部门付出坚持不懈的努力。

3. 公共关系促销的工具

汽车企业公共关系促销可以采用的工具主要有公开出版物、公关事件、新闻传播、公关演讲、公益活动、形象识别媒介等。公开出版物包括汽车公司的年度报告、公司商业信件、报纸、汽车杂志等；公关事件包括记者招待会、研讨会、展览会、竞赛、运动会等；新闻传播是指公关部门制造对产品有利的新闻，并争取媒体录用新闻稿，如举办产品发布会；公关演讲是指公关部人员或公司领导充满激情的演讲能提升汽车公司和汽车产品的知名度，大力推动汽车销售；公益活动包括在发生自然灾害时的赈灾捐款、捐物，向某些公益事业的捐赠等；形象识别媒介是指通过一些持久性的媒介（广告标识、业务名片、公司建筑物、制服等）创造一个公众能迅速辨识的企业视觉形象，赢得消费者的注意。

六、汽车企业形象促销

1. 汽车企业形象

汽车企业形象是社会公众对汽车企业的一切活动及其表现的总体印象和评价。评价主体是汽车企业，评价者是社会公众。社会公众包括一般公众（内部员工、所在地居民、消费者、相关媒体接受者）和机构公众（政府、金融机构、媒体、社会团体、销售商、供应商）。

2. 企业形象整体系统

企业形象整体系统也称为企业形象识别系统（corporate identity system，CIS），即由一个企业区别于其他企业的标志和特征所形成的系统。树立企业形象系统的目的是在社会公众心目中占据特定位置，进而树立独特的形象。

3. 企业形象要素

企业形象要素包括无形要素（企业理念、企业制度、企业信誉、员工素质）和有形要素（产品形象、环境形象、业绩形象、社会形象、员工形象）。

4. CIS构成要素

CIS系统包括三个构成要素，分别是理念识别（MI）、行为识别（BI）、和视觉识别系统（VI），其中CIS系统的核心是MI。

5. 良好企业形象的作用

树立良好企业形象对企业内部管理和对外经营都有很重要的作用。在内部管理方面的作用包括：有利于企业文化的建设；有利于增强企业实力；有利于企业多角化、集团化、国际化经营。在对外经营方面的作用包括：有利于企业生产经营资源的增长；有利于获得消费者的认同，扩大产品销售能力；有利于企业公共关系的处理。

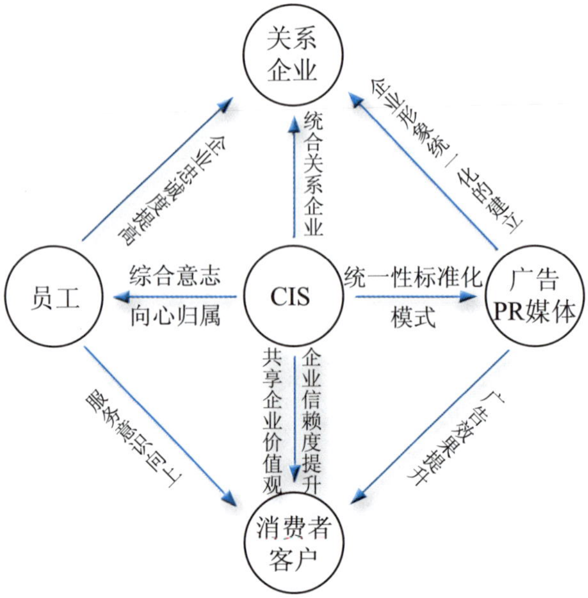

图9-1-1 CIS的作用

如图9-1-1所示，CIS在市场营销方面，有助于汽车企业整体包装和推广；有助于树立企业形象、吸引人才、激励员工士气，便于内部管理；有助于节约促销费用，提高广告效果；有助于树立企业独特的品牌形象，方便消费者辨认和记忆，提高产品的市场竞争力，促进销售。

七、汽车促销组合

汽车促销组合是企业根据汽车产品的特点和企业营销目标，在综合分析各种影响因素的基础上，对各种促销方式进行选择、编配和组合运用。

1. 综合使用促销组合

促销方式有人员推销、广告宣传、公共关系和销售促进四种。企业在实际运用时，往往同时使用两三种甚至四种促销方式，以期达到最佳效果。

小知识

全国劳动模范、甘肃兰州汽车运输公司的张军榜驾驶的一台解放牌底盘改装客车，行驶110万公里无大修，成绩优异。长春第一汽车制造厂便邀请他回一趟“娘家”。张军榜驾驶这辆汽车，途经六省一市，行程3000公里，于1984年3月赶到长春，受到长春第一汽车制造厂的热烈欢迎。第一汽车制造厂向张军榜颁发了模范用户证书，赠送他一部新型解放牌汽车，让他试用，这件事成为一大新闻，在《羊城晚报》和吉林省几家报纸上都刊登了出来。

上述案例中长春第一汽车制造厂运用了公共关系、广告与宣传、营业推广等几种促销手段。这是对促销组合的巧妙运用。张军榜开车途经六省一市，做了广告；赠给他的新型汽车又采用了营业推广方式；此事也加强了汽车厂与用户的关系，是建立良好公众关系的手段之一；多家报纸报道这一事情，为解放汽车做了义务宣传。

2. 促销的推动和拉引策略

促销策略从总的指导思想上可分为推动策略（Push Strategy）与拉引策略（Pull Strategy）。

（1）推动策略

推动策略是一种传统销售策略，是指汽车企业以人员促销和销售促进为主，首先争取中间商的支持、合作，将汽车产品推销给总经销商或批发商，利用中间商的力量再将新的汽车产品或服务推向市场、推向用户。推动策略一般适合于：单位价值较高的产品；性能复杂、需要示范的产品；根据用户需求特点设计的产品；流通环节较少，流通渠道较短的产品；市场比较集中的产品等。同时要求汽车制造企业与中间商对汽车新产品或服务的市场前景看法基本一致、双方合作意愿较强。相比拉引策略，推动策略对汽车制造企业而言，推销周期短、资金回收快，但前提条件是中间商愿意合作。

（2）拉引策略

拉引策略是以市场为导向的销售策略，是指汽车企业（或中间商）针对最终用户，利用广告、公共关系、汽车企业形象促销等促销方式，激发客户需求；经过反复激烈的刺激，汽车用户将向中间商购买汽车产品，这样中间商必然向制造企业要货，从而把汽车产品引入销售渠道（如图9-1-2）。

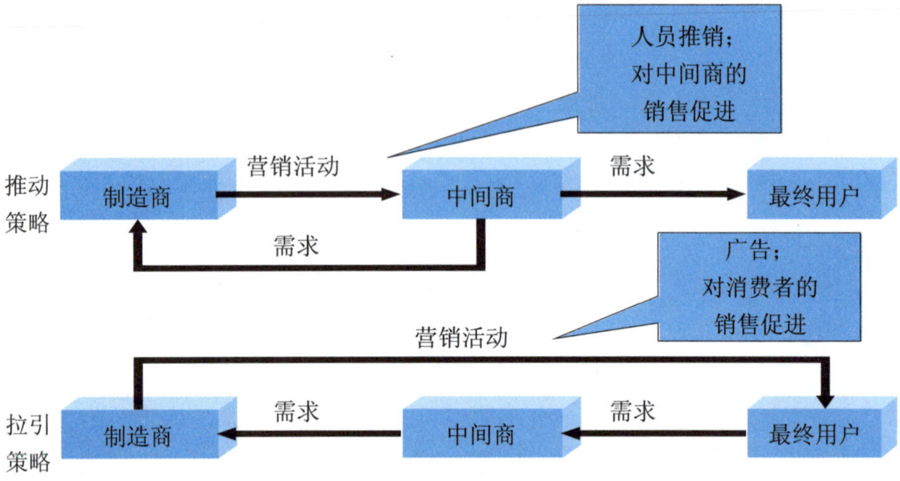

图9-1-2 促销策略图

在通常情况下，企业可以把上述两种策略综合运用，即在向中间商进行大力促销的同时，通过大量广告刺激市场需求，这比单独运用一种策略更为有效。

3. 明确的促销目标

确定最佳促销组合需要考虑促销目标，促销目标不同，促销组合也应该不同。如果促销目标是为了提高汽车品牌的知名度，那么，汽车促销组合重点应该放在广告和销售促进上，辅之以公共关系宣传；如果汽车促销目标是为了让用户了解产品的性能和使用方法，那么，汽车促销组合应该采用适量的广告、大量的人员促销和销售促进；如果汽车促销目标是立即取得某种汽车产品的促销效果，那么重点应该是销售促进、人员促销，并安排一些广告。

4. 考虑产品因素

（1）产品性质

汽车产品种类繁多，轿车目前作为大众、耐用消费品，主要用于私人用车；卡车和客车作为工业品，主要用于生产经营。对不同产品性质的汽车，应该采用不同促销组合（如图9-1-3）。

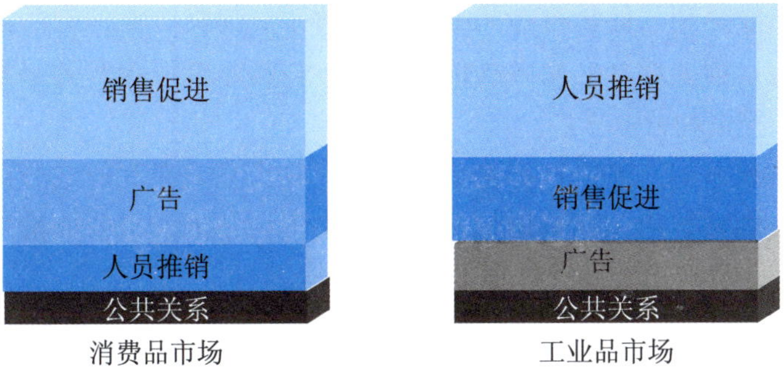

图9-1-3 不同产品性质的不同促销组合

（2）产品档次

不同产品档次的汽车应采用不同的促销组合策略。一般来说，广告是各种档次汽车促销的主要工具；而人员促销则是中低档汽车的主要促销方式；销售促进是中高档汽车的主要促销工具。

（3）产品生命周期

汽车产品所处产品生命周期不同，促销目标也不同，因而要采用不同的促销组合（如表9-1-2）。

表9-1-2 产品生命周期与促销方式

产品生命周期 \ 促销选择	首选	次选	再次选
导入期	广告	营业推广	人员推销
成长期	广告、公共关系	人员推销	营业推广
成熟期	广告、公共关系	人员推销	营业推广
衰退期	营业推广	人员推销	公共关系

在产品导入期，多数用户对汽车产品不了解，促销目标是使用户了解汽车产品。促销方式的首选是用广告向用户介绍新产品。次选是营业推广（销售促进），如参加展销会、订货会、演示促销等。另外可以采用人员推销，派促销人员深入特定的用户群，详细介绍产品。

在产品成长期，促销目标是提高市场占有率、吸引用户购买，促销方式的首选是广告和公共关系，再考虑采用人员推销和营业推广。

在产品成熟期，促销目标是战胜竞争对手、提高企业和产品的声誉、巩固市场地位，需要综合运用各种促销方式。以提示性广告和公共关系为主，并辅以人员推销和营业推广。

在产品衰退期，促销目标是集中人力、物力到最有利的细分市场和销售渠道，降低销售费用，尽量增加利润，择机退出市场。以营业推广为主，辅以人员推销和公共关系。

5. 研究市场性质

市场性质包括市场规模、地理因素、市场类型等。规模大、地域广阔的汽车市场，应该以广告促销为主，辅以公共关系促销；规模小、地域狭小的汽车市场，应该以人员推销（人员促销）为主，辅以广告促销；消费者数量多，但是分布零散的汽车市场，应该以广告促销为主，辅以营业推广促销（销售促进）和公共关系促销；消费者数量少，但是购买量大的汽车市场，应以人员推销为主，辅以营业推广促销和广告促销（如图9-1-4）。

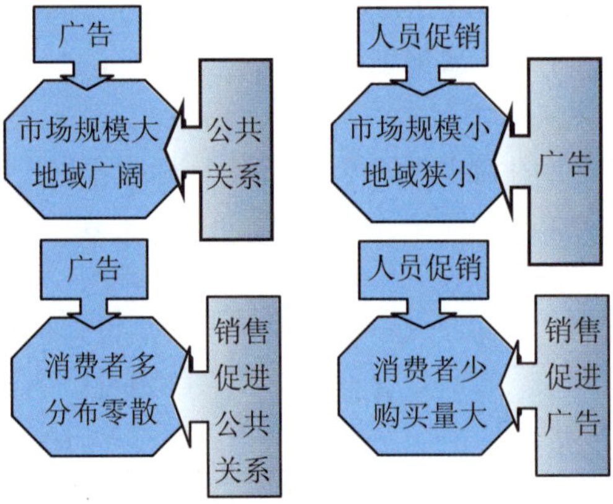

图9-1-4 不同性质市场的促销策略

6. 考虑促销预算

根据现代产品促销观念，人员推销和营业推广（销售促进）两种促销策略属于推动策略，而广告宣传、公共关系属于拉引策略。采用推动策略需要的经费相对采用拉引策略大。汽车企业考虑采用何种推销策略时，应该考虑促销预算情况，量力而行。

第二节　汽车促销活动策划

一、汽车营销策划

汽车营销策划是指汽车企业根据企业营销整体战略、企业内部人力、财力和物力条件以及外部市场环境情况，制定市场营销目标，设计构思和组合市场营销的产品、价格、促销和分销等因素，高效率地将汽车产品和汽车服务推向目标市场的操作程序。

1. 汽车营销策划的特点

汽车营销策划服务于企业目标，以“为了企业更好地生存和发展”为目标。汽车营销策划有以下特点：

（1）商业性

营销策划的目的是为了给企业带来销量和利润，而不是艺术创造。上海大众汽车公司赞助2014年索契冬奥会，保证品牌高度出镜率。这一举措在提升企业形象的同时，让众多乘坐该款出租车的游客亲身感受了大众车辆的乘坐舒适性、安全性。索契冬奥会结束后，大众车作为家庭用车，其销量持续上升，这和前面的营销创意不无关系。

（2）创新性

营销策划是解决营销过程中某一领域、某一问题的创意思维，是一种智力密集型的活动。营销策划的魅力在于创新，创新决定了营销策划的有效性。

（3）时效性

营销策划的一个重要特点就是时效性。以往效果很好的营销策划案例到了现在就不一定好用。例如，英菲尼迪2014年赞助《爸爸去哪儿》获得成功，但如果2015年继续冠名，营销效果不一定有2014年好。

（4）综合性

市场营销学本身就是综合了哲学、数学、经济学、行为学、社会学、心理学等学科的精华而形成的跨学科性质的学科。而营销策划更是在市场营销学基础上集战略、文学、美学、心理学之大成。国内外很多知名营销策划家都是知识结构宽、阅历丰富、学习能力强的人。综合性也对营销策划人员提出了更高的要求，要求营销策划人员是通才、杂家，具有全面而广泛的能力。

(5) 灵活性

营销策划的灵活性是由营销活动面临环境的复杂性、多变性决定的。常言说“商场如战场”，市场环境瞬息万变，如果营销策划不具有灵活性、适应性，必然会出现失误。营销策划的灵活性是指在营销策划的过程中，必须注意将策划方案的整体方向性和方案具体细节的灵活性相结合，对方案中不可预测性较强的环节要特别指出，多准备几套应对方案备用。同时随着市场环境的变化以及影响市场的各种客观因素的变化，应不断调整方案的进程，保证方案的执行。

(6) 可行性

可行性指能够经过努力而实现。那些叫好不叫座、无法实现的创意都不是真正的营销策划。

2. 汽车营销策划的方法

(1) 头脑风暴法

头脑风暴法于1939年由奥斯本首先提出，是指采用会议的形式（如专家会议）在专家会议进行时，策划人要充分说明策划的主题，并提供必要的相关信息，创造一个自由的空间，让专家充分表达自己的观点。参会人数不宜过多，一般5-12人比较合适，会议时间应适中。

这种策划方法对策划人的组织能力、民主作风和指导艺术要求较高，要求策划人能抓住策划主题，善于调节讨论气氛，调动与会专家的兴奋点，从而更好地发掘专家的智慧。

(2) 德尔菲法

德尔菲法是20世纪60年代美国兰德公司首创。德尔菲法采用函询的方式或电话、网络的方式，反复咨询专家们的建议，然后由策划者作出统计，如果结果不趋向一致，就再征询专家，直到得出比较统一的方案。

这种方法的优点是专家们互不见面，不会产生权威压力，因此，可以自由充分地发表自己的意见，从而得出比较客观的策划方案。

运用这种策划方法要求专家具备与策划主题相关的专业知识，熟悉市场的情况，精通策划的业务操作。专家意见得出结果后，策划人需要对结果进行统计处理。

(3) 创意法

创意法指策划人通过收集有关产品、市场、消费者的信息，进而对材料进行综合分析、思考，大胆想象，往往在不经意间得到创意。创意法要求策划人具备一定策划功底，具有渊博的专业知识。

(4) 灰色系统法

系统是两个或两个以上要素所构成的具有特定功能的有机整体。根据信息的清晰程度，系统可以分为白色系统、灰色系统和黑色系统。白色系统指信息完全清晰可见的系统；黑色系统指信息完全未知的系统；灰色系统指信息部分已知、部分未知的系统。

营销策划过程中，大量存在的是灰色系统。灰色系统法即利用已知的行为结果来推断行为的原因或未来不确定的行为。

3. 汽车营销策划的创意

(1) 衡量创意的三个要素

对营销策划人员而言，在策划过程中获得优秀的、有价值的创意，是他们追求的目标。一般而言，创意是否有价值、是否优秀可以从三个方面衡量：独创性、影响力和持续性。

独创性是衡量创意是否有价值的首要标准。对已有策划的机械模仿或拼凑不能称为创意。

影响力指创意对大众影响的深度和广度。优秀的创意总能以极强的震撼力和感染力来影响大众；反之，曲高和寡、缺乏影响力的创意没有任何意义。

有些策划者费尽周折才形成一个策划方案、一个创意，实施周期却只有短短几天，这样的创意，不但投入产出不成正比，而且影响力极其有限。

(2) 创意思维所需的能力与素质

要成功地进行营销策划的创意，需要策划者具备以下素质与能力：

第一，敢于冒险的精神。由于创意思维是一种创造性的活动，没有现成的答案可供选择或参考，这就需要创意者自己去尝试、去探索、去发现。如果没有敢于开拓、敢于冒险的精神，策划者不会抓住机会，就难以进行成功的创意策划；

第二，开放的心态。创意思维本身就是创新的过程，只有保持开放的心态，不断接触新思想、新观念并从中汲取营养，才能有创造性思维产生。例如，比亚迪能从手机电池制造商转型成既造电池又造传统汽车和新能源汽车的综合制造企业，与策划者观念的更新和转变密不可分；

第三，极强的好奇心。有好奇心，才能产生兴趣；有了兴趣，才能孜孜不倦地追求。好奇心是创意者发现问题、解决问题的动力；

第四，灵活思考的能力。创意的过程是复杂的，只有善于多角度思考，得出的策划方案才能是完善的、成熟的；

第五，丰富的想象力。丰富的想象能够拓宽创意的思路。正是由于想象力的发挥，创意者把许多看似不可能的事变成了现实；

第六，敏锐的观察力。许多优秀创意都是创意者细心观察的结果。在创意过程中，要想有好的思路和方案，创意者必须有敏锐的观察能力；

第七，娴熟的表达能力。再好的创意也要用恰当、有效的方式表达出来，否则不能取得预期的创意效果。这就要求创意者拥有良好的思维表达能力，同时善于灵活运用各种表达方法和技巧。很多有创意的汽车广告，其广告用语恰到好处地突出了产品或品牌特点。如一汽大众宝来的广告语“驾驶者之车、超越平凡”突出了宝来车操控性好的特点。

（3）创意思维的培养

上述能力和素质与创意者的思维素质和水平密切相关。要提高思维素质和水平，努力培养创意思维，可从以下几个方面着手：

第一，深入体验生活。生活是创意的源泉，要提高思维素质和水平，首先要深入生活，仔细观察、体会。要深入观察和体验生活，创意者可以通过“五看法”来实现，即一看卖场、二看广告、三看标识、四看包装、五看标签。通过“五看”，创意者才能有效、全面地了解市场信息，把握市场走势，在此基础上构思出来的创意方案才能贴近消费者的实际需求、满足消费者的欲望；

第二，培养广泛的兴趣。有了广泛的兴趣，人们才能对问题进行关注和思考，才能探索和发现，这些正是人类创造性思维形成和发生的过程。另外，兴趣的培养也有利于提高创意人员的审美能力和欣赏水平。审美能力是创意者不可或缺的能力之一，有了它，才能产生既有创造性又有美感的创意策划方案；

第三，注重知识积累和储备。如前所述，营销策划过程中，大量存在的是灰色系统，需要策划者利用已知的行为结果来推断行为的原因或未来不确定的行为。如果策划者不具备一定的理论知识，对于复杂的问题要作出合乎理性与逻辑的推断是不可能的。因此，在日常生活中，营销策划人员要广泛涉猎各种知识，并注重知识的积累和储备。下图9-2-1是营销策划人员的知识结构图；

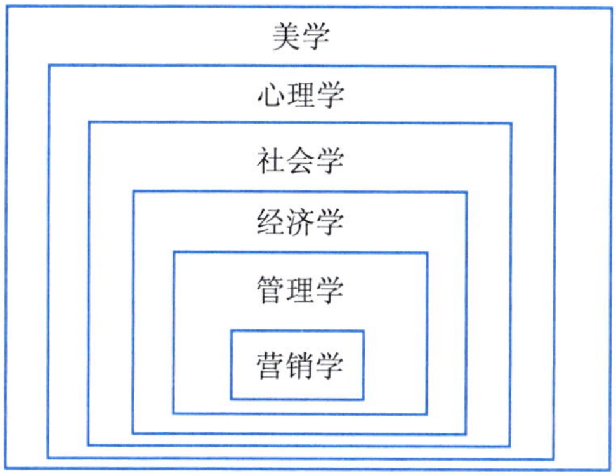

图9-2-1 营销策划人员的知识结构图

第四，磨练意志。在创意营销策划过程中，必然会遇到困难与挫折，只有迎难而上，勇于探索，不惧失败，创意人员的思想才能得到磨练，变得更加成熟。因此，营销策划人员在培养创意思维的过程中，必须注意加强个人意志力和品格的磨练。

4. 汽车营销策划的流程

汽车营销策划的流程由七个环节组成（如图9-2-2）。

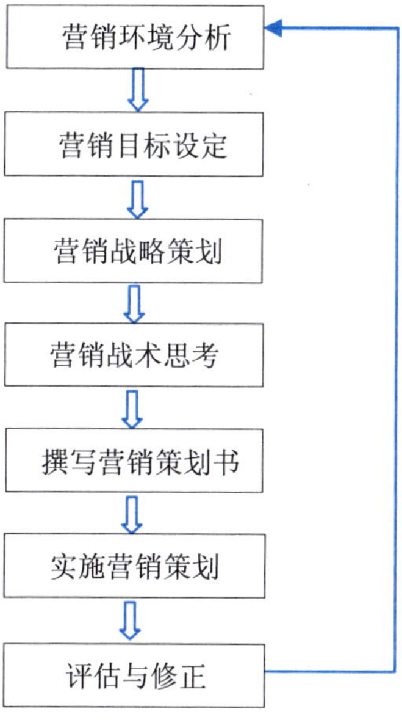

图9-2-2 汽车营销策划的流程

（1）营销环境分析

环境分析指企业营销策划者通过调查和分析企业外部环境和内部条件，从而确定外部市场机会和威胁以及企业自身的优势和劣势，明确企业目前所处位置的一种方法。

（2）营销目标设定

在完成了环境分析后，下一步就是确定营销目标。营销目标的设定应遵循SMART原则，即具体（specific）、可衡量（measurable）、可操作（attainable）、现实性（relevant）和时限性（time-bound）。

值得一提的是营销目标的设定应当基于一定假设。所有公司在营销目标设定前不得不作出一定假设，而这些假设是营销策划能否成功的主要决定因素。一般而言，假设与实际情况符合程度越高，营销策划的成功率就越高。

（3）营销战略策划

营销战略策划从企业整体框架的角度勾画出企业如何达到营销目标。营销战略策划主要包括市场细分、目标市场策略和目标市场定位，即市场营销中的STP活动。

（4）营销战术思考

企业根据营销战略制定一系列营销方案，包括产品策划、价格策划、分销策划、促销策划、品牌策划等等。需要注意的是营销战术中可利用的因素很多，企业不能仅仅局限于4P，即产品、价格、分销和促销。

（5）撰写营销策划书

营销策划书是营销策划活动的主要成果，也是企业进行营销活动的书面行动计划。营销策划书的写作水平高低直接影响营销策划方案的有效表达，从而影响市场营销决策。

营销策划书可以帮助营销策划人员整理信息，全面、系统地思考企业面临的营销问题；帮助营销策划人员与企业高层决策者进行沟通；帮助企业决策者判断营销方案的可行性；帮助营销策划者更有效地实施营销策划管理活动。

（6）实施营销策划

实施营销策划即企业根据营销策划方案的要求，合理分配企业的各种资源，处理好企业内外部各种关系，高效组织和实施，把营销策划方案转化为具体行动的过程。

（7）评估与修正

营销策划的评估即把现实得到的结果与策划方案的预期目标进行比较，

并对营销策划实施的效果进行评价。营销策划的修正则是在发现营销策划的实施效果不理想时，对造成不利影响的因素加以修正，以期营销策划实施的结果能达到策划者所期望的目标。

5. 汽车营销策划书的撰写

（1）撰写要点

撰写营销策划书时应该涉及以下要点：

① 明确策划目的

明确策划目的就是营销策划书应该明确营销策划要达到的目标和执行意义。

② 企业环境分析

营销策划书应该清晰地分析企业所处的微观环境（当前市场状况、未来市场前景、竞争对手等）、宏观环境（国家的政策、法规等）、产品生命周期特征、公司营销侧重点、营销策略的效果等。

③ 市场因素分析

市场影响因素分析就是分析影响市场的不可控因素，如宏观政治环境、经济环境、消费者收入、消费者心理、消费者结构等。

④ 市场机会分析

找准市场机会，营销策划才能成功。所以策划书应当分析市场机会与风险、企业的优势与劣势，从优势中找问题，从劣势中找机会，发掘市场潜力，把握和利用市场机会。

⑤ 营销目标确定

营销策划书既要选择营销战略目标（企业生存、最大当期利润、市场份额最大化、最大市场撇脂、产品质量最优化等），也要确定具体目标（销售额、利润额、市场占有率、毛利率、回款率、战略周期、战略阶段等）。

⑥ 营销战略思考

营销战略包括营销宗旨、营销策略、市场定位、渠道拓展等。

⑦ 广告宣传计划

广告宣传包括广告宣传的原则、媒体选择、实施步骤等。

⑧ 组织实施计划

营销策划书需要考虑销售队伍的组织、工作日程进度表的制定。

⑨ 编制费用预算

根据安排的营销策略中将花费的各种费用项目，对营销策划方案的费用进行科学合理的预算。

⑩ 控制应变措施

由于环境的不确定性，任何计划在实施过程难免会遇到一些不可预期的风险，如外汇风险、政策风险、竞争风险、市场风险等。因此，在策划方案中应该考虑相应的应变措施。这属于策划方案的补充部分。

（2）内容构成

营销策划书一般包括下列内容：

① 封面

封面包括策划书的提出对象、提出者、提出时间以及题目。

② 前言

前言包括策划目标和基本方法。

③ 目录

目录包括策划书各部分的标题。

④ 策划流程

策划流程包括策划的背景、策划的目的及现状分析。

⑤ 策划概要

策划概要包括策划的目标、策划的内容、创意及策划的细节。

⑥ 正文

正文包括：营销策划目的；市场状况分析、宏观环境分析、产品分析、竞争者分析、消费者分析；市场机会与问题分析；确定具体营销方案；产品定位和4P安排。

⑦ 工作顺序与条件

包括计划日程表、预算、收支、人员分配、场地安排、物资准备、相关活动等。

⑧ 结束语

结束语是策划案的简要小结，同时提出执行本策划案应注意的问题。

⑨ 附录

附录是资料附件，包括策划案涉及的主要资料及参考资料、数据来源。

（3）书写营销策划书的技巧

要完成一份优秀的营销策划书，仅仅掌握其结构要求还不行。还需要掌握一些写作技巧，主要体现在以下三个方面：

① 结构完整、层次清晰

书写营销策划书，需要综合运用市场营销的理论知识，所以要写出一份结构完整、层次清晰的营销策划书，需要对市场营销理论的知识结构了然于胸。市场营销理论其实也很简单，可以用三个词概括其主要知识体系，即环境分析、战略制定、策略组合。用英文字母缩写标示为：SWOT、STP、4P。策划书的撰写者理清营销理论的知识结构，对其完成一份出色的营销策划书大有益处。

② 主线明确、战略统领

营销策划书应该有个明确的主线，也就是要明确策划目标。为了更好地运用这一技巧，在策划书中应使用一些重点符号、特殊版式、不同字体或字号，以强调突出策划案的主要观点，让阅读者能够准确把握策划主线。

③ 图表丰富、分析深入

策划书的审核者和最终使用者（企业）对策划书最基本的要求就是简明扼要、分析透彻。要达到企业的这一要求，最佳方式就是用图表说话。所以在策划书中应该使用丰富的图表。但需注意的是，图表虽然能使策划书简洁明快，但图表无法反映一些深层次的问题，需要策划书编写者在使用图表时辅以必要的分析说明，分析得越深入，可信度就越高。

二、汽车促销活动策划

1. 汽车促销活动策划基础

促销的实质是一种信息传播、沟通行为，传播的效力和效率受到消费者知觉过程的影响。汽车促销策划是促进汽车销售增长的一系列策略制定和实施活动。

汽车促销活动策划流程分为六个步骤：

（1）促销调查

促销调查，指对影响企业促销活动的有关资料进行收集、整理，分析企业促销的外部环境和内部状况，目的是为促销决策提供依据，是促销策略设计的重要基础工作。

第一，资料来源。资料有原始资料和二手资料两种。原始资料就是通过实地调查获取的第一手信息；二手资料是为了其他目的已经搜集到的信息。原始资料准确、具体、有更强的时效性和针对性，是企业制定促销策略的重要参考。二手资料的搜集通常在正式调研活动之前完成，这种资料的搜集具有成本低、功效大的特点。

第二，调查方法。对原始资料的收集方法有观察法、询问法和实验法。询问法包括调查问卷法、专家调查法；实验法包括简单时间序列实验、重复时间序列实验、前后控制组分析、阶乘设计、拉丁方格设计等方法。

(2) 确定促销目标

企业促销目标应该与企业整体营销目标相契合。促销目标可以是对于市场或财务等经济效益性质目标的描述，如扩大市场份额、提高产品接受程度、增加销售额，也可以是对企业形象等目标的描述。促销目标可以划分为两类：企业在不同时期的促销目标和企业对不同对象的促销目标。企业在不同时期的促销目标是根据产品生命周期所处阶段或销售所处淡旺季确定的促销目标。企业对不同对象的促销目标是企业分别针对消费者、中间商和销售人员确定的促销目标。

(3) 选择促销工具组合与方法

选择促销工具组合需要综合考虑产品因素（产品性质、产品档次、产品生命周期）、市场性质（市场规模、地理因素、市场类型）和促销预算。

(4) 具体活动的策划

在具体活动的策划阶段，要分别制定广告策划、公关宣传策划、营业推广（销售促进）策划、人员推销（人员推广）策划等策划方案，并制定促销费用预算计划。

广告策划包括广告创意确定、广告媒体选择、广告发布节奏选择等内容。

公关宣传策划包括选择何种宣传方式，采用什么方法使新闻媒体能准确、及时地宣传企业促销信息。

营业推广策划包括确定促销范围、促销时机、激励规模、参与条件、促销时间、促销媒介等。

常用的促销费用预算方法有以下四种：

第一，量入为出法，即根据企业的财力来安排促销经费。这种方法易于操作，但是忽视了促销对销售的影响，计划性较差；

第二，销售百分比法。具体有两种做法：方法一是根据上一年度销售额的某一百分比决定促销预算；方法二是根据下一年的预测销售额的某一百分比决定促销预算；

第三，竞争对等法。根据竞争对手的促销费用来决定本企业的促销预算。这种方法要求了解竞争者的促销预算，企业与竞争者之间类似性高，另外，企业是竞争追随者而非领导者；

第四，目标任务法，即首先确定促销目标以及实现目标所需的具体任务，再确定完成这些任务所需的经费。这种方法在实际操作时比较困难。

(5) 促销计划的实施与控制

实施促销计划必须抓好前期准备、中期操作和后期跟进工作。

前期准备主要包括人员安排、物资准备、实验准备。人员安排方面要做到“人人有事做，事事有人管”。物资准备要做到事无巨细都罗列清楚，万无一失。实验准备指需要采取一些市场实验，判断促销工具的选择是否正确、刺激强度是否合适。常用的市场实验方法可以是搜集调查表、询问消费者或在特定区域实施促销方案。

中期操作主要包括促销活动开展时的控制，如对参加人员作出纪律约束。另外促销活动实施过程中还应及时对促销范围、强度和重点进行调整，保持对促销活动的实时控制。

后期跟进主要是媒体宣传的问题。例如，选择何种媒体宣传、以什么方式宣传。

(6) 促销效果评估

在促销策划方案实施之后，管理者和策划者要对方案的实施效果进行评估。评估的对象是实施促销方案后实际产生的业绩效果。促销效果评价方法有主观评估法和客观评估法两类。

客观评估法是以企业经营的实际指标反映方案的实施效果。这些指标包括销售指标和成本指标。通过销售指标进行分析，是最常用的方法。客观评估法科学性较强，但是没有考虑顾客心理和市场环境变化对促销策划实施效果的影响，因此，单独采用客观评估法还不能准确反映策划实施的实际情况。

主观评估法是通过对消费者的调查，考察消费者对于促销活动的直接或间接反应，考查顾客心理和市场环境变化对促销策划实施效果的影响，从而克服客观评估法的缺陷。具体的主观评估法包括：直接观察消费者对促销活动的反应、对消费者抽样调查。

2、汽车路演活动策划

汽车路演活动是包括新闻发布会、产品发布会、产品上市预售会、产品展示、产品试用、优惠热卖、以旧换新、现场咨询、填表抽奖、礼品派送、有奖问答、卡拉OK比赛、文艺表演、游戏比赛等多项内容的现场活动。不同的汽车厂商，品牌知名度、成熟度以及消费者心理不一样，路演也采取不同的方式。

在销售淡季，汽车厂家为保销量，更是不惜重金赴各地做品牌推广，举办各种路演活动以扩大品牌的影响力，推动汽车的销售。从目前的消费者购买汽车行为因素来看，现场看车试车仍然为主要购车手段，所以通过路演活动，让消费者近距离体验汽车性能，对于促进销售有着重要意义。

下面以汽车新产品上市发布会策划为例，说明汽车路演活动策划的要点。汽车新产品上市发布会策划一般应包括以下工作：

（1）明确活动背景

掌握新车特点、上市时间、上市发布地点等准确信息。

（2）确定活动目的

明确召开新车发布会是为了宣传产品，推广品牌文化，通过媒体发布新车上市信息以吸引潜在客户注意，还是兼而有之。

（3）确立活动主题

根据上市车型特色，确定新车发布会的主题。如在某地举行的全新梅赛德斯-奔驰SLK级敞篷跑车上市发布会的主题是“美学杰作，为激情而生”。

（4）制定活动概况

明确活动时间、活动地点、主要活动环节、参与人员等。

（5）突出活动亮点

确定新车发布会中最能吸引嘉宾眼球的活动环节。

（6）选择活动分场地

选择展厅、露台、草坪、高尔夫球场等作为活动分场地。

（7）设计主要活动环节

围绕活动主题，通过精心设计主要活动环节，突出活动亮点。

（8）完成前期准备

前期准备工作包括活动场地实地调查、准备路演车、展具（拦河、刀旗、灯柱、资料架、信息牌、电视座、凉伞与桌子、车台 、接待台、指示牌等）、活动道具、邀请函等。

（9）确定应急预案

完成现场安全工作布置，落实电力供应保障措施，制定天气变化的应对方案等工作。

小知识 汽车路演的由来

路演源于证券业，最初指证券发行商发行证券前针对机构投资者的推介活动。现在，包括汽车行业在内的其他行业也纷纷效仿证券业的路演方式来宣传推广企业的产品或服务，通过和消费者面对面的交流来宣传、推广产品。

第十章
汽车营销企业管理概要

第一节 汽车营销企业管理

一、汽车营销企业管理

管理就是通过计划、组织、领导、控制等活动来协调人力、物力和财力等资源，以期有效率地实现组织目标的过程。

1. 企业管理的四大基本职能

计划、组织、领导、控制是企业管理的四大基本职能。它们之间相辅相成，缺一不可，离开任何一个职能，管理活动都无法实现。计划职能为企业管理活动提供了方向，组织职能为管理活动提供了良好的组织基础，领导是管理活动疏通的纽带，控制为计划的顺利实施提供了有效的保障。

（1）计划职能

“凡事预则立，不预则废”。计划工作是实现企业目标的有效手段。计划有名词和动词两层含义：计划作为名词来讲，是对企业组织未来一段时期内活动的内容、方向以及方式、方法的预测和安排处理；计划作为动词来讲，是管理者为了达成既定的目标而制定行动方针的过程。狭义的计划实际上就是指计划的制定过程，而广义的计划除了计划的制定外，还包括计划的执行和控制过程。

（2）组织职能

管理的计划职能为企业确定了具体的目标，并对目标的实现作出了具体的规划。为了使企业顺利有效地实现目标，就必须设计和维持一种结构，这个结构在很大程度上决定了企业的计划能否得以实现。另外，为了实现企业的计划还需要进行一些组织活动，如进行合理的分工和协作、建立良好的沟通渠道等，也就是说这里的组织职能具有名词和动词双重含义。

（3）领导职能

在管理的四大职能中，领导职能是实现组织目标的关键，是连接计划、组织、控制等各职能的纽带。领导也有名词和动词之分：名词是指领导者；动词是指领导活动。

领导与管理的区别：

第一，从工作的主体方面看，领导是管理的一部分。这句话具有两层含义：一是领导活动是管理活动的一部分；二是领导者是管理者的一部分；

第二，从工作的客体方面看，领导的对象一般是人，而管理的对象既可以是人，也可以是物、财产等生产要素；

第三，从工作的手段和方法来看，管理包括计划、组织、控制、领导等工作，而领导则主要是制定方针、安排人事、协调工作等；

第四，从行为的影响力看，领导者并不一定是管理者。领导是一种无形的影响力，在非正式组织中也可能存在领导者，而他却没有组织赋予的权力和职位。同时，管理者也不一定是领导者，领导的本质是组织成员的追随和服从，而不是由组织赋予的权力和职位而产生的约束力。

(4) 控制职能

管理的控制职能为计划顺利进行提供了有效的保障。它存在于管理活动的整个过程中，不仅维持了其他管理活动的正常进行，也在必要时通过采取相应行动，纠正其他管理活动。

控制有三种类型（如图10-1-1）。

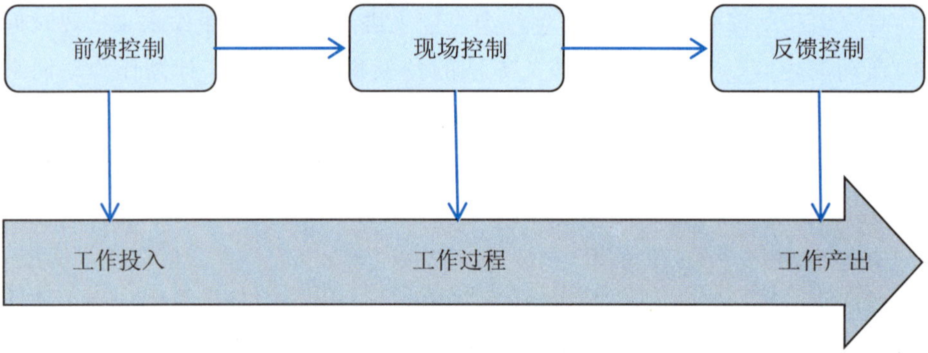

图10-1-1 管理控制的三种类型

前馈控制又叫事前控制，是一种预防性控制的方法。它是在计划活动开始之前，对各种环境和干扰作出估计，提前做好各种预防性措施，以减少计划实施过程中出现的偏差，保证预期计划得以实现。

现场控制是指在某项活动或者工作过程中，管理者在现场对正在进行的活动或行为给予必要的指导、监督，以保证活动和行为按照规定的程序和要求进行的管理活动。

反馈控制是指管理人员分析以前的工作的执行结果，将它与控制标准相比较，发现偏差所在并找出原因，拟定纠正措施以防止偏差发展或继续存在。

2. 企业管理的原则

（1）实事求是原则

企业所制定的相关规范、制度应当根据本企业的实际发展情况来决定，制定出符合本企业特殊情况的管理规范。同时，所制定的管理规范必须经过管理实践的检验，证明其确实符合客观的发展规律和企业的实际情况，能够确实地给企业带来实际的管理效果，方可组织实施。

（2）领导和群众相结合的原则

任何的管理规范和管理原则都需要企业的全体员工共同遵守和执行。因此，所制定的管理规范既要反映企业领导者的实际管理经验，又要充分听取员工的意见，这样的管理规范才能落实到位，顺利实施。否则管理规范就会成为空中楼阁，仅仅成为一种口号，无法得到群众的支持，那么所制定的管理规范也变得毫无意义。

（3）系统、全面、统一原则

系统是指各项管理规范要相互呼应，相互配套，形成统一体系。全面是指企业经营管理活动中所涉及的所有工作、所有岗位都应有其相应的管理规范，做到有章可循、有法可依。统一是指企业经营管理活动的各项管理规范必须相互协调、方向一致，避免同一件事情根据不同的管理规范产生不同的管理结果。

（4）职务、责任、权限、利益相一致

职务是前提，责任是核心，权限是条件，利益是动力，四者缺一不可，必须相互一致。避免权责不对等、有权无责、有责无权、空头职务等现象。

（5）繁简适度、通俗易懂原则

企业的管理规范应当尽可能详尽明确，有关项目不能有遗漏和含糊之处，各项指标和要求尽可能量化。并且做到简单明了，通俗易懂，使执行者容易理解、掌握和执行。切勿一味追求行文之美而降低实际的使用价值。

二、汽车营销企业组织管理

1. 组织的含义

在管理学中，组织具有名词和动词双重含义：组织作为名词来讲，是指

由两个或两个以上的人为实现共同目标而组成的有机整体；组织作为动词来讲，是指为了实现组织的目标对组织的资源进行制度化的安排。

（1）正式组织和非正式组织

正式组织是为了实现组织的目标而建立的组织。正式组织有组织存在的目的和组织工作程序等一系列的组织规则，同时组织内容存在着正式分工，具有固定的信息传递渠道。

正式组织的特点包括：正式组织的目标是具体的；正式组织的权利具有强制性服从的特点，并且还有正统性、合法性和稳定性的特点；正式组织的结构一般具有层级性；正式组织的信息沟通渠道由组织的规章提供。

非正式组织是个人与社会的一种社会关系网络的体现，这种关系网络并不由法定的权利机构或组织机构建立，是人们在人际交往中自发形成的一种组织形式。任何正式组织结构中都存在着非正式组织。

非正式组织具有以下特征：具有牢固的感情纽带，具有自然形成的核心人物，具有不稳定性，组织成员之间具有较高的行为一致性和较强的群体意识，而这些行为和意识并没有制度化的规定，而是成员之间相互影响自发形成的。

（2）重视非正式组织

非正式组织在满足人们心理和情感的需要上，比正式组织更具有优越性，而且非正式组织形式灵活，涉及范围广，几乎正式组织中的所有成员都以某种非正式组织的成员形式存在。非正式组织在正式组织中具有巨大的影响。在管理活动中应该充分重视非正式组织的重要性，合理利用和疏导非正式组织，使其对正式组织产生促进作用，发挥辅助功能。

2. 组织结构设计的原则

设计一个良好的组织结构，必须遵循一些原则：

（1）目标一致性原则

组织结构的设计和组织形式的选择必须以有利于组织目标的实现为原则，任何一个正式组织都有其明确的目标，组织中的任何个体都应与组织的目标相联系，组织设计或调整都应以是否有利于组织目标的实现为标准，并以此标准确定组织结构、设定职务、配备人员。

（2）专业化分工与协作原则

一个良好的组织结构应该能充分体现专业化的分工和相互之间的协调。一般情况下，一个组织的分工越细，专业化水平越高，权责越明确，工作效率也越高，但过细的分工会导致组织结构增多、相互之间沟通和协作困难。

如果一个组织分工较粗，组织机构将减少，管理、协调和沟通工作方便，但会造成专业化水平降低、权责不明确、工作效率降低等问题。因此，在组织设计时，应根据组织目标的需要确定合理的分工，设立合理的组织机构，充分发挥专业化分工和相互协作的作用。

(3) 管理幅度和管理层次原则

管理幅度是指管理人员能有效监督、指挥其直接下属的人数。它与管理人员本身的素质、工作环境和实际的管理工作复杂度有关。管理层次是指组织中职位等级的数目，它与管理幅度、组织规模和业务关系的复杂度有关。一般情况下，管理幅度越大，管理层次越少，管理幅度越小，管理层次越多。

(4) 统一指挥原则

一个下级只接受一个上级的指挥和领导，只向一个上级负责。上级不能越级指挥。

(5) 权责对等原则

组织赋予的权利必须与其所要承担的职责相对应，既要明确每一个部门和个人的职责，也要给予其履行相关职责所需要的权利。避免“有权无责”、“有责无权”的情况。

(6) 集权与分权原则

恰当地使用集权和分权，在企业初创时期，可以倾向使用集权，而当组织发展到一定程度时应以分权为主，给予下属更多的空间进行自主发挥，保证组织的灵活性和适应性。

(7) 精简高效原则

在满足组织目标所要求的业务活动需要的前提下，尽可能地减少管理层次，精简机构和人员，提高管理效率。

(8) 稳定性和适应性相结合原则

组织结构既要有相对的稳定性，不要轻易变动，又要根据环境的变化和组织的目标进行适时调整，以保证组织的适应性。

(9) 因事设职、人尽其用相结合的原则

组织设计的根本目的是有效地保证组织目标的实现，因此应遵循“事事有人做”、“人人有事做”的原则，因事设职，人尽其用。

3. 汽车营销企业组织的主要形式

(1) 直线型组织结构

直线型的组织结构是一种比较简单的组织结构形式，常见于小型的企业中。它的特点是组织中的各种职务垂直排列，各级主管人员对所属下属拥有直接管辖权，每一个下属只接受一个直接上级的命令，只向一个直接上级报告（如图10-1-2）。

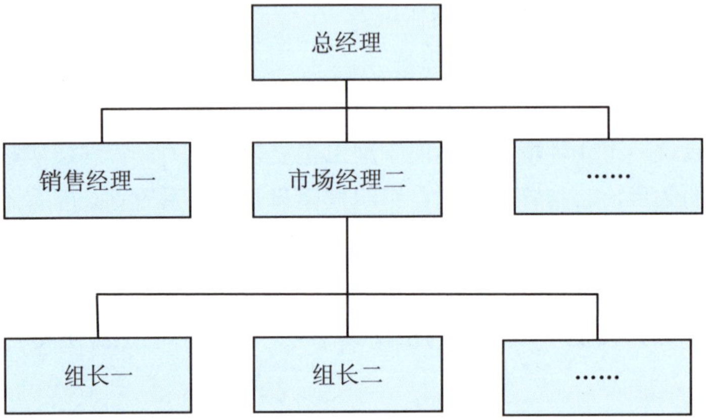

图10-1-2 直线型组织结构

该组织结构的优点是结构简单、权责分明，权利集中，可以保证统一指挥和集中管理。而缺点是没有进行管理分工，对中层管理者要求较高，各部门之间相互独立，假如部门之间沟通不畅，容易形成部门主义风气。

（2）职能型组织结构

职能型组织结构的特点是根据组织中的职能划分部门，分别管理组织中相应职能的业务，各职能部门在自己的业务范围内，有权向下级发布命令和指示，直接指挥下属（如图10-1-3）。

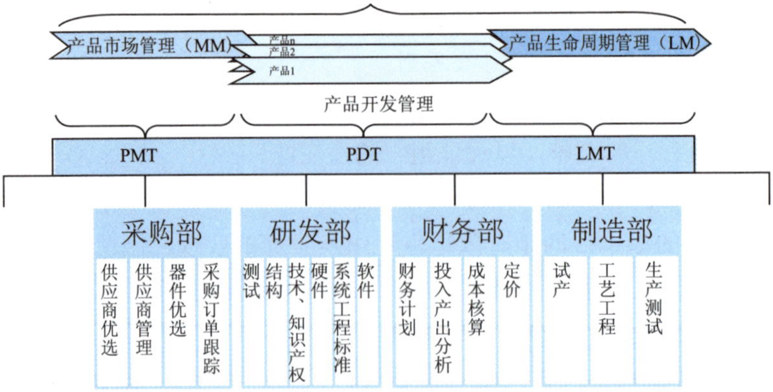

图10-1-3 职能型组织结构

职能型组织结构的优点是分工较细，能够发挥职能部门的专业优势，减轻管理人员的负担。缺点是破坏了统一指挥的原则，造成“多头领导，多头指挥”的局面。

(3) 直线—职能型组织结构

直线—职能型组织结构是指在组织的内部既设置纵向的直线指挥系统，同时又设置横向的职能管理系统。它将直线结构和职能结构的优点结合了起来，既保证了组织的统一指挥，又加强了专业化的管理（如图10-1-4）。

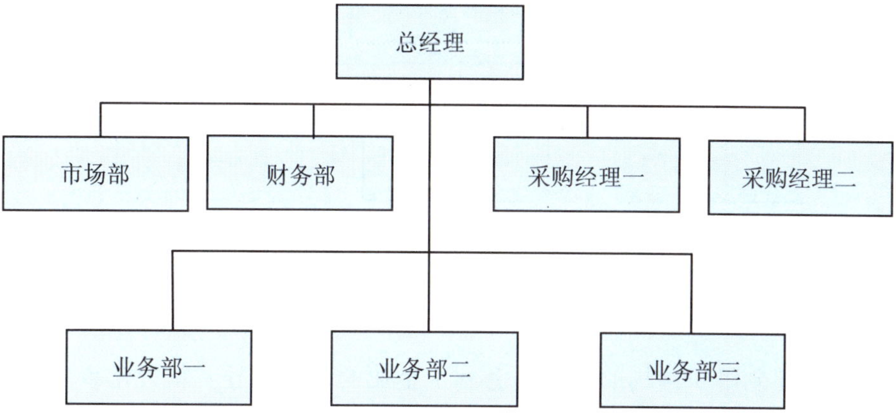

图10-1-4 直线—职能型组织结构

直线—职能型组织结构的优点是指挥权集中、决策迅速、分工明细、职责清楚，既减少了直线管理人员的负担，又可以充分发挥职能部门的作用。缺点是直线部门与职能部门之间目标不易统一，增加了协调的难度，组织中需要更多的“多面手”管理人才，由于分工较细，规则较多，而导致反应慢，适应性差。

(4) 事业部制结构

事业部制组织结构是在直线职能制的框架基础上，设置独立核算、自主经营的事业部，在总公司的领导下，统一决策、分散经营，是一种分权化的体制。建立事业部制的组织结构需要具备独立的市场、独立的经营利益和独立的经营自主权三个基本要素。通常按产品、顾客或地域划分事业部（如图10-1-5）。

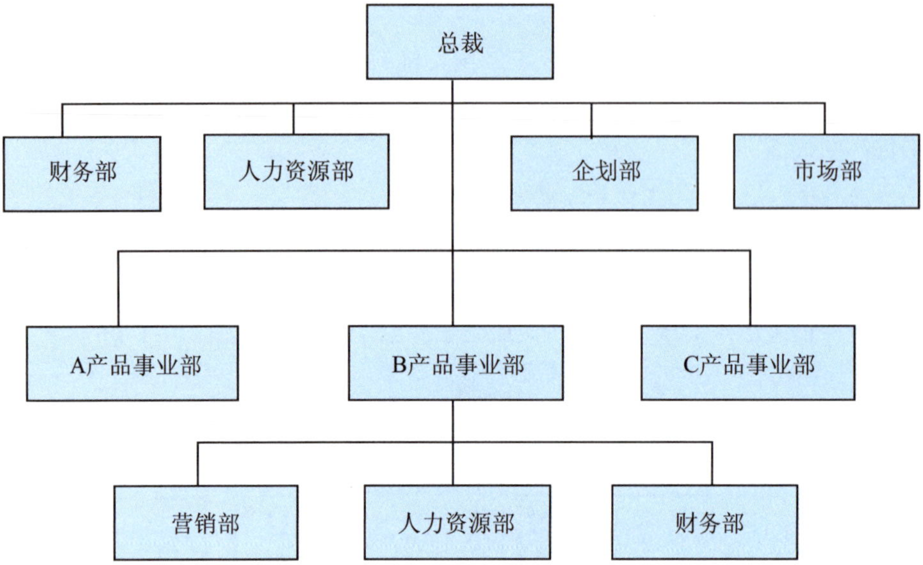

图10-1-5 事业部制组织结构

事业部制组织结构的优点是有利于企业的高层领导者从日常事务中脱身，集中精力做好战略决策，制定企业的长远计划。每个事业部都有自己相对独立的利润中心和责任中心，有利于事业部之间形成竞争，增强企业内部活力。缺点是总部和事业部机构部分职能重叠，提高了管理费用，降低了工作效率，事业部之间横向联系较差，部门之间协调配合较难，容易产生本位主义，各事业部往往只考虑自己的利益，而忽视了企业整体利益。

（5）矩阵型结构

矩阵型组织结构是按职能划分的纵向指挥与按项目组成的横向系统相结合而成的组织（如图10-1-6）。

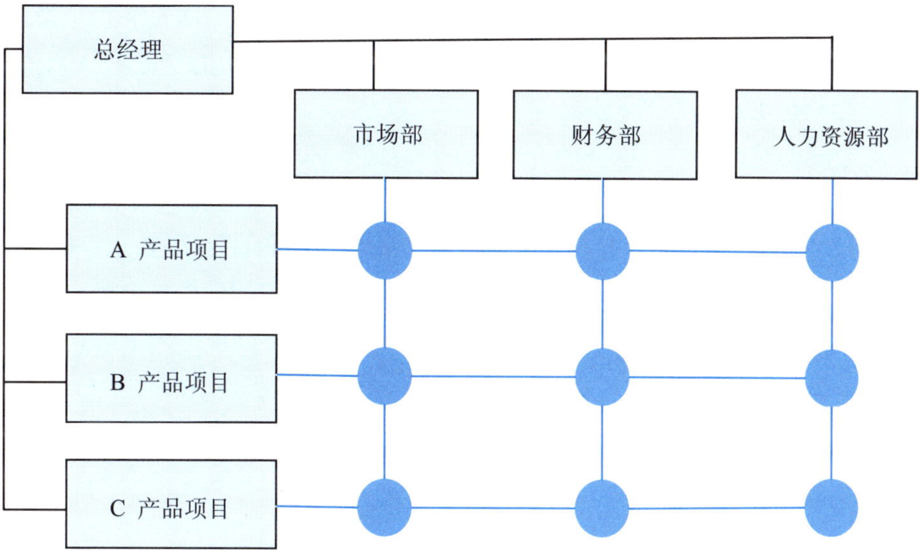

图10-1-6 矩阵型组织结构

矩阵型组织结构打破了传统的单一领导、统一指挥的形式，加强了管理部门之间的联系和配合，有利于信息沟通和共同决策，提高了工作效率。通过把不同专业知识、不同经验的人员组织在一起，成为产品项目工作小组，激发了员工的积极性和创造性，提高了技术水平和管理水平，使组织更具有灵活性和机动性。缺点是由于双重领导，导致权责不明确，员工之间容易推卸责任，项目小组的成员不固定，容易出现交流、沟通不够的问题，不利于工作的开展。

三、汽车营销企业目标计划管理

1. 目标管理

（1）目标管理的概念

目标管理是组织的最高层领导根据组织面临的形势和需要，制订出一定时期内组织经营活动所要达到的总目标，然后层层落实，要求下属各部门主管人员以及每个员工根据上级制订的目标和措施，形成一个目标体系，并把目标的完成情况作为考核的依据。目标管理使组织中的管理人员和员工亲自参加目标的制定，在工作中实行自我控制，是一种“管理中的管理”。

(2) 企业目标管理体系的内容

企业的目标管理可以概括为一个中心、三个阶段、四个环节和八项主要工作。一个中心是以目标为中心统筹安排工作；三个阶段是计划、执行和检查总结；四个环节是确定目标、目标展开、目标实施和目标考核；八项工作是计划阶段的论证决策、协商分解和定责授权，执行阶段的咨询指导、调节平衡，检查阶段的考评结果、实施奖惩、总结经验（如图10-1-7）。

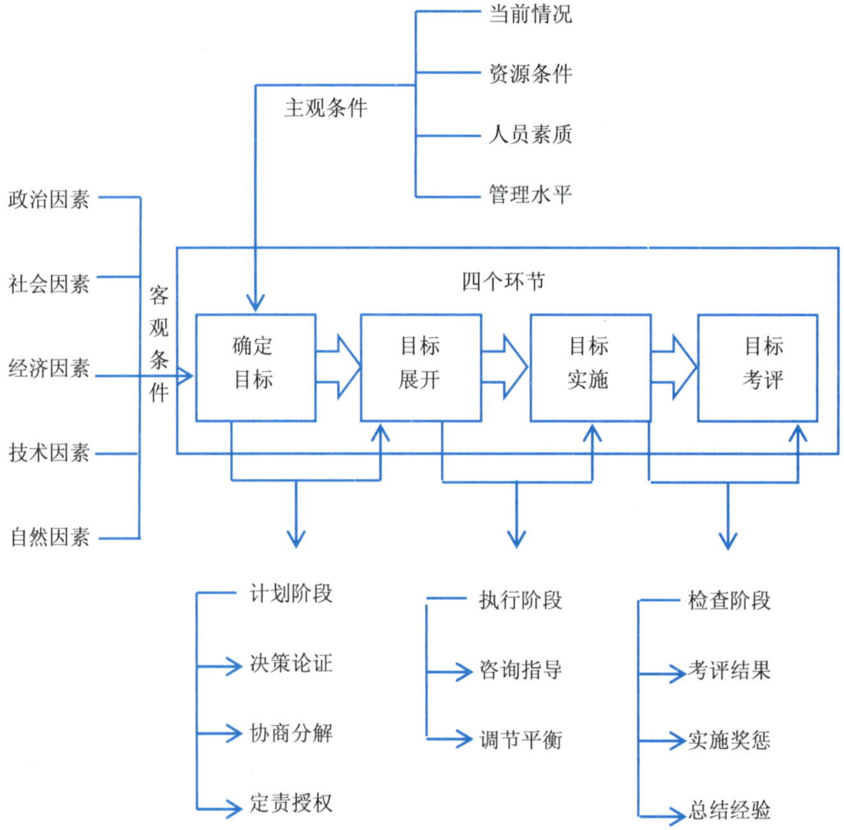

图10-1-7 企业目标管理体系图

(3) 企业目标管理的SMART原则

企业目标管理遵循SMART原则（如图10-1-8）。

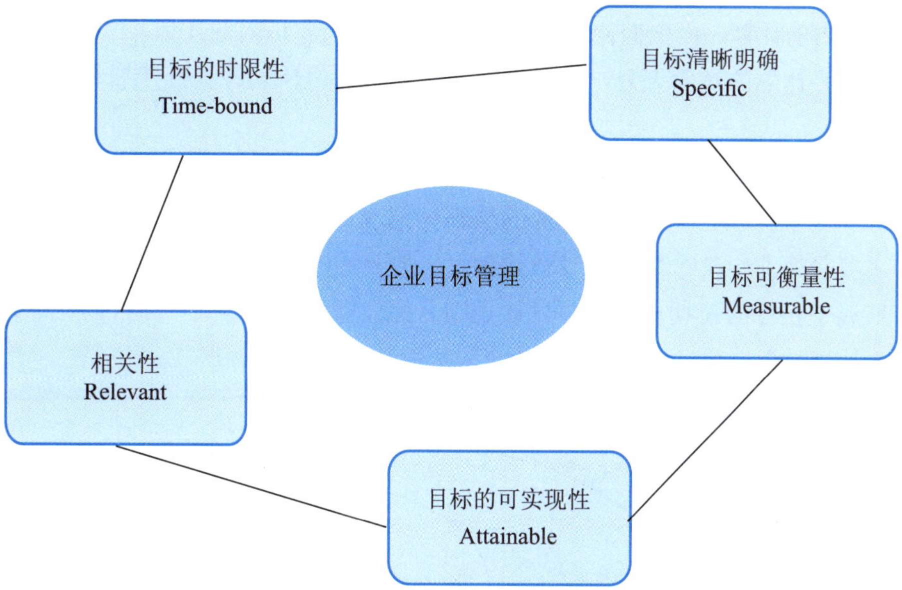

图10-1-8 企业目标管理体系图

2. 计划管理

(1) 计划管理的内容

企业计划管理的内容包括：根据有关指令和信息组织相关人员编制各种计划，协助和督促相关执行单位落实计划任务、组织实施计划、保证计划的顺利完成；利用各种统计方法检查计划执行的情况，对完成的计划进行考核，评价计划完成情况；当计划执行过程中的环境发生变化时，及时对原计划进行调整，使原先制定的计划具有一定的适应性和灵活性。

(2) 计划的分类

按照计划的广度来分，可分为战略计划和战术计划。

战略计划是企业的一种指导性计划，它对企业组织在未来很长一段时间内的总的战略构想和发展目标做出了规划，是一种企业层面的计划。具有全局性、指导性和长远性的特点。

战术计划是战略计划的具体细化，是在战略计划的大局内，为实现企业的战略目标而做出的具体的计划，是一种组织层面的计划。具有局部性、指令性和一次性的特点。

按照计划的时间长短分，可分为长期计划、中期计划和短期计划。

一般来说，长期计划是指时间超过五年以上的计划，短期计划是时间在一年以内的计划，而中期计划是时间在一年以上五年以内的计划。

按照计划的对象来分，可分为综合计划、部门计划、项目计划和个人计划。

综合计划是关系到整个企业或企业中多个部门的计划，它一般具有多个目标和多个内容。一般一个企业的战略计划或长期计划是综合计划。部门计划主要是企业中某个部门的具体计划，一般是综合计划的子计划。部门计划一般属于企业的短期计划。项目计划则是部门计划中具体某一项目的计划。个人计划是根据项目计划所制定的个人短期计划（如图10-1-9）。

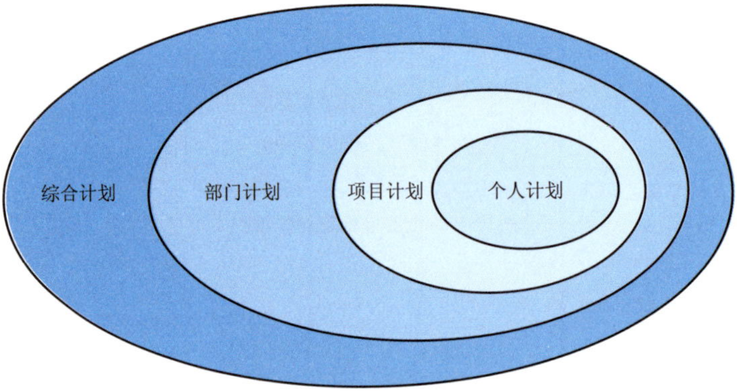

图10-1-9 计划关系图

按照计划的明确程度，可分为指令性计划和指导性计划。

指令性计划一般是由上级下达给下级的明确的执行性计划，它规定了下级所必须执行的任务和执行的结果，具有刚性的约束力。指导性计划是由上级根据计划作出总的指导原则，由下级根据指导原则自行选择执行的方法，具有较大的灵活性。

按照计划的重复性，可分为程序性计划和非程序性计划。

程序性计划是指对一些例行的、重复性出现的活动所作的计划，如产品的生产计划，主要用来解决常发性问题。非程序性计划是对一些不重复出现的经营管理活动所作出的计划，如新产品开发计划以及专项计划等。

四、汽车营销企业财务管理

1. 财务管理的概念

财务管理是组织企业财务活动、处理企业财务关系的经济管理工作。它以价值的形式对企业的经营活动进行综合管理，利用资金、成本费用、收入利润等价值形式反映企业经济活动中的劳动占用量、劳动消耗量和劳动成果，进而反映出企业经济效益的好坏。

2. 财务管理的内容

财务管理的主要工作内容包括以下几个方面：

(1) 资金的筹集

资金的筹集是企业财务管理的基本工作，也是财务管理的起点。资金是一个企业的命脉，产品的生产、采购、市场推广以及人才的引进等都需要资金的支持。一般来说，企业的资金来源有两个方面：一是企业自有资金；二是企业外来资金。

(2) 资金的运用

企业资金的运用主要包括资金的投放、占用和资金的耗费。企业一方面用筹集的资金进行产品经营、房屋租赁和建造、设备购买、技术投资、人员培训，同时支付企业产品经营中发生的各种费用。

资金的投放和占用：企业通过资金的投放和占用，形成企业的各项资产，如企业的流动资产、长期资产、固定资产、无形资产、递延资产等。

资金的耗费：企业在产品的经营过程中所发生的各种耗费，如产品的运输费用、销售费用、管理费用和财务费用等。

(3) 资金的回收与分配

任何盈利性组织的最终目的是通过合理的资金运作最终获得合理的报酬。这些报酬不仅能补偿企业经营中所耗费的资金，同时还能为企业带来利润。

资金的回收主要是通过企业的营业收入来实现的。汽车营销企业通过购入商品进行销售以及提供相应的服务等形式完成资金的运动。

资金的分配主要通过企业的营业利润来实现。营业利润是营业收入扣除相应的成本、费用和各种税项后所剩余的收入。

3. 财务管理的原则

(1) 资本金保全原则

资本金是企业投资者投入的资本。资本金保全原则就是企业要确保企业投资者投入的资本金的完整，确保企业投资者的权益。企业的经营者可以使用企业的资金本进行产品经营、市场推广的活动，使企业的资本金得以充分利用，但在企业经营期间，一般不能撤回投资。

(2) 价值最大化原则

企业财务管理的最终目的是实现投资者的资产价值最大化。不管是在企业的资金筹集阶段还是企业的资金投资阶段，都必须遵循此原则。

在企业的资金筹集阶段，企业经营者需要对各种筹资渠道进行比较、分析，选择资金成本最低、风险最小的筹资方式获得资金。

在企业的资金投资阶段，企业的经营者需要在各种投资中选择最优的投资方案，在相同的投资成本中选择收益最大、风险最小的投资方案；在相同收益中选择投资成本和风险最小的投资方案。

(3) 风险与所得均衡原则

在市场经济条件下，企业所面临的经营环境和经营条件往往具有不确定性，任何经营活动都有其风险。其资金的筹集、运用和投资风险也都客观存在。因此，企业的财务管理人员必须认识到这一点，通过科学的方法预测各种资金活动的风险和所得，做到在风险和所得中获得均衡。

(4) 资金合理配置原则

资金需要合理配置的根本原因在于企业资源的有限性和企业经营价值的最大化之间的矛盾。在企业的财务管理中，资金往往是限制企业发展的重要因素。因此，一个没有负债的企业并不一定是运行良好的企业。企业应适当运用负债资金从事经营活动，将企业负债控制在合理的范围之内。同时，在企业内部资金分配上，将有限的资金使用在最能产生效益的产品上，防止某类资产占用资金过多，而另外一些资产资金不足的现象。

(5) 成本—效益原则

在企业的经营活动中，势必会产生一些经营成本和经营费用。如筹集资金会产生资金成本，销售商品会产生购买成本、销售成本，同时在企业日常运行中还会产生管理费用。在收入一定的情况下，减少成本就意味着增加企业的效益，在相同的成本下，增大企业的收入也意味着增加企业的效益。因此，在考虑企业成本的基础上，利用合法的手段来提高企业的效益也是财务管理所要解决的一个重要问题。

4. 财务管理的基本任务

企业财务管理的基本任务是做好各项财务收支计划、控制、核算、分析和考核工作，依法合理筹集资金，有效利用企业各项资产，努力提高经济效益。

五、汽车营销企业人力资源管理

1. 人力资源的含义

人力资源指的是在一定区域范围内具有劳动能力的人口之和。对于企业而言，人力资源是指在生产或经营过程中投入的具有劳动能力的人口的总称。

人力资源与人口资源、劳动力资源、人才资源有一定的区别。人口资源是一定区域内拥有的人口总量，劳动力资源是指一定区域的人口资源中具有劳动能力且在劳动年龄范围内的人口的总称，而人才资源的要求要比劳动力资源高得多，是指在劳动力资源中具有较强管理能力、研究能力、创造能力和专业技术能力的人口总和（如图10-1-10）。

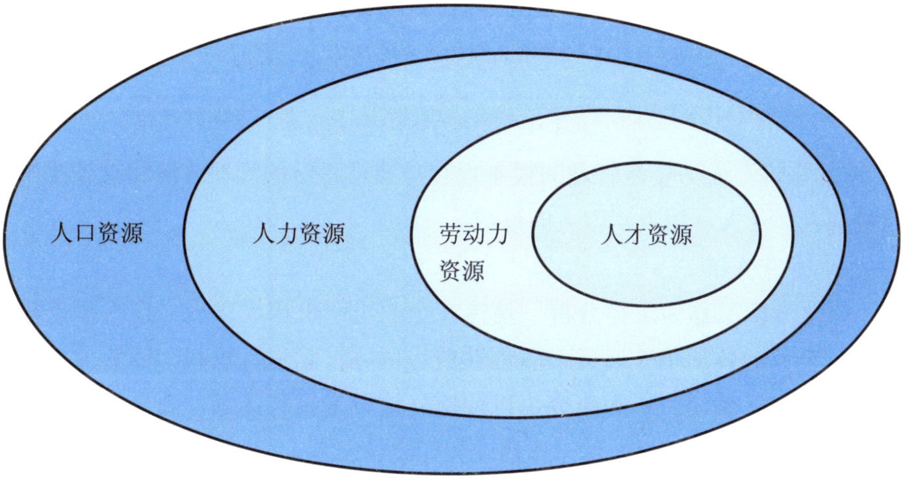

图10-1-10 人力资源与人口资源、劳动力资源、人才资源的关系

2. 人力资源管理的概念

人力资源管理是指运用现代科学技术和管理理论，不断获得人力资源，对所获得的人力资源进行整合、激励、开发，充分挖掘人力资源潜力，以实现组织的战略目标。

3. 人力资源管理的范畴

企业人力资源管理的主要范畴包括人与人的管理、人与组织的管理、人与事的管理以及工作与工作的管理。

4. 人力资源管理的内容

人力资源管理的主要内容包括人力资源规划、拟定招聘计划、岗位分析、招聘、选择、职业生涯开发、绩效评价、劳资关系协调、工资福利和人员培训开发等内容。人力资源管理有具体流程（如图10-1-11）。

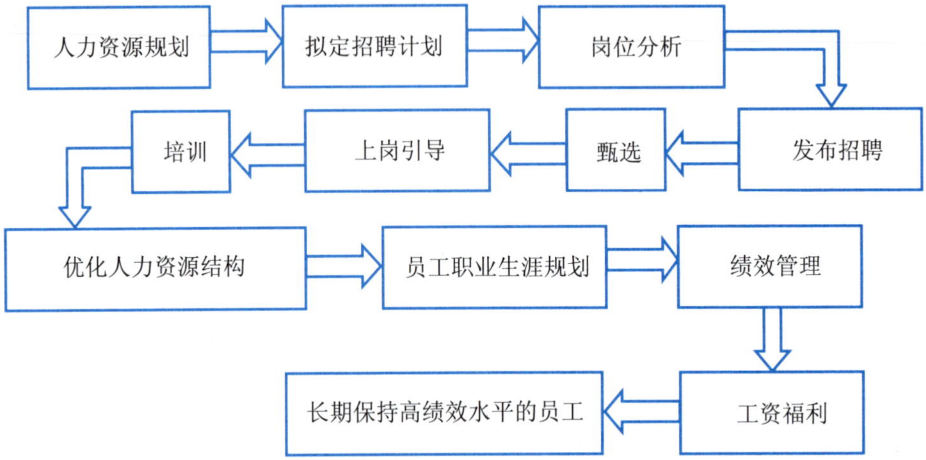

图10-1-11 人力资源管理的内容流程

总的来讲，人力资源管理的根本内容是通过科学的管理方法和管理手段，完成选人、育人、用人、留人的过程。

5. 岗位分析

岗位分析又称为工作分析，是指在企业组织机构设立后，在人事安排之前，对企业的各项工作岗位、职务性质、任务、职责、权利、所应配备的资源条件等进行系统分析和研究，以便更好地拟定招聘计划，甄选合适人选的过程。岗位分析之后将产生工作描述和任职说明书。

（1）岗位分析相关术语（如表10-1-1）

表10-1-1 岗位分析相关术语

名称	内容
工作要素	岗位工作中不可再分解的最小动作单位。
任务	为了实现某一目的所从事的一系列活动，由一个或多个工作要素组成。
职位	根据组织的目标而为个人设置的一组或一系列任务和相应的责任。
职务	相同职位所组成的集合体的总称。
职务分析	通过与职务所在职工交谈、工作日志记录、分析观察等工作，明确职务责任、工作范围和任职资格的过程。
职务描述	根据职务分析的结果，整理出来的书面形式。
职务规范	完成某一项职务所需具备的能力、技巧、知识、学历和经历等。

（2）岗位分析的内容

第一，工作名称。工作岗位的名称；

第二，工作关系。工作岗位与上下级及其他部门的关系；

第三，工作主要责任。岗位工作所要承担的责任；

第四，工作内容。工作岗位的具体工作内容；

第五，工作条件与环境。工作岗位所需要的资源、条件以及工作场所等；

第六，聘用条件与晋升机会。担任工作岗位所需要的要求以及岗位未来的职业发展方向等。

（3）任职说明

一般要求：包括年龄、性别、学历、工作经验；生理要求：健康状况、力量与体力、运动灵活性、感觉器官的灵敏度；心理要求：包括观察力、集中能力、学习能力、分析与解决问题的能力、交际能力、性格与气质、事业心、合作能力、领导能力等（如表10-1-2）。

表10-1-2 行政部副经理职位说明书示例

职位说明书			
一、职位基础资料			
1. 职位名称	行政部副经理	2. 直接上级	行政部经理
3. 所属部门	行政部	4. 职位级别	中层
5. 管辖人数	14	6. 定员人数	1
7. 备注	主管公司总务工作		
二、职位职责			
1. 职责摘要： 在行政部经理领导下，负责公司总务工作。 2. 职责说明： （1）组织实施公司下达的年度基建计划，制订房屋维修、更新、改造规划； （2）制订公司绿化规划，维护办公场所的安全与卫生； （3）公司内部基建及房屋维护、卫生工作把关； （4）职工劳保福利的发放与把关； （5）保证职工医院服务质量，严格医疗费把关； （6）负责主管食堂和托儿所工作； （7）公司宿舍物业管理、卫生、保卫以及水电统计等事宜的组织协调； （8）对所购物品及各项零星费用的单价与用途加以审核，避免浪费； （9）完成行政部经理和上级领导临时交待的任务。			

三、工作联系			
上向联系：行政部经理 横向联系：公司各部门经理 下向联系：物业管理			
四、工作设备			
电话，电脑			
五、职业资格			
1. 年龄/性别/身体状况： 30-50岁/不限/健康 2. 教育程度：专科以上 3. 职位等级标准（职位评分为百分制）			
分类	要 素	要 素 描 述	职位评分
工作技能（35%）	专业知识（15%）	职位工作要求任职者必须具备的专业知识水平。	12
	工作能力（20%）	胜任职位必须具备的熟悉职位工作内容以及解决工作中所遇到各类难题的能力水平。	10
工作责任（20%）	责任性质（10%）	所在职位发生失误，对企业的产品成本及经济效益造成的影响。	5
	责任范围（10%）	职位与部门工作目标及企业经营方针目标实现之间的关联度。	5
工作强度（30%）	工作负荷（20%）	职位工作量，日平均有效时间以及劳动强度。	10
	精神疲劳和压力（10%）	职位的专业复杂程度以及心理压力程度。	8
工作条件（7.5%）	环境（5%）	进行职位工作的场所接触有害物质或不安全因素情况。	1
	风险（2.5%）	职位工作对身体造成伤害的可能性及程度。	1
任职资格（7.5%）	学历（2.5%）	职位工作所应具备的学历要求。	0. 5
	经验（5%）	职位工作所应具备的业务经验。	3

（4）岗位分析的流程（如表10-1-3）

表10-1-3 岗位分析的流程

流程	具体内容
准备阶段	1. 组建由岗位分析专家、岗位在职人员、上级主管参加的工作小组； 2. 确定调查和分析的对象样本，考虑样本的代表性； 3. 利用现有的文件与资料（岗位责任制、工作日记）分析工作任务和流程； 4. 分析和整理原岗位分析存在的问题、新岗位分析要解决的问题。
调查阶段	1. 编制调查问卷和调查提纲； 2. 现场观察工作流程、记录关键事件和工作所需资源条件以及工作环境； 3. 组织问卷调查和访谈，收集相关信息。
分析阶段	1. 分析、审核、整理所获得的信息； 2. 归纳、总结所分析岗位的资源条件和工作要素。
完成阶段	1. 编写《岗位描述书》《任职说明书》； 2. 修订、完结。

6. 人力资源招聘与选拔

（1）招聘来源

招聘来源是指能够发现具备符合资格要求的员工的途径和地方。招聘来源既可以是内部招聘，也可以是外部招聘。

外部招聘的优点是具有外来优势，能为组织提供新的思路和理念，缓解组织内部矛盾，形成“鲶鱼效应”。缺点是“空降兵”不熟悉组织内部情况，不合理的外部选聘容易打击内部员工积极性。

内部招聘的优点是有利于鼓舞员工士气，有利于吸引外部人才，有利于保证选聘工作的正确性，所选聘的人员能够在上任后快速开展工作。缺点是不公平的内部选聘容易造成员工之间不满、恶意竞争，容易造成“近亲繁殖”。

（2）选拔方法

资格审查：对应聘者的资历、资格以及基本要求与岗位描述、任职说明书的条件进行对比审核。

简历筛选：从合格的应聘者中选出较为优秀的应聘者。一般简历筛选的方法是直觉判断，这种筛选方法具有一定的主观性，可组织3—5人的工作小组进行简历评分筛选，降低主观因素的影响。

组织面试：常用的面试形式有结构化面试、半结构化面试和非结构化面试三种。面试中常用的提问方法有封闭式提问、开放式提问、假设式提问、压迫式提问、引导式提问、串连式提问等。

测试：测试是在面试的基础上进一步了解面试者的情况的一种手段，面试中往往会存在一些不实信息（伪信息），同时往往也会带有面试官的一些主观判断。因此，为了提高面试公平性和准确性，往往会采用一些测试的方法再次进行测试。一般采用的测试类型有心理测试和智能测试两种。

体检：主要检查应聘者的健康情况和身体运动能力。有些职务对从业者具有较高的身体素质要求，在招聘中应严格把关。

录用：发放录用通知书，签订合同。遵循因事择人、知事识人、任人唯贤、知人善用、用人不疑、疑人不用、严爱相济、指导帮助原则。

7. 绩效考核与激励

绩效考核是对个人在其工作岗位上的工作表现和工作结果进行全面评价的过程。而激励则是通过奖励等手段激发行为主体对某种或某些行为的内在积极性，诱导某种组织所期望的行为发生的过程（如图10-1-12）。

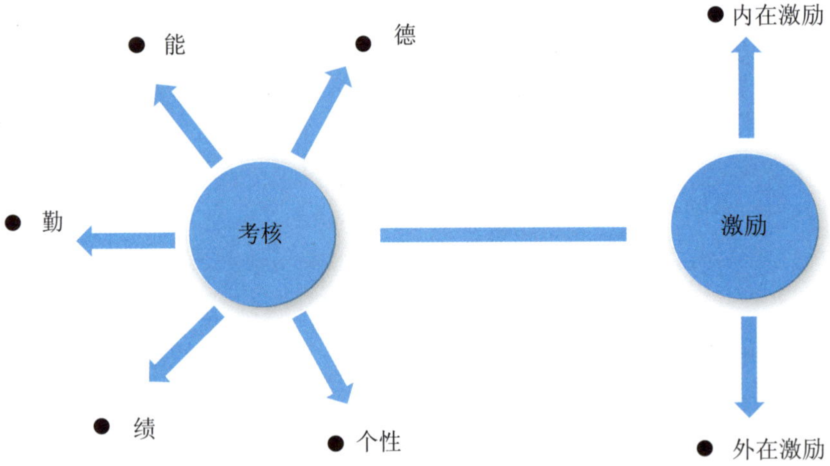

图10-1-12 绩效考核的内容及激励的形式

由上图可知，企业绩效考核主要从员工的德、能、勤、绩和个性五大方面来进行。“德”主要包括员工的思想品质、工作作风、道德水平等；“能”是指员工胜任现职的能力；“勤”则主要是考察员工的工作态度和在本岗位上的进取精神；“绩”主要是工作业绩，这里包括完成工作的数量、质量、成本费用以及效益等；“个性”则是指员工的性格方面对工作的适应性。

激励则主要从内在激励和外在激励两个方面实现。内在激励主要通过工作本身所激发的内在动力和积极性，如提供个人成长和发展机会、工作的胜任感、成就感以及良好的办公环境、灵活的工作时间等。外在激励是通过工作的外在报酬来实现激励目的，如员工持股、五险一金、住房补贴、节假日等。

第二节　汽车营销企业业务管理

一、汽车营销企业顾客开发

1. 顾客的定义

顾客：具有消费能力或潜在购买能力的个人或组织。

潜在顾客：可能会购买你产品的个人或组织。成为潜在顾客有三个条件：一是对产品具有需求；二是具有购买能力；三是具有购买权、选择权。

目标顾客：目标顾客就是根据企业的资源情况、能力等在潜在顾客中所选择的需要服务的顾客群体。

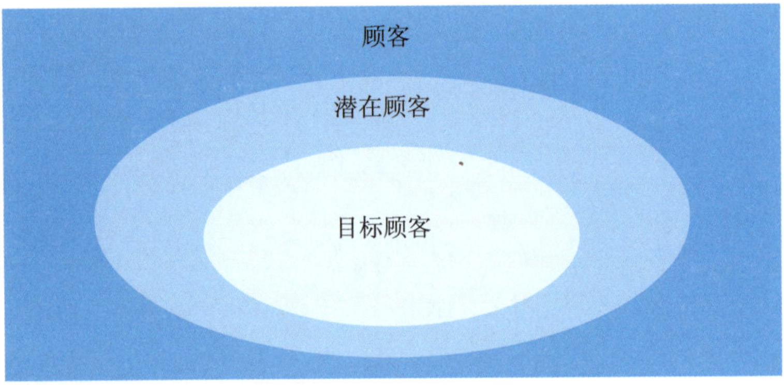

2. 寻找顾客的八种方法

(1) 普遍寻找法

也称逐户寻找法或者地毯式寻找法。其方法的要点是，在业务员特定的市场区域范围内，针对特定的群体，用上门、电话或者电子邮件等方式对该范围内的组织、家庭或者个人无遗漏地进行寻找与确认的方法。比如，将某市某个居民新村的所有家庭作为普遍寻找对象、将上海地区所有的宾馆、饭店作为地毯式寻找对象等。

普遍寻找法有以下优势：

①地毯式的铺开不会遗漏任何有价值的客户；

②寻找过程中接触面广、信息量大、各种意见和需求、客户反应都可能收集到，是分析市场的一种方法；

③让更多的人了解到自己的企业。

但是普遍寻找法也存在以下缺点：

①成本高、费时费力；

②容易导致客户的抵触情绪。

(2) 广告寻找法

这种方法的基本步骤是：①向目标顾客群发送广告；②吸引顾客上门展开业务活动或者接受反馈展开活动。例如，通过媒体发送某个减肥器具的广告，介绍其功能、购买方式、地点、代理和经销办法等，然后在目标区域展开活动。

广告寻找法的优点是：

①传播信息速度快、覆盖面广、重复性好；

②相对普遍寻找法更加省时省力；

其缺点是需要支付广告费用、针对性和及时反馈性不强。

(3) 介绍寻找法

这种方法是业务员通过他人的直接介绍或者提供的信息进行顾客寻找，可以通过业务员的熟人、朋友等社会关系，也可以通过企业的合作伙伴、客户等由他们进行介绍，主要方式有电话介绍、口头介绍、信函介绍、名片介绍、口碑效应等。

利用这个方法的关键是业务员必须注意培养和积累各种关系，为现有客户提供满意的服务和可能的帮助，并且要虚心地请求他人的帮助。口碑好、业务印象好、乐于助人、与客户关系好、被人信任的业务员一般都能取得有效的突破。

介绍寻找客户法由于有他人的介绍或者成功案例和依据，成功的可能性非常大，同时也可以降低销售费用，减小成交障碍，因此业务员要重视和珍惜。

(4) 资料查阅寻找法

营销顾问应具有较强的信息处理能力，通过资料查阅寻找客户既能保证一定的可靠性，也能减小工作量、提高工作效率，同时也可以最大限度减少业务工作的盲目性和客户的抵触情绪，更重要的是，可以展开先期的客户研究，了解客户的特点、状况，提出适当的客户活动针对性策略等。

需要注意的是资料的时效性和可靠性，此外，注意对资料（行业的或者客户的）日积月累往往更能有效地展开工作。

业务员经常利用的资料有：有关政府部门提供的资料、有关行业和协会的资料、国家和地区的统计资料、企业黄页、工商企业目录和产品目录、电视、报纸、杂志、互联网等大众媒体、客户发布的消息、产品介绍、企业内刊等。

(5) 委托助手寻找法

这种方法一般是营销人员在自己的业务地区或者客户群体中，通过有偿的方式委托特定的人为自己收集信息，了解有关客户和市场、地区的情报资料等。

(6) 交易会寻找法

国际国内每年都有不少交易会，如广交会、高交会、中小企业博览会等等，这是一个绝好的商机，要充分利用，交易会不仅实现交易，更重要的是寻找客户、联络感情、沟通了解。

(7) 咨询寻找法

一些组织，特别是行业组织、技术服务组织、咨询单位等，他们手中往往集中了大量的客户资料和资源以及相关行业的市场信息，通过咨询的方式寻找客户不仅是一个有效的途径，有时还能够获得这些组织的服务、帮助和支持，比如在客户联系、介绍、市场进入方案建议等方面。

(8) 企业各类活动寻找法

企业通过公共关系活动、市场调研活动、促销活动、技术支持和售后服务活动等，一般都会直接接触客户，这个过程中对客户的观察、了解、深入的沟通都非常有力，也是一个寻找客户的好方法。

二、汽车销售与服务核心流程管理

目前，在各大知名汽车营销企业的汽车销售工作中，基本上都采用了规范的汽车销售流程来提高销售顾问的营销技能和顾客满意度。一般汽车销售流程分为八个流程（如图10-2-1）：

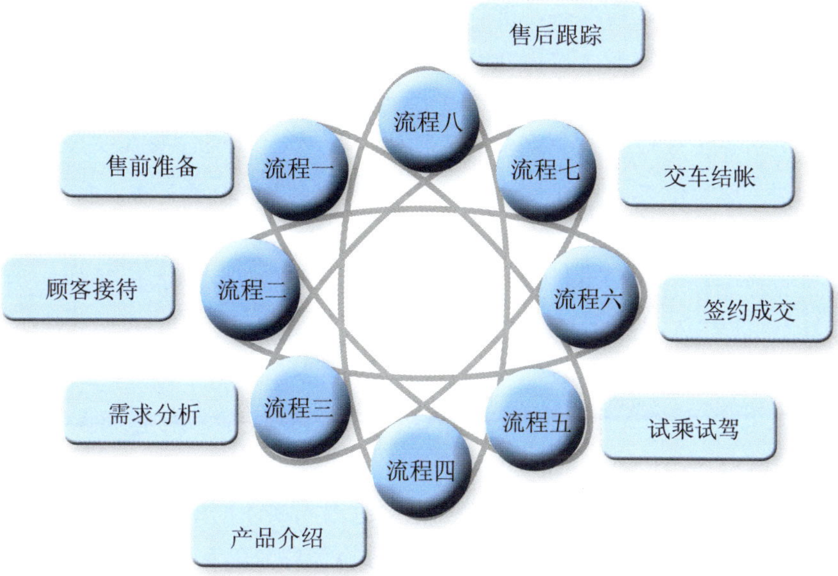

图10-2-1 汽车销售核心流程

1. 售前准备

售前准备的第一个工作就是潜在客户的开发，主要工作包括制定客户开发计划、扩大客户开发渠道、多方式进行联系和沟通（如表10-2-1）。

表10-2-1 客户开发工作的主要内容

主要工作	主要内容
制定开发计划	销售顾问制定潜在客户开发计划，扩大自己的潜在客户数量。 销售经理与每位销售顾问每周讨论和调整销售顾问潜在客户开发计划，并核查成效和结果。
扩大客户开发渠道	公司开发渠道：广告、促销、展示会、外拓及大客户活动等。 个人开发渠道：客户、同行、家人、朋友、同事、同学、俱乐部、网络、VIP用户等一切可用资源。
多方式联系和沟通	电话、短信、上门拜访、信函、电子邮件、QQ或MSN等。

售前准备是指顾客来店前的准备工作或者是一天销售工作开始前的准备工作，主要包括销售人员的个人准备、销售工具准备、展车准备以及库存信息准备等。

第一，销售人员的个人准备。仪容仪表符合礼仪规范；掌握销售产品的知识、熟知各车型的配置、性能和技术参数；熟知竞争产品的优势和劣势；掌握六方位绕车介绍法；经常收集有关社会、经济、行业和生活娱乐等方面的新闻。

第二，销售工具的准备。准备好装有名片、笔、计算机、销售笔记本、产品型录、产品介绍册、本店介绍手册、促销方案、试乘试驾协议书、报价单、购车合同等文件或资料的销售工具夹；每天营业前检查销售工具夹内的工具是否齐全并及时更新。

第三，展车准备。展厅展车的摆放、管理等符合相关要求；每天早会前清洁展车；定期巡视展厅，检查展车及展厅。

第四，库存准备。每日更新并公布库存信息；销售顾问主动了解当日库存信息、车型、车色及数量。

2. 顾客接待

顾客接待是整车销售核心流程的第二个环节，分为来电接待和店内接待。一般顾客接待指的是顾客的店内接待。

店内接待工作地点在4S店展厅，是指对进入展厅的顾客进行接待，探明顾客来意，引导顾客看车，为之后的需求分析等环节奠定基础。

一次成功的店内接待可以给顾客留下良好的印象，提高顾客满意度，也有利于销售活动的顺利开展。

（1）顾客接待的目的与宗旨

店内接待的目的是给顾客建立良好的第一印象，创设舒适的环境，传达“顾客第一”的服务理念。通过关心顾客、消除顾客疑虑及担心，建立舒适区（如图10-2-2）和控制区（如图10-2-3）。让顾客舒心、放心、留下是店内接待的宗旨。

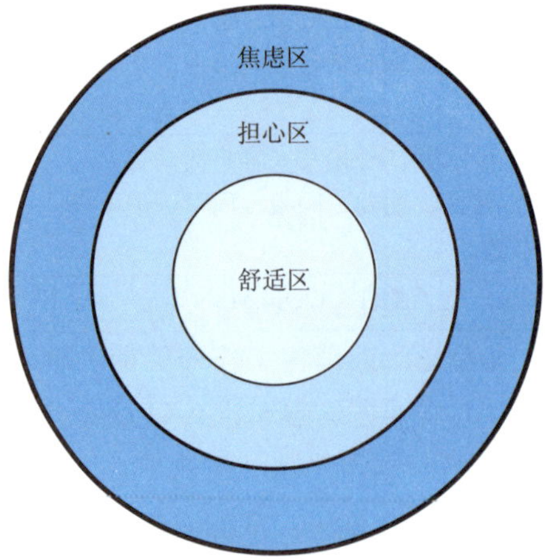

图10-2-2 Step 1—建立舒适区

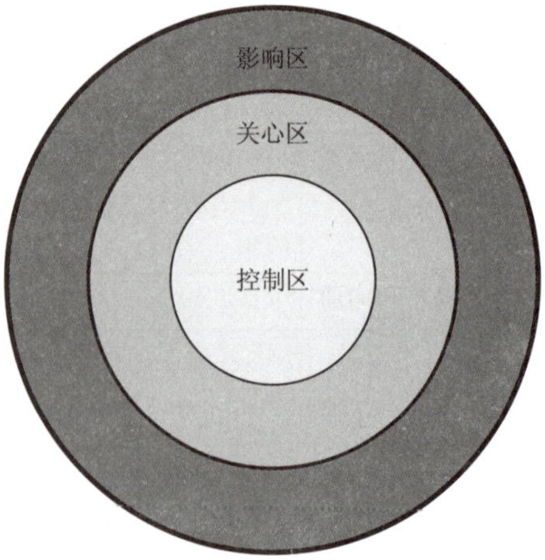

图10-2-3 Step 2—建立控制区

（2）顾客接待的工作流程

来店顾客大致可分为两类：一是寻求帮助，如找人、问路、修车等；二是看车。前者销售顾问应做好相应接待工作，后者则是汽车销售店内接待的重点。店内接待流程（如图10-2-4）：

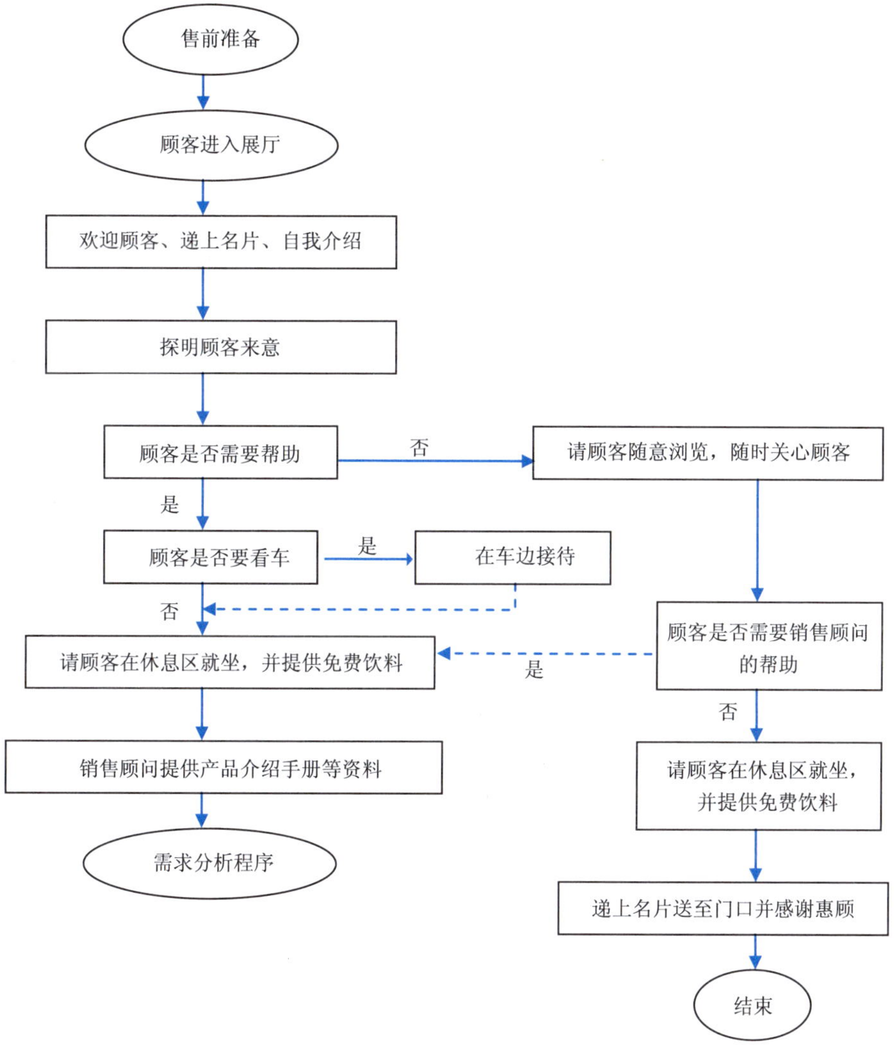

图10-2-4 店内接待流程图

（3）顾客接待的关键时刻

从店内接待流程图中可提炼出四个关键时刻(如表10-2-2)。

表10-2-2 店内接待关键时刻

关键时刻	接待核心	行为指导
进入展厅时	主动迎接	及时热情，礼貌问候； 递送名片，自我介绍； 探明来意，正确引导。
自行看车时	适时服务	指引参观，服务说明； 保持距离，随时关注； 一有需要，主动趋前； 适时引导，注意倾听。
就坐休息时	引导看车	邀请入座，送上饮料； 礼貌寒暄，注意倾听； 递送资料，品牌介绍； 争取时机，留下信息。
离开展厅时	感谢惠顾	门外送别，约定时间； 感谢光临，目送离开； 填写信息，完备资料。

（4）顾客接待的工具与使用方法

工具包括伞架、伞、名片、文件夹、纸、笔、纸杯、茶叶、咖啡、产品介绍手册、样车、来店顾客登记表等。

工具使用应注意方法。雨天，为顾客提供雨具存放与外借；自我介绍时，双手递名片，名片正面对着顾客；随身携带文件夹、纸、笔等文具，以备记录信息；根据顾客所需，按礼仪要求奉上饮品；适时递上产品介绍手册，结合展厅样车，进行宣传介绍；及时填写来店顾客登记表。

（5）顾客接待容易出现的问题

在实际工作中，店内接待存在无人接待、流程不规范等问题。究其原因不外乎两种：展厅管理不善是外因；销售顾问对接待流程认识不清、重视不够是内因。其中销售顾问缺失店内接待知识与技巧，不能通过保健因子与满意因子的综合运用来达到顾客内心期望的服务质量，是产生这些问题的主导因素。

顾客对4S店的第一印象与店内接待息息相关。根据首因效应理论，良好的第一印象可以有效提高顾客满意度，促成交易。因此，要求销售顾问具备较高的素质和技能（如表10-2-3）。

表10-2-3 销售顾问素质与技能要求

服务理念	顾客第一
仪容仪表	着装适宜、妆容自然、举止得体
态度意识	诚实谦虚、热情友善、真诚微笑；具有同情心、亲和力
素质能力	表达能力、沟通能力、倾听能力、判断推理能力、应变能力
知识结构	市场营销知识、汽车专业知识、商务礼仪知识、基础文化知识

（6）销售顾问基本礼仪

男性仪容服饰规范见下表10-2-4；女性仪容服饰规范见下表10-2-5。

表10-2-4 男性仪容服饰规范

内容	具体要求
发型	保持干净、梳理整齐、不染发、头发不宜过长或过短、前不遮眉毛、侧不盖耳
制服	西服最下面的纽扣不扣，上衣外侧口袋不放东西
工牌	左侧胸部佩戴统一胸牌，胸牌名字印得稍大些便于阅读
鞋袜	黑色正装皮鞋，鞋面保持光亮干净，穿深色袜子
面部	每日剃须修面，保持清洁，注意保持口气清新
衬衫	保持干净整洁、每日熨烫
领带	颜色、款式与服装匹配，不宜过于华丽，打结处保持清洁、无变形，长度以挡住皮带头为宜
手部	手和指甲保持洁净，不留长指甲，工作中不戴戒指以免刮伤漆面

表10-2-5 女性仪容服饰规范

内容	具体要求
发型	保持干净、梳理整齐，刘海不遮住眼睛，不披头散发，发型发色不宜夸张，不用华丽头饰
制服	西服最下面的纽扣不扣，上衣外侧口袋不放东西
工牌	左侧胸部佩戴统一胸牌，胸牌名字印得稍大些便于阅读
鞋袜	黑色皮鞋，保持干净，鞋跟不宜过高过细，夏季不露脚趾、脚跟，穿肉色袜子，不穿短袜，袜面无破损
裤子和裙装	熨烫平整，定时换洗，裤子不要放置过多东西
面部	化淡妆，保持简约、素雅，避免花哨饰品，饰品数量不宜过多
衬衫	保持干净整洁、每日熨烫
丝巾	颜色、款式与服装匹配，不宜过于华丽，无变形
手部	手和指甲保持洁净，不留长指甲，选择透明指甲油，工作中不戴戒指以免刮伤漆面

姿态规范：

第一，站姿。两肩放松，气息下沉，自然呼吸。身体挺立，抬头挺胸，下颌微收，双目平视前方。双手交叉，放在身前，右手搭在左手上。男士：两脚开立，与肩等宽。女士：脚跟并拢，双脚呈45度到60度“V”字型夹角。

第二，坐姿。身体重心垂直向下，腰部挺起，上体保持平直，头部保持平衡，两眼平视，下颌微收，双掌自然地放在膝头或者座椅的扶手上。男士：上身挺直，两腿分开，不超肩宽，两脚平行。女士：双腿并拢，两腿同时向左或向右放，两手相叠后放在左腿或右腿上，也可两脚交叉，置于一侧。如女性着裙装，应养成习惯，在就座前从后面抚顺再坐下。

第三，行姿。起步时，上身略向前倾，身体重心落在脚掌前部，两腿跟走在一条直线上，脚尖偏离中心线约10度。双肩端平，目光平视，下颌微收，面带微笑，手臂自然伸直放松，手指自然弯曲，两臂与双腿成反相位自然交替甩动，摆动幅度以30—35度为宜。同时，步伐协调稳健，速度适中。

第四，蹲姿。下蹲时，左脚在前，右脚在后向下蹲去，双腿合力支撑身体。男士：一般采用高低式蹲姿。女士：一般采用交叉式蹲姿，注意双腿并拢。女士着裙装时，下蹲前应事先整理裙摆。

第五，握手礼。握手遵循“尊者优先”原则。伸手的先后顺序是顾客先、长者先、上级先、女性先，若是VIP顾客，或老顾客，则应该快步走近，用双手握住对方的手，以示敬意。握手时间一般在2—3秒，轻轻摇动1—3下。握手力度不宜过猛或毫无力度。要注视对方并面带微笑。保持手部干爽清洁，与顾客握手务必脱去手套。

第六，鞠躬礼。面带微笑，神态自然站立。行礼时，以标准站姿站立（或按标准走姿行走时适当减速），面带微笑，头部自然下垂，带动上身前倾，时间持续1—3秒即可。

第七，名片礼。存放名片应使用名片夹，适宜放在上衣口袋内。递送名片时，面带微笑，稍欠身，注视对方，将名片正面对着对方，用双手的拇指和食指分别捏住名片上端的两角递送给对方。如果是坐着的，应当起立或欠身递送。接受名片时必须点头表示感谢，同时要以同样的方式递出自己的名片，接着要花一些时间仔细阅读名片上的内容，并妥善保管。

第八，奉茶礼。顾客落座后，询问顾客所需饮料的种类，听到顾客的要求后，重复饮料的名称进行确认；递送时，说“打扰一下”，按逆时针方向，将饮料放在顾客右手边，若同一桌上有不同的饮料品种，分发前应先确认；递杯子时切忌不能碰到杯口；要注意奉茶的顺序，先老后少，先女士后男士。

第九，走廊楼梯间礼仪。不要站在走廊、楼梯间长时间谈话或者声音过大影响到顾客；与顾客或上级擦肩而过时，要主动靠向墙壁一侧，让出通道，并行鞠躬礼；上下楼梯时，应热情主动为顾客进行引导；如遇到迷路的顾客，应主动应对。

第十，引导礼。指引顾客方向或指示物品的时候，手臂应自然伸出，手心向上，四指并拢。出手的位置根据与顾客所处的位置而定。引导顾客进入展厅时，走在顾客的斜前方，与顾客保持一致步调，先将店门打开，请顾客进入店内，如果经销店不是自动门，则用左手向展厅外方向拉开店门，请顾客先进入展厅，并鞠躬示意。引导顾客进入展车时，走在顾客的斜前方，与顾客保持一致步调，并为顾客拉开展车车门，请顾客进入内。开、关门时注意礼貌，站在不妨碍顾客上下车的位置为顾客开启车门，如果顾客坐在驾驶室，应该用左手拉门，右手挡在车门框下为顾客护住头部；如果顾客坐在副驾驶室，则应该用右手拉门，左手挡在车门框下为顾客护住头部。

十一，介绍礼仪。态度自然、友善、亲切、随和；言简意赅，以半分钟左右为佳；介绍内容一般为三项：本人姓名、供职单位及具体部门、担任职务和所从事的具体工作；介绍时应先向对方点头致意，得到回应后再向对方介绍自己。介绍他人时，被介绍者的先后顺序为“尊者优先”：男士先介绍给女士、晚辈先介绍给长辈、下级先介绍给上级、客人先介绍给主人、熟悉的人先介绍给不熟悉的人。

十二，递送资料礼仪。递送时，资料正面面对接受人，用双手递送，并对资料内容进行简单说明；如果是在桌子上方交递，切忌不要将资料推到顾客面前；如果有必要，帮助顾客找到其关心的页面，并作指引；如果是交递锋利和尖锐的物品，锋利和尖锐部位面朝自己，切忌对准顾客。

3. 需求分析

在冰山理论中，水面以上的部分称为显性部分，即表面的现象，水面以下的隐藏的部分称为隐性部分。在汽车销售流程中，经常会提到显性需求和隐性需求的问题。显性需求是顾客自己知道的、明确的需求，而隐性的需求是顾客自己不知道的或不清楚、需要销售顾问提示的需求(如图10-2-5)。

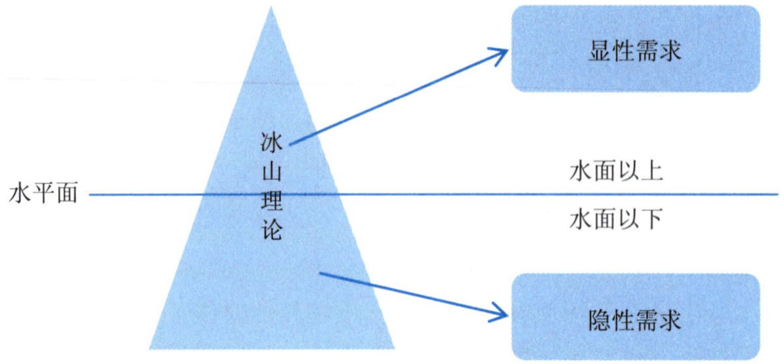

图10-2-5 冰山理论

(1) 4W1H法

在需求分析中探寻顾客基本需求的方法可以总结为4W1H法，即what、who、why、when、 how五个方面(如图10-2-6)。

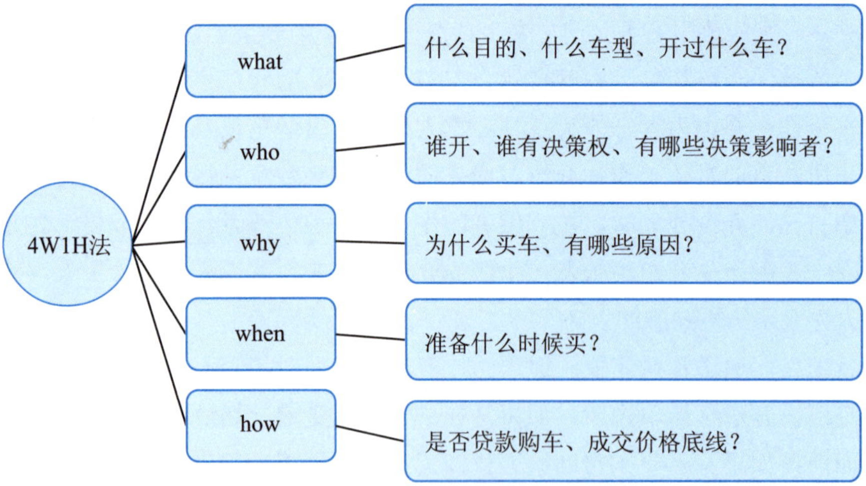

图10-2-6 4W1H需求分析法

然而，在实际的汽车销售过程中，顾客并不一定会主动告诉销售顾问这些信息，这就需要销售顾问采用提问及迎合的方法去收集这些信息。

（2）SPIN提问法

SPIN是情境性问题（Situation questions）、探究性问题（Problem questions）、暗示性问题（Implication questions）以及解决性问题(Need-payoff questions)的简称，由尼尔·雷克汉姆首先提出。

情境性问题主要是了解客户的现有状况以及背景资料；探究性问题主要是发现和理解客户的问题、困难和不满；暗示性问题主要是发掘问题不能解决将给顾客带来的不利后果；解决性问题主要是取得客户对解决问题后的回报与效益的看法。

（3）顾客类型

通常我们可以从情感度和表达度两个维度将顾客分为分析型顾客、和蔼型顾客、支配型顾客和表达型顾客四种。通常情况下，顾客是这四种类型的交叉。

分析型顾客天生喜欢分析，对具体的细节问题感兴趣，较为敏感，比较追求完美，过分依赖数据，决策比较谨慎。这些顾客对产品的安全感较为重视，不大喜欢过于创新和新型的汽车。针对这种顾客，销售顾问应该谨慎处理，不要使用过于随便的语言，充分利用事实、数据来说服顾客，并保证事实和数据的准确性。

和蔼型顾客善于保持人际关系，较为忠诚，关心别人、喜欢与人打交道，较为耐心，是一个非常出色的听众，不喜欢与人产生矛盾，但一般不喜欢采取主动行动。这些顾客也较为关注产品的安全感，较为喜欢传统型的汽车。针对这种顾客，销售顾问应放慢语速，使用友好但非正式的方式与其交谈，为其提供一些个人可以提供的帮助，与其建立好信任关系，从顾客的角度去理解问题。

支配型顾客比较爱讲话，发号施令，他们不能容忍错误，不在乎别人的想法和感受，比较喜欢控制局面，冷静独立，以自我为中心。这些顾客想法较为新奇，会追求一些比较新型和时尚的汽车。针对这种顾客，销售顾问应进行充分准备，实话实说，不要挑战顾客的权威和地位，不要告诉顾客应该怎么做，而是让他明白，你是在帮助他实现目标。

表达型顾客充满激情，较为理想化，比较重感情，凡事都比较喜欢参与，追求乐趣，做事常缺乏条理，容易改变决定，比较情感化。这些顾客希望得到公众的认可，善于表达自己。针对这样的顾客，销售人员也应表现出活力和热情，提出自己的观点和新的观点，给予顾客充分的时间表达，应与其进行书面或其他较为正式的形式进行确认。

4. 产品介绍

产品介绍的前提是需求分析，经过产品介绍促使顾客试乘试驾，最终促进签约成交。产品介绍的目的是要提升服务品质和企业品牌形象，建立客户的信任感，激发顾客购买欲望，进行竞品比较，凸显产品的优势和客户利益，使客户确信企业产品与服务物有所值，为试乘试驾做好准备。

（1）工作流程

产品介绍的主要工作流程(如图10-2-7）。

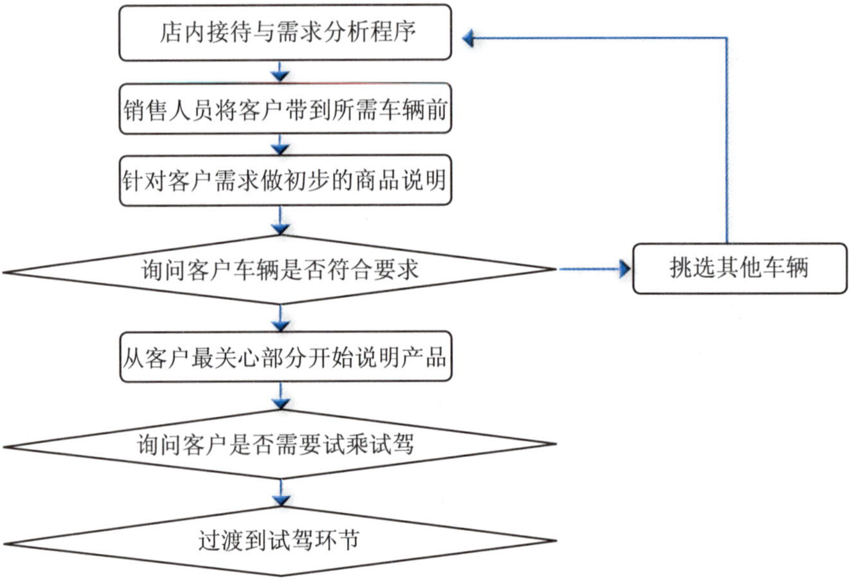

图10-2-7 新车推介流程图

（2）产品介绍的几个关键点

第一，准备时刻。产品介绍前应掌握车型的产品知识、库存、颜色、竞品信息；查看销售工具如产品型册等的准备情况；检查展厅、展车准备情况；熟悉车型的六方位介绍。最重要的是必须先做需求分析，尽量全面深入了解客户需求，为FAB介绍做准备。

第二，推介时刻。产品介绍时，销售顾问应主动热情地进行产品介绍。根据需求分析，在推介中应鼓励顾客参与体验。在介绍产品特征时，应该始终关注产品特征给顾客带来的利益。

第三，解疑时刻。顾客提出异议时，要认同顾客，切忌流程式的介绍，多注意倾听，及时准确地应对顾客异议。在竞品比较时，不要刻意贬低竞争产品，应注意凸显产品的优势和客户利益。

第四，结束时刻。产品介绍完成后，应针对需求分析和顾客利益记录，围绕客户利益，关注总结产品特点，引导顾客进入试乘试驾和签约成交环节。

（3）资料和工具

新车推介中需要用到的工具：产品型册、竞品资料、展车、车型参数册、展厅销售辅助物、笔、计算器、促销方案、企业宣传册、洽谈桌、饮料、销售工具夹、名片、记录本、产品宣传册等。

（4）产品介绍的方法

在产品介绍过程中，销售顾问需使用以下方法：

第一种方法是六方位介绍法。产品介绍应始终结合需求分析对汽车产品进行六方位绕车介绍（如图10-2-8）。销售顾问根据需求分析和顾客利益调整介绍顺序和重点（如表10-2-6）。

图10-2-8 新车推介方位图

表10-2-6 车辆各方位介绍重点

方位	介绍重点	注意事项
左前方	前车灯、车高、颜色、流线型、品牌文化、保险杠以及接近角等	结合需求分析，利用相关销售技巧
右侧	后视镜、侧面的安全性、转弯半径、车门玻璃、轮辋、轮胎、车身长度等	
车尾	后备箱开启、储物空间、后窗雨刷、倒车雷达、离去角、尾翼、备胎、尾灯等	
左侧	车窗、轮胎、车内空间等	
驾驶座	雨刮器、仪表盘、座椅调控、方向盘调控、SRS、车门车窗、ABS等	
正前方	发动机、环保设计、最大功率、机油等液体容器、散热设备、节油等	

运用六方位介绍法，始终围绕需求分析及顾客利益，有效处理顾客异议。在整个产品介绍过程中应对需求分析或异议做好及时记录、整理，以备后续分析。

第二种方法是产品FAB推介法。FAB即产品的特征（Feature）、优势（Advantage）、价值（Benefit）。特征是产品所具有的属性或功能，如汽车具有倒车雷达。优势是产品的某些属性与竞品相比的独特优势，如倒车雷达可以准确把握倒车距离。价值是产品优势和顾客需求结合而给顾客带来的利益，如装置有倒车雷达可以提高倒车安全性。

FAB介绍法的核心思想是在产品推介过程中，将产品本身所具有的特征、优势以及给顾客所带来的价值有机地结合，按照一定的逻辑顺序加以阐述，进而促成顾客的购买行为（如图10-2-9）。

图10-2-9 产品FAB推介法

第三种方法是顾客购买心理的AIDA模式。“AIDA”即Attention、Interest、Desire、Action的首字母缩写，分别意为引起注意、产生兴趣、激发欲望、促成购买。AIDA模式也称“爱达”公式，是国际推销专家海英兹•姆•戈得曼总结的推销模式。其具体含义是指一个成功的推销员必须把顾客的注意力吸引或转变到产品上，使顾客对推销人员所推销的产品产生兴趣，这样顾客欲望也就随之产生，进而促使顾客采取购买行为，达成交易（如图10-2-10）。

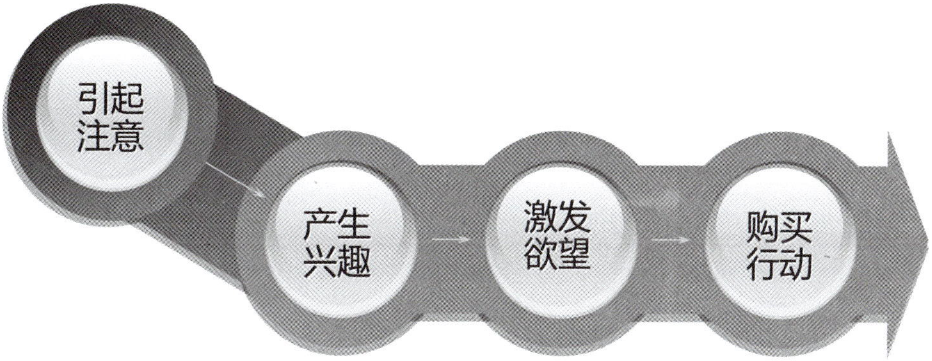

图10-2-10 顾客购买心理的AIDA模式

在汽车销售的产品介绍环节中，应通过AIDA模式引导顾客需求，转化需求为欲望，然后通过产品的FAB介绍法满足顾客的需求，最终促使顾客购买，实现成交。

5. 试乘试驾

（1）试乘试驾的作用与意义

试乘试驾是让顾客感性地了解车辆有关信息的最好机会。通过切身的体会和驾乘感受，顾客可以加深对销售人员口头说明的认同，强化其购买信心。在试乘试驾过程中，销售顾问应让顾客集中精神去感受和体验，并针对顾客的需求和购买动机适时地进行解释说明，建立顾客的购买信心。

（2）试乘试驾的流程

试乘试驾的具体流程（如图10-2-11）。

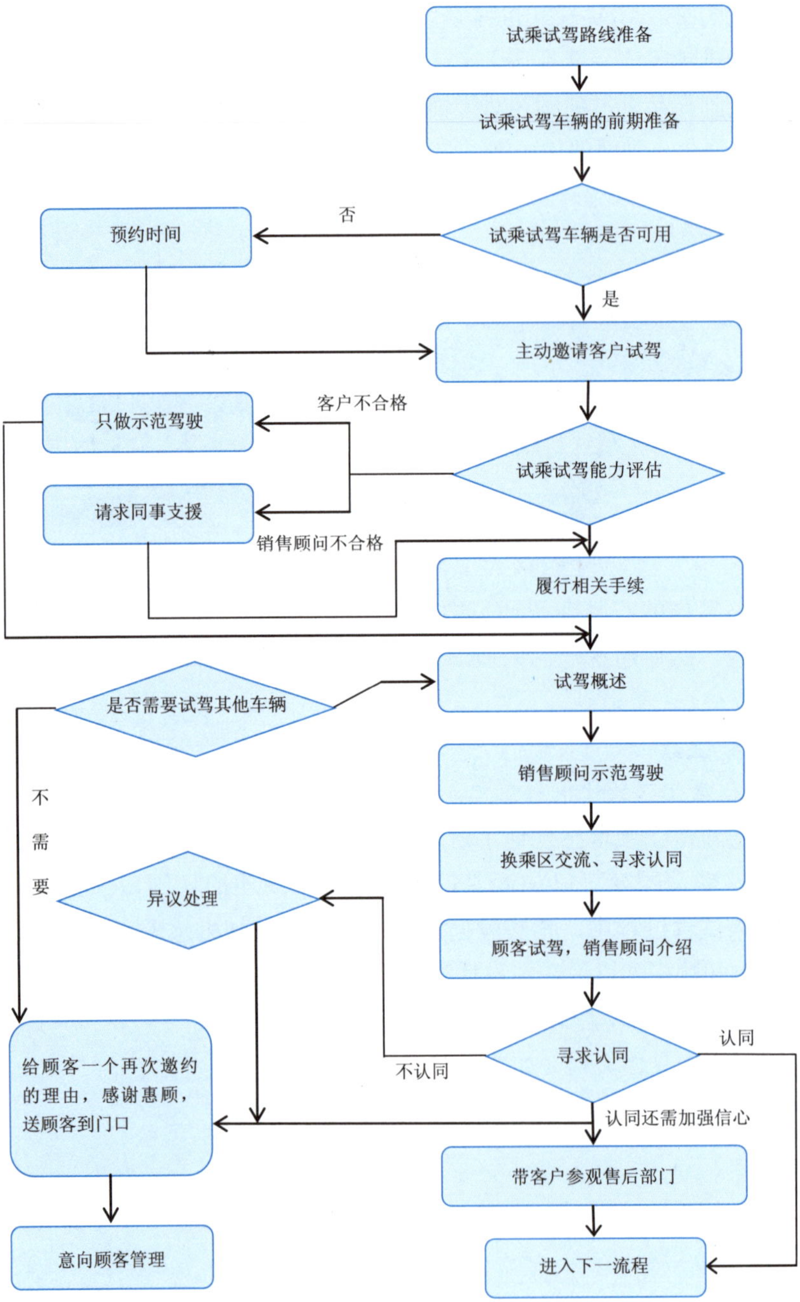

图10-2-11　试乘试驾的具体流程

（3）试乘试驾准备

试乘试驾的准备工作主要包括试乘试驾车辆的准备、路线的准备、人员的准备、顾客异议的准备以及相关文件的准备。

车辆准备及注意要点（如表10-2-7）。

表10-2-7 车辆准备要点

车舱内	外观
脚踏垫、烟灰缸、置物槽等是否清洁	车辆车身是否清洁
刹车踏板状况是否正常	车身是否张贴试乘试驾标志
引擎启动状况是否正常	车身是否有划痕或碰撞
油箱油量是否一半以上	轮胎气压是否充足
头灯、方向灯、刹车灯等是否正常	大灯、方向灯、后视镜是否正常
雨刮器是否正常	**发动机**
驾驶座各项调整功能是否正常	刹车油量是否正常
多种风格的CD、MP3准备	发动机油量是否正常
空调是否正常并提前打开	挡风玻璃的清洁剂是否正常
香水、收音机选台	水箱冷却水量是否正常
方向盘位置	发电机皮带是否有尖叫声

路线准备要点是：根据4S店的实际路况、车型特点选择路段。可考虑安排大直路、上下坡路、高低速弯道、颠簸路段、安静路段及适合紧急刹车的路段；尽量避免安排太多恶劣路况的路段，以免降低顾客的舒适感；选择适合的天气，以免因视线不清、路面湿滑而发生事故；选择人流量较少的路段，以免发生试乘试驾过程中车辆及人身伤害。

人员准备要点是：确保销售顾问具有良好的精神状态和充足的时间陪同顾客试乘试驾。

（4）试乘试驾的执行

当顾客赴约到达时，销售顾问应让顾客出示驾照并让其在《试驾同意书》上签字。在试乘试驾中要注意下列问题：

第一，销售人员驾驶时要注意：在试乘试驾之前先对顾客进行试乘试驾概述，介绍试乘试驾路线、规范和试乘试驾时间。在试乘开始之前协助顾客调整好座椅，介绍仪表盘上的功能及各种操作，并协助顾客系好安全带。在不同的试乘路段，销售人员简要地向顾客描述试乘试驾的体验重点，并遵守交通法规，给予顾客示范标准安全驾驶。在试乘试驾时向顾客演示产品介绍重点。

第二，换手动作与顾客驾驶时要注意：帮助顾客调整座椅、方向盘、后视镜，并系好安全带；提醒顾客正确的驾驶方式；保持安全车距，不要超速、超车；提醒前方路况并采取相应行动；及时纠正试驾者的不良驾驶行为和动作；让顾客专心驾驶，不要进行过多的车辆介绍。

第三，试乘试驾结束时要注意：利用《试乘试驾意见调查表》引导顾客回展厅；邀请顾客填写《意见调查表》，并询问顾客订约意向；对顾客的异议进行适当解释，再次促成订约；完成各项文件记录并送顾客离去。

6. 签约成交

在试乘试驾之后，销售顾问应从顾客的实际需求出发，把握时机，妥善地处理顾客提出的各种异议，最终促进成交，实现双赢。销售顾问应把握签约成交关键点及关键行为（如图10-2-12）。

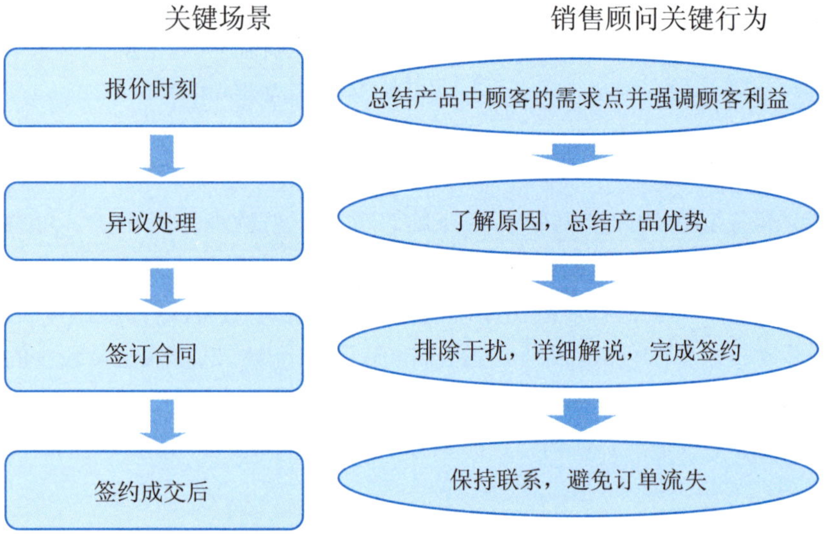

图10-2-12 签约成交关键点及关键行为

（1）报价时刻

报价的目标期望是让顾客了解产品的价格组成，强调给顾客带来的利益。报价的标准行为是：询问顾客拟购车型，以及付款方式、保险、领牌办证等；提供个性化的《顾客购车报价表》，使用电子版，不要用手写替代，一式两份，一份给顾客，一份销售部门存档；销售顾问根据《顾客购车报价表》对报价内容、付款方式及各种费用进行详细说明；说明价格时，销售顾问需再次总结符合顾客需求的产品配备以及对顾客的利益，强化产品与服务的价值。

（2）异议处理

异议处理的目标期望是消除疑虑，促进签约。异议处理的标准行为是：当顾客犹豫不决时，销售顾问须了解顾客异议的原因，并进一步提供信息进行说明；销售顾问应换位思考，从顾客立场上表示理解，不要对顾客施加压力，给顾客足够的时间和空间进行考虑；若顾客决定暂不签约，销售顾问应尊重顾客的选择，并制定后续跟踪计划。当顾客最终决定不购买公司产品时，销售顾问也应尊重顾客选择，不能表现得失望或冷淡，可委婉请求顾客说明未选择本企业产品的原因。

（3）签订合同

签订合同的目标期望是完成签约。签订合同的标准行为是：销售顾问请顾客确认报价内容；销售顾问仔细专注、真实准确地填写合同，并详细解说，尤其是有关数据应邀请顾客确认；签订合同时，应排除一切外来干扰，不要中途接听电话，以表示对顾客的尊重；请客户签字后，将销售合同副本装好并交给顾客，表示感谢；合同签订后，销售顾问将合同录入管理系统；销售顾问带领顾客办理其他各项手续，并确认往来票据。

（4）签约成交后

签约成交后的标准行为是：感谢顾客选择本企业产品；在签约到交车过程中，销售顾问应保持与顾客的联系，以免订单流失；尽快完成顾客交车日的确认，并落实跟踪，告知顾客交车的准备条款和办理事项；销售顾问确认配送车辆后，提前通知顾客准备余款；向顾客提供方便的付款方式，并保持良好的服务态度。

7. 交车结账

交车结账是与客户保持良好关系的开始，也是最令人愉快的时刻。通过标准的交车流程，确保产品与服务品质，可以让客户对品牌的服务体制及产品的质量保证产生高度的认同感，激发用户热情，提升客户满意度，以此与客户建立长期关系，发掘更多商机。

（1）做好交车准备

确认库存以及客户预定交车日期：在交车前一日完成新车PDI整备；清洗车辆，确保车辆美观整洁；检查车牌、登记文件、《保修手册》和发票，保证准时、准确结账交车；并在展厅门口设立交车用户的欢迎牌。

（2）做好交车工作

落实主持交车结账仪式的人员，热情欢迎客户前来交车结账；向客户介绍车辆的操作使用方法及安全事项；介绍销售经理、服务经理或其他人员与客户认识，建立客户与售后服务部门的联系；利用《保修手册》向顾客说明保修内容和保修范围，重点提醒客户首次保养的服务项目和公里数，说明发生故障的有关手续和联系方法；陪同客户结账，说明款项的详细组成；确认客户所定购的选装件和备胎、千斤顶等随车工具，核对《客户提车交接单》陪同客户检查新车，移交有关文件：《用户手册》、《保修手册》、购车发票、保险手续、行驶证、车辆钥匙等，并请客户签名确认；确认客户可接受的售后跟踪和联系方式，并简要告知跟踪内容；最后可以向客户赠送鲜花和带有品牌标志的小礼品，并在新车前合影留念，出席交车仪式的工作人员应鼓掌向客户表示祝贺。

（3）热情欢送客户

客户离店时应热情欢送，挥手示意，一直目送到客户的车辆看不见为止。客户离开后，应立即填写“用户管理卡”，每户一档，并按规范粘贴照片，记录售后跟踪等重要信息。

8. 售后跟踪

售后跟踪是汽车销售流程的最后一个流程。售后跟踪的目的是争取满意客户的终身价值。通过持续的关怀，延伸顾客和销售顾问及企业的良好关系，使顾客愿意进行后期的维护服务和零件购买，并主动介绍新客户或再次购买。

（1）新车交车后的跟踪

新车交车后的跟踪要做到：在交车后三天之内与顾客电话联系；按顾客选择的方式进行回访；查看顾客档案中的顾客基本信息，做好回访准备；自我介绍并说明回访目的；确认顾客是否方便谈话；感谢顾客在本企业购车；询问顾客迄今为止对所购车辆的感受；询问顾客迄今对本企业的感受；提出未来可以为顾客提供任何可能的帮助；利用顾客对所使用车辆有好感的时机，请其推介有购车意向的客户；与顾客保持联系，提醒顾客进行首保。

（2）成交客户的定期跟踪

成交客户的定期跟踪要做到：在车主拥有车辆的前两年，每三个月与顾客联系一次，进行各种后续跟进行为，如询问顾客其车况以及他对本企业的感受等；在车主拥有车辆的前两年，每年都给顾客寄上节日贺卡和生日贺卡。

三、汽车营销企业客户关系管理

1. 客户关系管理的目的

客户关系管理是企业为提高核心竞争力，为达到竞争取胜、快速成长的目的，建立以客户为中心的企业发展战略。客户关系管理的目的有两方面：一是售前的销售；二是售后的保养维修（如图10-2-13）。

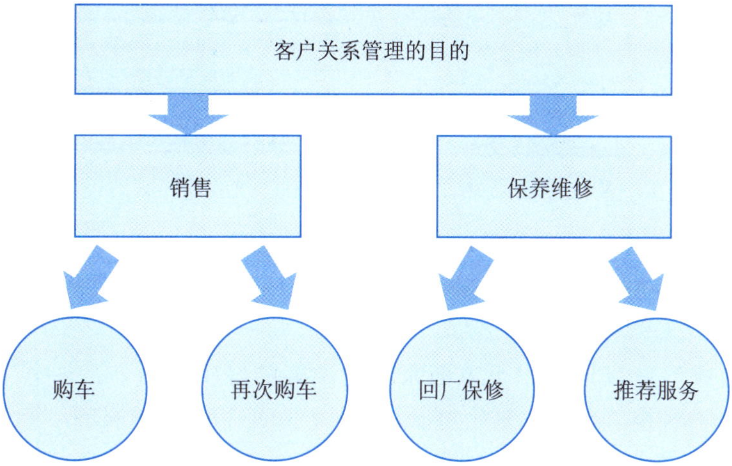

图10-2-13 客户关系管理的目的

2. 影响客户关系的因素

赫兹伯格的双因素理论中提到，顾客满意可以分为满意、没有不满意和不满意三个方面，并将影响这三个方面的因素分别称为满意因子、中性因子和不满意因子。在汽车营销企业中顾客的满意度决定于企业和销售人员的表现与顾客期望的差值。企业或销售人员的表现低于顾客的期望，顾客将不满意；企业或销售人员的表现高于顾客的期望，顾客将满意；而当企业或销售人员的表现等于顾客的期望时，顾客并没有过多的表现（如图10-2-14）。

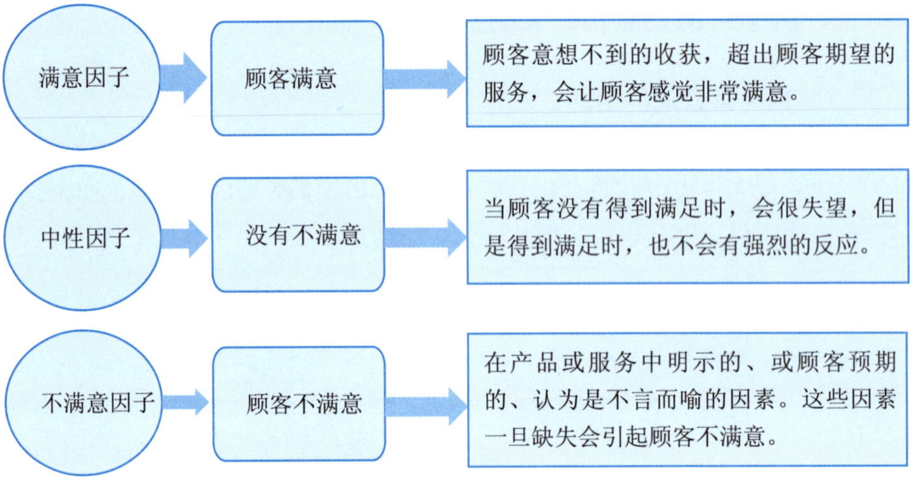

图10-2-14 影响客户关系的因素

3. 建立良好的客户信任关系

（1）增加客户的好感

销售顾问可以通过以下方面来获取顾客的好感：第一，注意个人的礼仪、形象、修养、素质、专业知识、诚信、口碑和良好的服务；第二，把客户的利益放在首位；第三，创造一个安心、舒适的销售环境，与客户保持适当的距离；第四，尊重和重视同行的每一位客户，认真对待和处理顾客的每一个问题、意见和建议；第五，适时正确地使用销售技巧；第六，努力创造客户的满意度；第七，适时地赞美和感谢客户。

（2）客户关系的维护

新车交车并不意味着销售工作的结束。顾客往往期望在他们离开之后仍能得到企业和销售顾问的关心和帮助。因此，销售人员应努力做好现有客户关系的维护工作。利用现有客户的人际资源往往事半功倍。因此，在顾客交车时，除了要创造轻松、愉快的销售气氛之外，还需要为客户提供满意的售后服务，做好客户关系维护工作。

4. 客户关系管理系统

客户关系管理系统作为一种现代信息化的客户资料管理工具，可以提高汽车营销企业管理和服务的效率，克服传统管理过程中的很多局限性。

（1）客户关系管理系统的含义

客户关系管理系统简称CRM系统（Customer Relationship Management），它体现了新的企业管理的指导思想和理念，是一种创新的企业管理模式和运营机制。其核心思想是：客户是企业的一项重要资产；客户关怀是CRM的中心，客户关怀的目的是与客户建立起长期有效的业务关系，在与客户的每一个接触点上都更加接近客户、了解客户、从而最大限度地增加企业利润，提高企业效益。

CRM的核心是客户价值管理，它将顾客的价值分为即成价值、潜在价值和模型价值。通过一对一营销的原则，满足不同价值客户的个性化要求，提高客户总程度和保有率，实现客户价值的持续贡献，从而全面提升企业盈利能力。

（2）客户资源管理的主要功能

作为一种全新的经营管理模式，CRM系统具有区别于其他经营管理模式的独特功能，主要包括以下几个方面：

第一，客户信息管理功能。CRM管理系统能够记录客户的消费信息以及对客户信息进行分类、整理。通过CRM系统，企业可以根据现有的数据进行市场分析和预测，根据分析和预测的结果有针对性地开发和维系客户。

第二，市场营销管理功能。CRM系统使市场营销人员能够根据系统储存的客户信息，彻底地分析客户和市场信息，能够将企业的资源进行科学的、全面的分类和整合，从而制定更加具有针对性的、有效的企业营销计划，并做好相关监测和评估。

第三，销售管理功能。CRM系统是企业更加快速地掌握市场最新动态、实时了解消费者最新消费需求、拓宽销售渠道、完善营销方案、帮助企业占领市场先机、提高市场占有率的有效方法。

第四，服务管理和客户关怀功能。CRM系统提供客户支持、售后服务的制动化和优化功能，能有效地进行产品的售后跟踪、投诉记录和管理、服务结果跟踪等。客户关怀是指CRM系统能够通过对客户信息的整理分析，对客户进行更加深入的了解，帮助企业主动地把握客户需求，通过持续、差异化的服务手段，为客户提供更加适合的产品和服务，实现客户忠诚度的提升。

（3）CRM系统实施的价值

客户关系管理系统的实施有利于降低企业运营成本、提升客户转化率、提高客户回购率、提高企业销售额、提高企业管理水平。

第十一章

汽车国际市场分析与营销策略

第一节　国际市场分析

一、国际汽车市场营销概述

1. 国际汽车贸易体系

国际汽车贸易体系是指调整各国之间汽车贸易关系的各种法规、机制和机构。开展国际汽车市场营销，必须首先理解国际贸易体系，了解国外的国际规则和营销环境，了解税收制度、出口配额、外汇管制等贸易制度，以及非关税贸易壁垒等可能对国际汽车营销产生的正面或负面影响的各种因素。

2. 国际汽车市场营销的概念

国际汽车市场营销是指跨国界的汽车营销活动，包括与汽车营销有关的生产经营、产品和服务销售以及营销管理活动。国际汽车市场营销以全球化企业的视野和国际化的发展战略规划企业的经营活动，在世界范围内寻找更大的目标市场，并为之提供适应国际汽车市场需求的满意服务。开展国际汽车市场营销的目的在于扩大汽车销售，延长已有产品的生命周期，分享全球汽车市场的利益，提升汽车企业的整体实力和国际竞争力。

3. 国际汽车市场营销的特点

国际汽车市场营销具有与许多国内汽车市场营销不同的特点，不可控因素更多。

（1）环境比较复杂

国际汽车市场营销企业所面临的综合环境十分特殊并相当不稳定，目标市场所在国的政治、经济、文化、法律环境各异，需要悉心研究、应因而对。

（2）游戏规则各异

国际汽车市场营销中的游戏规则不是某一个国家单方面制定的，涉及国际贸易规则和相关各国的利益博弈。

（3）经营风险更多

国际汽车市场营销中的资金结算、商品流通更具风险性，包括运输安全、信用风险、汇率风险等。

（4）营销管理困难

国际汽车市场营销管理半径扩大，涉及关系庞杂，管理内容更多，不可控因素增加，协调相对困难。

（5）策略要求更高

国际汽车市场营销面临的目标市场由于国家、民族、信仰、风俗、贸易风格等差异，对产品和服务的标准化、个性化、本土化，以及车型设计、价格定位、渠道建设、促销手段等提出了更高的要求。

二、国际汽车市场营销环境分析

国际汽车市场营销环境是指各种直接或间接影响和制约国际营销的外部因素的集合，包括宏观环境和微观环境。

1. 国际汽车市场营销宏观环境

国际汽车市场营销宏观环境是指企业在从事国际汽车市场营销活动中难以控制也难以影响的营销大环境。国际汽车营销宏观环境包括目标市场所在国家或地区的社会经济环境、人口环境、国际汽车营销所面临的社会文化环境、经济环境、政治法律环境、自然环境、科学技术环境和其他正在发生或可能发生的重大事件等。

2. 国际汽车市场营销微观环境

国际汽车市场营销微观环境也称直接营销环境或企业作业环境，是直接制约和影响国际汽车市场营销活动的条件和因素，包括供应商、销售渠道、竞争对手、顾客、社会公众、利益相关者和企业内部的运营特征。汽车市场营销微观环境的各种因素对市场营销活动中各种关系的协同、合作、竞争、服务和监督发生直接影响。

3. 国际汽车市场营销环境的重大变化

当前国际汽车市场营销环境已经出现了一系列重大的变化，主要表现为：

（1）价值是重点

当前国际汽车市场的竞争已经从价格竞争向非价格竞争，消费者更加重视产品的功能、质量和服务，即十分重视产品的价值，而非仅仅是价格。

（2）国际化路线

参与国际汽车市场营销竞争的企业一般选择“产品出口—境外建厂—本

地化生产—占领国际市场”的国际化路线（如图11-1-1）。

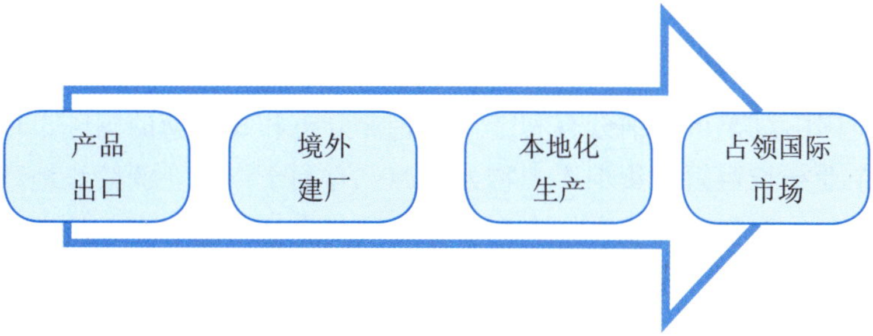

图11-1-1 汽车市场营销国际化的一般路线

（3）市场新格局

当前的世界汽车制造企业频繁地在世界范围内进行兼并合作，使集团化、跨国生产进一步加强。汽车设计、制造到销售进一步趋于被几个大的跨国集团所垄断。市场呈现出寡头垄断竞争格局。汽车主要销量被北美、西欧和亚洲市场所占，其中美国、日本、德国销量最大。“金砖四国”的销量增长不断加快，已经超过大约世界1/3的销量，中国车市则遥遥领先。

（4）产品新趋势

世界范围内的汽车产品结构正在发生明显变化。环保、安全、节能、舒适、方便、新能源、新材料、模块化、智能化、小型化、轻量化、电子化成为产品结构的主流。

（5）竞争更激烈

由于全球经济动荡，当前国际市场汽车营销的竞争更为激烈，一些国家通过奖励出口、设置关税和非关税壁垒等指施，积极参与国际市场的争夺。

三、国际汽车营销市场的细分

1. 国际汽车市场细分

分析国际汽车细分市场的前提是研究细分变量。在社会经济方面包括年龄、性别、收入、职业、家庭生命周期、宗教、种族、社会阶层等；在地理方面包括洲、国家、地区、地域、气候、人口密度、城镇大小等；在心理方面包括强制性与非强制性、独立或依赖、内向或外向、保守或激进、成就欲、领导欲等；社会经济变量是区分消费者群体的最常用基础。行为变量是建立细分市场重要的出发点，而心理细分则是对高档消费品和精品市场细分的重要尺度。

2. 分析国际汽车细分市场的重要性

分析国际汽车市场细分有利于汽车企业分析和发现新的国际市场；有利于汽车企业扬长避短、集中人力物力资源；有利于汽车企业较快地察觉汽车市场的变化，以便随行就市；有利于促进汽车企业与竞争对手抗衡；有利于企业明确地选择目标市场；有利于企业估计市场潜力与销售潜力。

第二节　汽车国际市场营销实务

一、国际汽车市场营销主要形式

1. 包销

国际贸易中的包销是指汽车出口企业与国外经销商达成协议，在一定时间内，把指定商品在指定地区的独家经营权授予该经销商，经销商则承诺不经营其他来源的同类或可替代商品。包销双方的权利、义务通过包销协议确定，内容包括双方关系、经营的地理范围、商品范围、数量、金额、定价方法、广告宣传、商标保护、专卖权和专卖义务等。

包销对出口方来说风险最小，能够调动包销商的积极性，并能利用包销商的渠道拓展市场，减少多头经营的自相竞争，但控制不好会形成包销方垄断，操纵价格，使出口处于不利地位。

包销对包销方来说虽然自负盈亏、风险较大，但有利于价格控制，有利于品牌形象和服务系统的建立，包销强势品牌还可以形成局部垄断。

2. 代理

代理是国际汽车贸易惯用的做法。代理是指汽车企业作为委托人，授权代理人招揽生意，签订进出口销售合同或办理与交易有关的各项有关事宜，由此产生的权利义务直接对委托人发生效力。代理不是包销，不是买卖关系。代理商不垫付资金，不承担风险，不自负盈亏，只通过代理活动获取双方约定的佣金。

代理的形式包括总代理、独家代理和普通代理等。

（1）总代理

总代理是指在指定地区内，代理人独家代销指定的汽车产品，并代表委托人从事有关商业活动。

（2）独家代理

独家代理是指在指定地区内，单独代表委托人行为的代理人。代理人的交易行为必须经过委托人充分授权。

(3) 普通代理

普通代理也称一般代理，代理人根据推销汽车的数量、金额或协议商定的办法收取佣金。

3. 展卖

展卖是利用展览会、交易会等活动，对汽车产品实行展销结合的一种贸易方法。展卖有利于宣传出口商品，扩大影响，招揽潜在买主，促进交易；有利于建立和发展客户关系，扩大销售地区和范围；有利于开展市场调研，听取消费者意见，改进产品销售，增强出口竞争能力；有利于客户直接获取汽车产品的详细信息；有利于节约费用等。

4. 寄售

寄售不是买断销售，而是一种委托代售方式。委托人将汽车产品运至寄售地，委托国外代销人按照协议规定销售。寄售协议是一种信托合同。货物售出前所有权仍然属于寄售人，所有风险由寄售人承担。寄售在市场行情变动较大时是一种比较灵活的销售方式。

5. 对销贸易

对销贸易在我国又称为反向贸易、对等贸易、互抵贸易等，它是以进出口结合、进出口互为条件为共同特征的各种贸易方式的总称。对销贸易是在易货贸易基础上发展起来的、与汽车进出口相结合的一种贸易方式。对销贸易包括易货、互购、产品回购、转手贸易、抵消贸易等，属于货物买卖范畴。对销贸易是用出口来抵补进口为共同特征的一系列贸易方式的总称，是融商品交换和资本流动为一体的交易方式。

6. 加工装配贸易

汽车加工装配贸易是一种委托加工方式，是一种以汽车为载体的劳动出口，是劳动贸易的一种。汽车加工装配贸易是汽车商将原材料运交加工方（并不发生所有权的转移），汽车加工方（受托人）按照汽车商的要求，将原材料加工成成品，收取委托企业的劳动报酬。

二、国际汽车市场营销进出口实务

1. 工作过程

国际汽车市场营销的进出口业务流程包括交易前的准备，交易磋商、签订汽车进出口合同和履行合同三个阶段（如图11-2-1）。

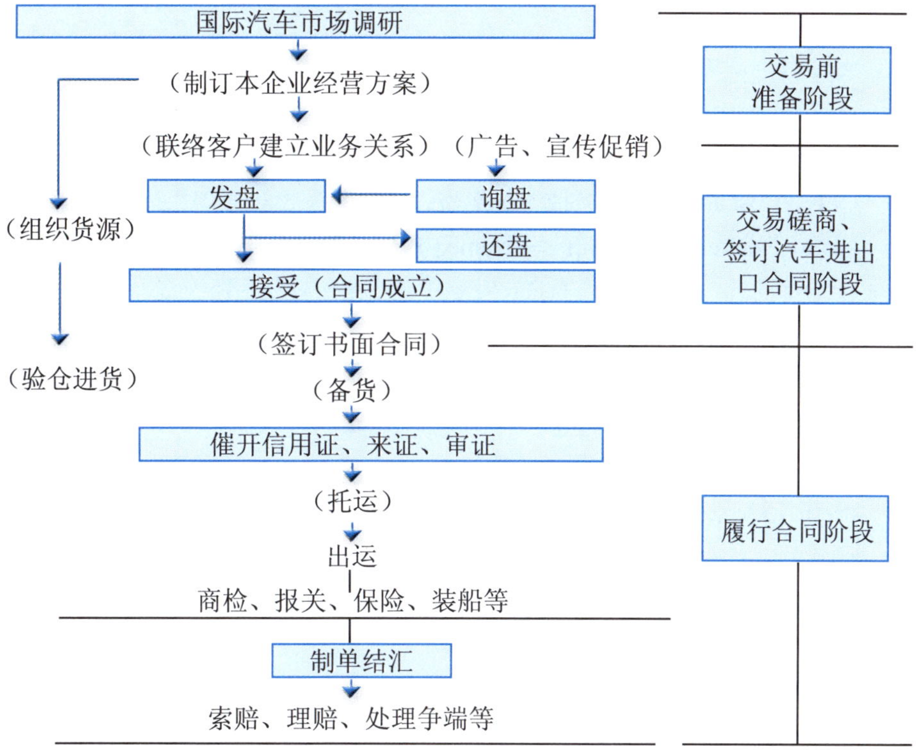

图11-2-1 汽车进出口业务流程

2. 磋商环节

(1) 询盘

询盘也叫询价，是指交易一方向另一方发出购买询问，只是一种买卖意向，没有法律约束力。

(2) 发盘

进出口贸易中的一方为买卖商品向对方提出贸易条件，在法律上叫做“要约”。发盘一旦被收盘人接受，必须履行合同义务，具有法律责任。有效发盘必须有特定受益人、内容清楚、必须表明发盘人受其约束的意旨，可按发盘内容订立合同。

(3) 还盘

还盘是指受盘人对发盘人的贸易条件不完全同意，提出修改、限制、增加新内容。一经还盘，原发盘作废。

(4) 接受

接受是指接受发盘，同意签订合同。

3. 价格术语

国际汽车市场营销中的价格合同使用专门的价格术语，主要的术语有：

FOB（Free on Board）装运港船上交货；

CIF（Cost Insurance and Freight）成本加保险、运费；

CFR（Cost and Freight）成本加运费；

DES（Delivered EX Ship——Named Port of Destination）目的港船上交货——指定目的港；

DEQ（Delivered EX Quay——Named Port of Destination）目的港码头交货——指定目的港；

DAF（Delivered at Frontier）——边境交货；

FCA（Free Carrier——Named Place）——货交承运人——指定地点；

EXW（EX Works）——工厂交货；

FAS（Free Alongside Ship）——船边交货（指定装运港）；

CIP（Carriage and Insurance Paid to）——运费、保险费付至（指定目的地）；

DDU（Delivered Duty Unpaid——Named Place of Destination）——未完税交货——指定目的地；

CPT（Carriage Paid to）——运费付至（指定目的港）；

DDP（Delivered Duty Paid）——完税后交货。

4. 支付方式

（1）汇付（Remittance）

汇付即买方按约定的条件和时间通过银行将款项汇交卖方的支付方式。汇付一般有三种方式，即信汇、电汇和票汇。

（2）托收（Collection）

托收即出口商（或委托人）在货物装出后，开立汇票连同全套货运单据，填列托收指示书，委托出口地银行（托收行）通过其进口地的分行或代理行（代收行），要求进口商按照委托书的内容付款，代收行将收妥后的款项拨交托收行，再转付给出口商。

（3）信用证（Letter of Credit，L/C）

信用证是一种银行信用，在国际贸易中经常使用，它是银行开列的、有条件的承诺付款书面文件。在汽车进出口销售中，进口方的银行根据汽车出口方的申请向出口方开立书面文件。只要出口方在一定期限内提供符合该文件的单证，银行就保证履行付款责任。

三、国际汽车市场营销决策

国际汽车市场营销的所有决策应当建立在对国际汽车贸易规则的了解、对国际汽车市场营销环境的分析的基础上。在此基础上，才可能研究是否进入和如何进入国际汽车市场，决定具体进入的地区和国家，研究和实施具体的市场营销计划（如图11-2-2）。

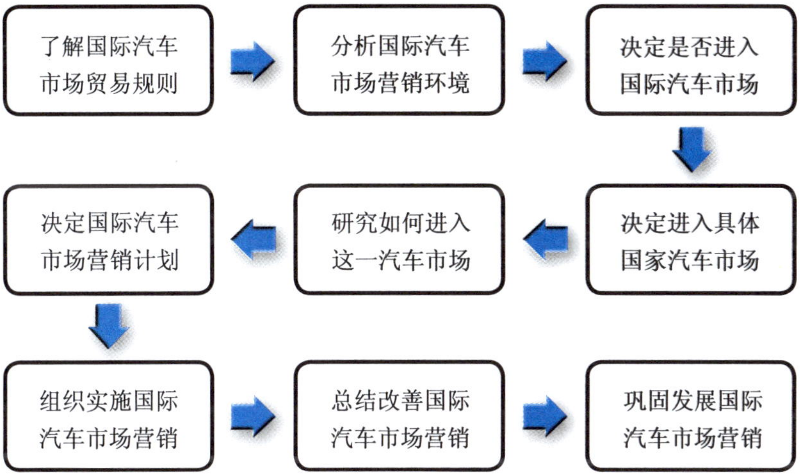

图11-2-2　国际汽车市场营销决策和执行过程

1. 国际汽车市场营销的产品策略

国际汽车市场营销可以采取不同的产品策略，包括：为出口量身定做，采取产品和信息改造的组合策略；直接出口，采取产品直接延伸、信息传递改变策略；采取产品调整，信息传递直接延伸策略；采取产品和信息传递双调整策略；采取全新产品信息策略等（如图11-2-3）。

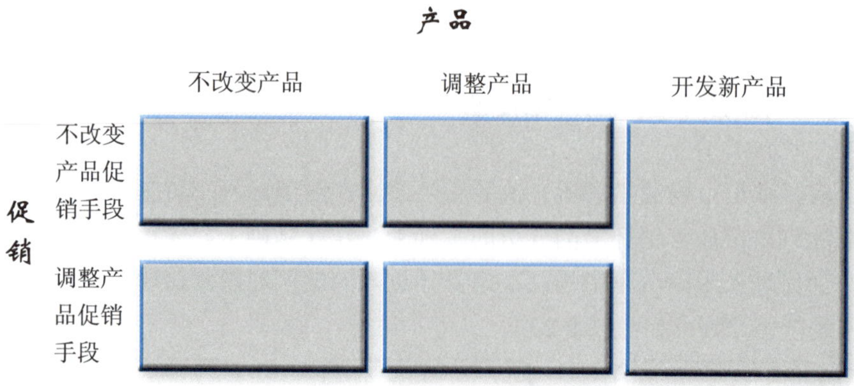

图11-2-3 五种全球产品和促销策略

2. 国际汽车市场营销的渠道策略

营销渠道也称分销渠道，是促使产品或服务顺利地被使用或消费的一整套相互依存的组织，包括中间商和代理商。国际汽车市场营销分销渠道策略可以分为直接渠道或间接渠道策略；长渠道或短渠道策略；宽渠道或窄渠道策略；单一营销渠道或多营销渠道策略；传统营销渠道或垂直营销渠道策略（如图11-2-4）。

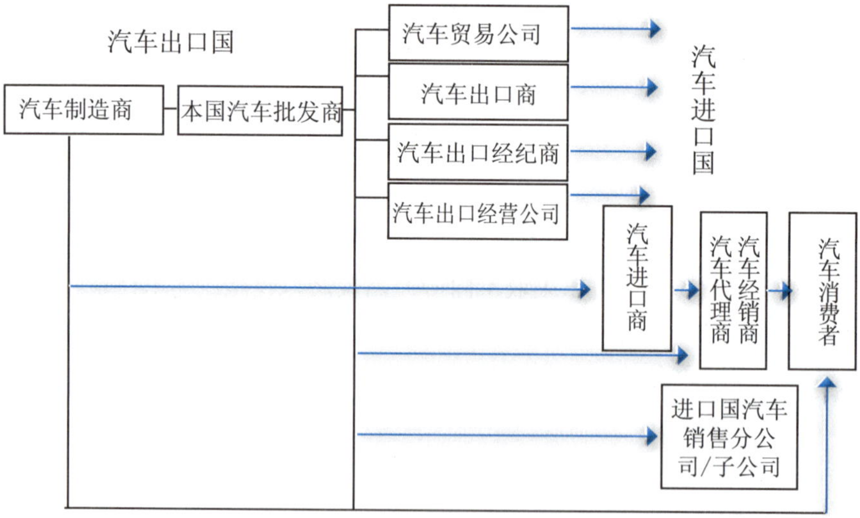

图11-2-4 国际汽车市场分销渠道

3. 国际汽车市场营销的定价策略

（1）定价因素

汽车定价最基础的三大要素是成本、竞争和需求。成本决定价格的下限；竞争决定价格的上限；需求取决于顾客的支付能力或需求弹性。定价会受到诸多因素的影响，例如：市场差异、政府税收政策、管制法令、运输成本等国际性制约；关税中的歧视税；汇率、通货膨胀等影响成本、价格确定的金融成本和风险成本；生产国与消费国定价制度基础的矛盾；垄断企业的联合定价策略；政府干预措施对经营活动的限制性措施等因素，都会对国际汽车市场营销的产品定价产生影响。

（2）定价策略

国际汽车市场营销的定价要考虑两大因素：第一，由于渠道延长、关税、运输、保险费用增加等原因，成本较之国内销售更高；第二，由于汇率波动，存在差价。国际汽车市场营销定价一般选用可兑换货币计价。在出口时一般争取用“硬货币”，即在国际金融市场上汇价坚挺并能自由兑换、币值稳定、可以作为国际支付手段或流通手段的货币计价；进口时争取用“软货币”，即指在国际金融市场上汇价疲软、不能自由兑换他国货币、信用程度低的国家货币计价。跨国公司母公司和子公司之间可用“国际转移定价”的方法，通过避税，争取最大利润（如表11-2-1）。

表11-2-1 常用的国际转移定价方法

情况	方法	效果
产品由A国到B国，B国采用从价税，且关税高	采用较低的国际转移价格	减少应纳关税
某国所得税高时	把产品进入的转移价格定高；把转出的转移价格定低，降低跨国公司的利润	少纳所得税
某国出现通货膨胀时	采用高进低出的办法	避免资金在该国大量沉淀
某国实行外汇管制时	转进时高定价，转出时低定价，降低在该国的利润	避免利润汇出的麻烦，少纳所得税

（3）提价策略

为了应对国际上普遍存在的通货膨胀，企业可以采取很多方法来调整价格：包括采取推迟报价、在合同中附加调价条款、将原来免费提供的某些劳务另外计价、减少价格折扣、取消低利润产品、增加高利润品种等策略。通货膨胀环境中，最适当的办法是用后进先出法，即按照估计未来进货价格先出，预防成本上升导致入不敷出。

在产品供不应求时，可以采取提价，或对客户限额供应，或者两种措施共同使用。

在市场竞争中当同行业主导企业提价时，可以考虑随竞争者而提价。当企业产品在顾客心理上确立了某种差别优势时，可以利用自己的独特优势提价。

在汇率贬值或升值情况下，汇率贬值国家产品以本国货币表示的实际价格就会比前期低，价格有较大上升调整空间。

(4) 降价策略

产品供大于求、竞争加剧或企业具有成本优势时可以考虑降价。但在采取降价策略之前一定要考虑降价对整个产品线的影响以及对企业利润的影响。降价会减少企业的收益，必须权衡利弊，慎重选择降价策略。

4. 国际汽车市场营销的促销策略

(1) 广告策略

在国际汽车市场营销中可采用广告标准化或个性化策略、广告媒体选择策略和国际广告控制策略。

(2) 人员促销策略

在数量上，按照市场集中度、用户类型、产品技术含量、产品价格决定促销人员；在人才选用上，注意选择市场国家中的双语专业人才；在素养提升上，重视相关营销人员的专业培训；在人员管理上，注意采取多种手段激励销售人员。

(3) 营业推广策略

在国际汽车市场营销中可以采取国际上通用的展销会、订货会、汽车大赛、有奖销售、分期付款、交易折扣、赠车和免费供车等策略。

(4) 公共关系策略

重在使用确立品牌形象、保持良好公共关系、机智利用政治权利等策略。

四、我国汽车产业国际化发展趋势与政策措施

汽车行业的国际化，是全球汽车产业发展的一个重要内容，也是衡量一

个国家汽车工业水平的标志。改革开放以来，中国汽车产业的发展非常迅猛，且已经成为全球汽车产业的一个重要组成部分。

1. 我国汽车产业国际化的现状

（1）发展较快

日本、韩国、德国从起步到出口突破100万辆，所花费的时间在15—20年左右。而我国汽车的整车出口起步是在2002年，从起步到突破100万辆，只用了10年的时间。

（2）结构变化

我国的汽车出口最早以改装车为主，现在逐步过渡到以乘用车和商用车为主。

（3）自主品牌砥砺前行

曾几何时，一谈到自主品牌，几乎已成小型、廉价车的代名词。如今，再提自主品牌，哈弗H6、H8、H9、长安CS75、吉利博瑞、帝豪、比亚迪秦、唐、宋、奇瑞艾瑞泽系列等，如数家珍，它们在品质、技术、车型丰富度上相比从前均有了翻天覆地的变化，尤其是长安、长城、吉利、奇瑞、比亚迪五个最具代表意义的中国品牌，其销量也在竞争激烈的市场环境下砥砺前行（如图11-2-5）。

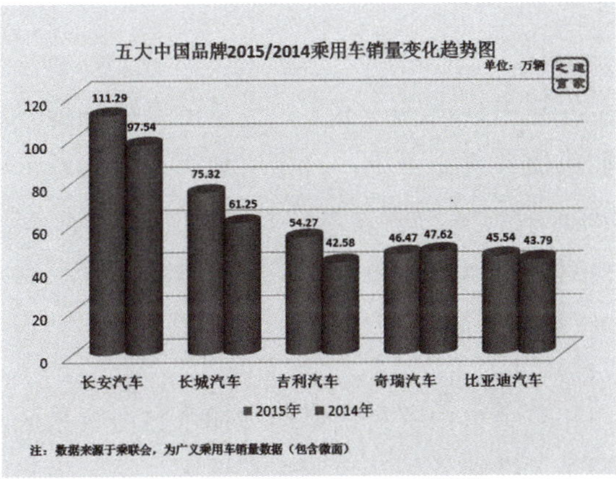

图11-2-5

2. 我国汽车出口存在的主要差距

（1）规模较小

目前，中国汽车出口量占总销量的比重仅为4%左右，而德国汽车出口量占其国内总产量的75%，日本的这一数字为65%，韩国为50%。

（2）价值较低

2014年，我国整车出口的平均单价是1.46万美元，2015年整车出口平均单价增长了14.7%。而韩国一辆车的平均出口单价是1.48万美元，日本是3.2万美元。特别是小轿车，我国小轿车出口的单价平均每辆是7000美元，但我们国内进口1.5到2.0排量的小轿车的平均价格则是2.5万美元一辆。所以我们出口的价格都不到进口价格的1/3。

（3）价格竞争优势不断被削弱

我国汽车产品的价格竞争优势不断被削弱，将来可能是一个常态，甚至可能进一步加剧。这是由于我国的劳动力成本，原材料成本，包括环境约束，汇率升值等等的因素，在一定程度上削弱了我国汽车产品传统的价格竞争优势。

3. 我国汽车产业国际化的基本对策

（1）学习国际经验

一方面是加大技术创新，开发个性化、有核心竞争力的产品；二是研究国际化的战略，如日韩采用的战略路线都是低质低价—低质高价—超高质量高价，我国必须尽快走出低质低价这个阶段；三是审慎前行，要加强前期的调查研究和规划；四是对于产品的超前开发，应对产品进入目标国市场作相应的适应性的改进。

（2）全面提升服务

目前我国汽车产品出口市场还不大，大量的是依赖境外网络。产品质量本身存在差距，如果服务再跟不上，一定会放大质量问题。韩国早年为了弥补自己产品质量的劣势，采用服务来弥补，第一个措施是24小时的售后服务，即24小时都可以提供服务；第二个措施是延长服务期限。这些方法值得我们借鉴、学习。

（3）利用有利的国际环境

现在我国正在和31个自由贸易伙伴建立18个自由贸易区，其中已经确定签协议的贸易区13个，共涉及到20个国家和地区，这会为我国的汽车产品创造一个更加自由的贸易环境和潜在市场。

（4）加快国际化进程

国家应当通过对产品的遴选、分析，确定汽车产品的出口前景，并把它作为一个重点产品来抓。目前国家已经出台了一系列政策措施，创造更加公平、规范的竞争环境，同时研究出台符合WTO规则的一些政策措施，支持汽车企业加快国际化的进程。首先进一步规范出口秩序；其次积极地应对和化解贸易摩擦；再次积极地发挥出口信用保险等政策性的作用，包括一些商业金融机构的作用，通过加强汽车企业与各类金融保险的合作，来降低企业经营的风险，搭建一些新型的融资保险平台；最后鼓励一些比较有优势的企业建立联盟，加大对外的投资。同时支持企业在境外建立自己的营销网络，支持有条件、有实力的企业积极地开展跨国并购，获取这个品牌的核心技术。